Jan Bender

AF239537

Dynamiksimulation in der Computergraphik

Dynamiksimulation in der Computergraphik

von
Jan Bender

Habilitation, Karlsruher Institut für Technologie (KIT)
Fakultät für Informatik, 2014

Tag des Habilitationskolloquiums: 13. Januar 2014
Thema des Kolloquiumsvortrags:
Aktuelle Entwicklungen und Herausforderungen im 3D Druck

Lehrbefähigung für Informatik

Impressum

Karlsruher Institut für Technologie (KIT)
KIT Scientific Publishing
Straße am Forum 2
D-76131 Karlsruhe

KIT Scientific Publishing is a registered trademark of Karlsruhe
Institute of Technology. Reprint using the book cover is not allowed.

www.ksp.kit.edu

Print on Demand 2014

ISBN 978-3-7315-0204-3
DOI: 10.5445/KSP/1000040123

Für Kirsten, die mir diese Arbeit ermöglicht hat

Inhaltsverzeichnis

Abbildungsverzeichnis

1. Einführung

Die dynamische Simulation ist ein aktueller Forschungsbereich in der Computergraphik. Dieser Bereich umfasst u. a. die Simulation von Starrkörpern, Textilien, Weichkörpern, Flüssigkeiten und Gasen. Dynamiksimulation ist heutzutage ein wichtiger Bestandteil im Entwicklungsprozess von komplexen Maschinen (wie z. B. in der Robotik), im Forschungsbereich der Medizin, in der Computeranimation und in Anwendungen der virtuellen Realität. Der Schwerpunkt dieser Arbeit liegt in der Simulation von Starrkörpern, Textilien und Weichkörpern sowie deren Interaktion miteinander.

Die Dynamiksimulation hat eine lange Geschichte, die bis zu Sir Isaac Newton zurückreicht, der in seiner „Philosophiae Naturalis Principia Mathematica" von 1687 drei grundlegende Gesetze für die Simulation dynamischer Körper beschreibt. Inzwischen existieren viele Arbeiten über die Simulation von Starrkörpern und deformierbaren Körpern und darüber, wie man die Freiheitsgrade eines Körpers mit Hilfe von Zwangsbedingungen beschränken kann. Durch solche Bedingungen können Gelenke, Kollisionen und bleibende Kontakte simuliert werden. Die Simulation deformierbarer Körper ist dabei um einiges komplizierter als die Simulation von Starrkörpern, da viel mehr Freiheitsgrade berücksichtigt werden müssen. In den letzten Jahren wurde im Bereich der Textil- und Weichkörpersimulation intensiv geforscht. Dabei ist besonders im Bereich der Computergraphik die Geschwindigkeit der Simulation meistens wichtiger als die Genauigkeit, da die Verfahren in interaktiven Anwendungen zum Einsatz kommen sollen. Die Simulation muss deutlich schneller als Echtzeit laufen, wenn sie z. B. in Anwendungen der virtuellen Realität oder in Computerspielen eingesetzt werden soll. Daher wird oft mit vereinfachten Modellen gearbeitet, um die Geschwindigkeit zu erhöhen. Allerdings geht dabei im Allgemeinen Genauigkeit verloren.

Für jeden Bereich der dynamischen Simulation existieren bereits mehrere spezielle Verfahren. Einige aktuelle Forschungsarbeiten beschäftigen sich auch damit, wie man die Ergebnisse der verschiedenen Verfahren in einer Simulation kombinieren kann. Durch die Kombination verschiedener Verfahren können z. B. Textilien mit Starr- bzw. Weichkörpern interagieren, Objekte können in Flüssigkeiten schwimmen oder saugen sich mit Wasser voll und verändern dadurch ihre Eigenschaften.

1.1. Zielsetzung

Das Ziel dieser Arbeit ist es, ein einheitliches Verfahren für die dynamische Simulation von Starrkörpern, Textilien und Weichkörpern zu entwickeln. Dieses Verfahren muss zum einen die Simulation von Gelenken und die Behandlung von Kollisionen und Kontakten mit Reibung unterstützen. Zum anderen müssen verschiedene Arten von Bedingungen bei deformierbaren Körpern berücksichtigt werden. Bei einem Weichkörper muss z. B. meistens die Bedingung erfüllt werden, dass sein Volumen während der Simulation erhalten bleibt. Dagegen muss bei Textilien eine maximal zulässige Dehnbarkeit des Materials eingehalten werden.

Eine einheitliche Vorgehensweise hat den Vorteil, dass verschiedene Teile der Simulation ohne zusätzlichen Aufwand kombiniert werden können. Das bedeutet, die unterschiedlichen Arten von Körpern können durch Gelenke miteinander verbunden werden und miteinander kollidieren. Dadurch ist es z. B. möglich, Starrkörper mit deformierbaren Körpern zu verbinden oder die Kollisionen zwischen Weichkörpern und Textilien aufzulösen.

Das neue Verfahren muss für Anwendungen der Computergraphik die folgenden Anforderungen erfüllen:

- **Geschwindigkeit:** In der Computergraphik spielt die Geschwindigkeit der Simulation eine besondere Rolle. Bei Anwendungen der virtuellen Realität oder in Computerspielen muss die Simulation schneller als Echtzeit ablaufen, da sie sich die Rechenzeit in einem Zeitschritt mit anderen Prozessen, wie z. B. der Visualisierung, teilen muss. Aber auch in der Computeranimation sind die Geschwindigkeitsanforderungen hoch, da die Modellierung einer Animation möglichst interaktiv ablaufen soll. Aus diesem Grund soll in der Arbeit ein besonderes Augenmerk auf die Geschwindigkeit der Algorithmen gelegt werden. Dabei spielt auch die Parallelisierung eine große Rolle, da aktuelle Rechner im Allgemeinen Multi-Kern-Systeme sind und auch ihre Graphikkarten über Prozessoren mit mehreren parallelen Einheiten verfügen.

- **Simulation in Echtzeit:** Die Echtzeitanforderung besagt, dass das Simulationsverfahren in jedem Schritt nur eine maximale Rechenzeit zur Verfügung hat. Eine interaktive Anwendung darf nicht ausgebremst werden, weil die Simulation für einen Zeitschritt länger braucht als erwartet. Bei solchen Anwendungen ist die Einhaltung einer bestimmten maximalen Rechenzeit wichtiger als die Genauigkeit der Ergebnisse. Das Verfahren sollte daher jederzeit unterbrochen werden können und ein vorläufiges Ergebnis liefern. Dadurch kann die Echtzeitanforderung immer erfüllt werden, auch wenn bei einem vorläufigen Abbruch Genauigkeit verloren geht.

- **Genauigkeit:** In einer Simulation wird im Allgemeinen das Verhalten eines realen Modells nachgebildet. Dafür muss die Simulation alle physikalischen Eigenschaften dieses Modells übernehmen. Es wird erwartet, dass sich das simulierte Modell genauso verhält wie sein reales Vorbild. Aus diesem Grund spielt die Genauigkeit eine wichtige Rolle in der dynamischen Simulation. Genaue Simulationsergebnisse lassen Rückschlüsse auf das Verhalten des realen Modells zu.

- **Simulation von Gelenken:** In der Simulation soll es möglich sein, verschiedene Körper miteinander zu verbinden. Dafür werden Gelenke benötigt, die die Freiheitsgrade der verbundenen Körper einschränken. In der Simulation sollen alle Arten von mechanischen Gelenken, wie z. B. Drehgelenke, Kardangelenke und Motoren, unterstützt werden. Dadurch wird es möglich, komplexe Modelle zu simulieren. Außerdem werden Hilfsgelenke benötigt, mit denen ein Benutzer die Bewegung der Körper in der Simulation direkt beeinflussen kann.

- **Kollisionen und bleibende Kontakte mit Reibung:** Die dynamischen Körper dürfen sich in der Simulation nicht gegenseitig durchdringen. Daher wird zunächst ein Verfahren benötigt, das Kontakte zwischen den Körpern erkennt. Anschließend muss zwischen Kollisionen und bleibenden Kontakten unterschieden werden. Im Fall einer Kollision soll nicht nur eine Durchdringung verhindert, sondern auch ein Rückstoß der Körper simuliert werden. Bei der Behandlung von Kollisionen und bleibenden Kontakten muss man außerdem die Reibung zwischen den Körpern berücksichtigen.

- **Interaktivität:** Im Bereich der Computergraphik werden häufig interaktive Anwendungen benötigt. Daher darf die dynamische Simulation in einer solchen Anwendung nicht nur ein geschlossenes System sein, in dem ein Modell mit vorgegebenen Kräften simuliert wird. Es ist wichtig, dass der Benutzer auf die Simulation Einfluss nehmen kann. Daher sollte es möglich sein, die Bewegung von Körpern ohne eine Unterbrechung der Simulation direkt mit einem Eingabegerät verändern zu können. Bei der Bewegung eines Körpers durch den Benutzer müssen die Gelenke des Körpers und auftretende Kollisionen und Kontakte berücksichtigt werden, damit das Modell nicht in einen ungültigen Zustand übergeht.

- **Stabilität:** In der Computergraphik spielt die Stabilität der Simulation besonders bei interaktiven Anwendungen, wie z. B. im Bereich der virtuellen Realität oder in Computerspielen, eine große Rolle. Bei solchen Anwendungen werden die Körper nicht nur durch vorgegebene Kräfte beeinflusst, sondern auch durch unvorhersehbare Benutzeraktionen. Dadurch können in bestimmten Situationen sehr große Kräfte auftreten. Das Simulationsverfahren muss verhindern, dass das Modell durch diese Kräfte zerstört wird. In Echtzeitanwendungen kann es außerdem passieren, dass ein Simulationsschritt vorzeitig abgebrochen werden muss, um die Echtzeitbedingung zu erfüllen. Dadurch kann kein exaktes Ergebnis erzielt werden. Trotz der resultierenden Ungenauigkeiten muss die Simulation stabil weiterlaufen und die auftretenden Fehler im weiteren Verlauf korrigieren.

1.2. Aufbau der Arbeit

In Kapitel 2 werden zunächst einige Grundlagen der dynamischen Simulation vorgestellt. Außerdem wird das Grundprinzip des impulsbasierten Ansatzes beschrieben, das die Grundlage für die Simulationsverfahren bildet, die in dieser Arbeit präsentiert werden.

Kapitel 3 behandelt die Simulation von Mehrkörpersystemen. In diesem Kapitel wird gezeigt, wie Starrkörper, die durch Gelenke miteinander verbunden sind, mit Hilfe von impulsbasierten Verfahren simuliert werden. Für die Simulation von Gelenken werden zunächst sechs Basisgelenke vorgestellt. Anschließend wird gezeigt, dass alle möglichen Gelenkarten durch die Kombination dieser Basisgelenke modelliert werden können. In einem Mehrkörpersystem gibt es im Allgemeinen Körper, die über mehrere Gelenke mit anderen Körpern verbunden sind. Dadurch entstehen Abhängigkeiten im System, die bei der Simulation aufgelöst werden müssen. Für die Simulation solcher Systeme werden drei verschiedene Verfahren vorgestellt. Das erste arbeitet rein iterativ, das zweite beschreibt die Abhängigkeiten mit Hilfe eines linearen Gleichungssystems und mit dem letzten Verfahren wird gezeigt, wie die impulsbasierte Simulation azyklischer Modelle mit dem optimalen Aufwand von $O(n)$ durchgeführt werden kann. Anschließend wird ein Verfahren zur Simulation von Kollisionen und bleibenden Kontakten mit Reibung beschrieben. Am Ende des Kapitels werden die impulsbasierten Verfahren und Verfahren der klassischen Mechanik anhand von Messergebnissen miteinander verglichen.

Im nächsten Kapitel wird gezeigt, wie der impulsbasierte Ansatz für die Simulation von deformierbaren Körpern erweitert werden kann. Dabei werden zunächst allgemeine Grundlagen vorgestellt. Anschließend werden drei verschiedene Verfahren für die Simulation von Textilien präsentiert. Das letzte dieser drei Verfahren zeigt, wie die Simulation parallel durchgeführt werden kann. Schließlich werden Ergebnisse zu diesen Verfahren miteinander verglichen. Der letzte Abschnitt beschreibt die impulsbasierte Simulation von dreidimensionalen deformierbaren Körpern und stellt ein alternatives Verfahren vor, das auf dem Shape-Matching-Ansatz basiert. Eine der wichtigsten Eigenschaften der vorgestellten Verfahren ist, dass die Volumenerhaltung der Körper gewährleistet wird. Zu beiden Verfahren werden am Ende Ergebnisse präsentiert.

Das Kapitel 5 stellt zwei verschiedene Verfahren für eine GPU[1]-basierte Simulation vor. Beim ersten Verfahren wird eine Parallelisierung durch die Unterteilung des Simulationsmodells in unabhängige Komponenten realisiert. Das zweite Verfahren zeigt, wie dünnbesetzte lineare Gleichungssysteme effizient auf dem Graphikprozessor gelöst werden. Die Lösung solcher Gleichungssysteme ist ein essentieller Teil der meisten Simulationsverfahren. Bei beiden Verfahren werden Ergebnisse mit verschiedenen Modellen gezeigt und diskutiert.

Das letzte Kapitel fasst die Ergebnisse der Arbeit zusammen und gibt einen Ausblick auf zukünftige Forschung.

---

[1] Ein Graphikprozessor wird auch kurz als *GPU* bezeichnet. Die Abkürzung GPU steht für Graphics Processing Unit.

2. Grundlagen

Die Körper in einem Mehrkörpersystem können statisch oder dynamisch sein. Statische Körper haben im Gegensatz zu dynamischen keine Geschwindigkeit und eine feste Position. Der Bewegungszustand eines dynamischen Körpers wird durch die Kräfte, die auf ihn wirken, verändert. In der Simulation wird zwischen zwei Arten von Kräften unterschieden. Kräfte, die von außen auf das simulierte Mehrkörpersystem wirken, werden als externe Kräfte bezeichnet. Zu diesen Kräften gehört z. B. die Gravitationskraft. Interne Kräfte wirken dagegen nur innerhalb des Systems und werden u. a. verwendet, um die Zwangsbedingungen von Gelenken zu erfüllen. Da die Energie im Mehrkörpersystem konstant bleiben muss, muss die Summe aller internen Kräfte Null sein. Bei der impulsbasierten Simulation wirken nur externe Kräfte auf einen Körper, da Gelenke ausschließlich mit Hilfe von Impulsen simuliert werden.

2.1. Partikel

Ein Partikel[1] ist ein Körper mit einer Masse m, der keine Ausdehnung hat. Ein solcher Körper hat drei translatorische, aber keine rotatorischen Freiheitsgrade. In der Simulation ist ein Partikel bestimmt durch

- seine Masse m,
- seine Position $\mathbf{s}(t)$ und
- seine Geschwindigkeit $\mathbf{v}(t)$.

Die letzten beiden Eigenschaften definieren den Bewegungszustand des Partikels, während die Masse ein konstanter Parameter ist. Der Bewegungszustand verändert sich, wenn eine Kraft $\mathbf{F}$ auf das Partikel einwirkt. Dies wird durch Newtons zweites Gesetz beschrieben:

$$\mathbf{F} = m\,\dot{\mathbf{v}}.$$

Ein Simulationsschritt für ein freies Partikel wird durchgeführt, indem diese Gleichung nach der Zeit integriert wird. Dadurch können die neuen

---

[1] In der Literatur wird für ein Partikel auch oft die Bezeichnung Massenpunkt verwendet.

Werte für die dynamischen Eigenschaften des Partikels bestimmt werden. Die Änderung der Geschwindigkeit ergibt sich durch die Integration der Beschleunigung über die Zeit. Durch eine weitere Integration wird die Position des Partikels nach dem Schritt berechnet. Dieser Simulationsschritt kann mit Hilfe von numerischen Integrationsverfahren durchgeführt werden [PFTV92]. Durch die Verwendung solcher Verfahren ergeben sich numerische Fehler, die vom jeweiligen Integrationsverfahren abhängen.

Es gilt allerdings für die meisten Simulationen, dass die Summe aller externen Kräfte $\mathbf{F}_{\text{ext}}$, die auf einen Körper wirken, während eines Simulationsschrittes konstant ist. In diesem Fall können die Gleichungen direkt gelöst werden. Für die Geschwindigkeit nach einem Simulationsschritt mit der Zeitschrittweite h ergibt sich dann folgende Gleichung:

$$\mathbf{v}(t_0 + h) = \mathbf{v}(t_0) + \int_{t_0}^{t_0+h} \dot{\mathbf{v}} \, dt = \mathbf{v}(t_0) + \frac{1}{m} \mathbf{F}_{\text{ext}} \, h, \qquad (2.1)$$

wobei t_0 den Startzeitpunkt des Schrittes bezeichnet. Die neue Position eines Partikels wird wie folgt berechnet:

$$\begin{aligned} \mathbf{s}(t_0 + h) &= \mathbf{s}(t_0) + \int_{t_0}^{t_0+h} \mathbf{v}(t_0) + \frac{1}{m} \mathbf{F}_{\text{ext}} \, t \, dt \\ &= \mathbf{s}(t_0) + \mathbf{v}(t_0) \, h + \frac{1}{2m} \mathbf{F}_{\text{ext}} \, h^2. \end{aligned} \qquad (2.2)$$

Wenn die Summe der externen Kräfte $\mathbf{F}_{\text{ext}}$ konstant ist und Differentialgleichungen daher nicht numerisch gelöst werden müssen, können die Geschwindigkeit und die Position des Partikels für den nächsten Zeitpunkt exakt berechnet werden. Durch die Gleichungen 2.1 und 2.2 lassen sich dann freie Partikel simulieren.

2.2. Starrkörper

Ein Starrkörper hat im Gegensatz zu einem Partikel eine Ausdehnung. Dadurch hat er drei zusätzliche Rotationsfreiheitsgrade. Die Translationsbewegung eines Starrkörpers wird wie bei einem Partikel durch seine Masse, seine Position und seine Geschwindigkeit bestimmt. Seine Rotationsbewegung ist definiert durch:

- seinen Trägheitstensor $\mathbf{J}$,
- eine Einheitsquaternion $\mathbf{q}(t)$, die seine Rotation bestimmt, und
- seine Winkelgeschwindigkeit $\boldsymbol{\omega}(t)$.

Der Trägheitstensor eines Körpers beschreibt seine Trägheit bezüglich einer Rotationsbewegung. Für Körper mit einer kontinuierlichen Massenverteilung wird der Trägheitstensor mit Hilfe von Integration bestimmt. In der Simulation werden meistens Polyeder mit einer konstanten Dichte verwendet. Brian Mirtich hat in [Mir96a] ein einfaches Verfahren zur Bestimmung des Tensors für solche Körper vorgestellt. Der Trägheitstensor eines Körpers ist reell, symmetrisch und positiv definit [Mir96b]. Daher kann er durch eine Hauptachsentransformation in Diagonalform gebracht werden [GPS06]. Das Koordinatensystem, in dem der Trägheitstensor Diagonalform hat und der Schwerpunkt des Körpers im Nullpunkt liegt, wird als lokales Koordinatensystem des Körpers definiert. Einige der Berechnungen in der Simulation lassen sich in diesem Koordinatensystem einfacher durchführen, da der Tensor und seine Inverse in diesem System konstant sind.

Die Rotation eines Körpers wird aus den folgenden Gründen durch eine Einheitsquaternion [Sho85] beschrieben. Quaternionen haben den Vorteil, dass sie wesentlich besser zu handhaben sind als Eulerwinkel und gleichzeitig deutlich weniger Redundanz aufweisen als Rotationsmatrizen. Viele der Berechnungen in der Simulation können mit Eulerwinkeln nicht direkt oder nur schwer durchgeführt werden. Rotationsmatrizen benötigen neun Werte, um eine Rotation um drei Achsen zu beschreiben. Quaternionen benötigen dagegen nur vier Werte zur Beschreibung der drei Freiheitsgrade. Die numerische Integration lässt sich daher für Quaternionen effizienter durchführen. Außerdem ist der resultierende Fehler einer numerischen Integration bei Rotationsmatrizen größer als bei Quaternionen, da er sich auf mehr Werte auswirkt. Eine Rotationsmatrix muss stets orthonormal sein. Diese Eigenschaft muss nach jedem Simulationsschritt wieder hergestellt werden, da sie aufgrund von numerischen Ungenauigkeiten nicht erhalten bleibt. Eine Einheitsquaternion muss dagegen immer die Länge Eins haben. Durch eine einfache Normierung der Quaternion lässt sich diese Eigenschaft wesentlich effizienter wieder herstellen als die Orthonormalität einer Rotationsmatrix.

Die Winkelgeschwindigkeit eines Körpers bestimmt die Geschwindigkeit seiner Rotation. Dabei gibt der Vektor $\boldsymbol{\omega}(t) \in \mathbb{R}^3$ die Achse an, um die der Körper rotiert. Die Länge des Vektors bestimmt die Geschwindigkeit der Rotation und gibt damit die Winkeländerung pro Zeit an.

Die Rotationsbewegung eines freien Starrkörpers wird bei der impulsbasierten Simulation ausschließlich durch die Einwirkung von externen
Drehmomenten beeinflusst:

$$\boldsymbol{\tau}_{\text{ext}} = \mathbf{J}\,\dot{\boldsymbol{\omega}}.$$

Dabei bezeichnet $\boldsymbol{\tau}_{\text{ext}} \in \mathbb{R}^3$ die Summe aller externen Drehmomente, die
zu einem Zeitpunkt auf den Körper einwirken. Der Vektor $\boldsymbol{\tau}_{\text{ext}}$ ist für
die meisten Simulationen konstant während eines Simulationsschrittes, da
bei den impulsbasierten Verfahren keine kontinuierlichen Kräfte für die
Simulation mit Zwangsbedingungen benötigt werden.

Im Gegensatz zu den Parametern für die translatorische Bewegung des
Körpers, müssen die Gleichungen für die Winkelgeschwindigkeit und die
Rotation auch bei einem konstanten externen Drehmoment mit numerischer
Integration bestimmt werden. Der Grund dafür ist die Euler-Gleichung
[Wit77], die die Änderung der Winkelgeschwindigkeit beschreibt:

$$\dot{\boldsymbol{\omega}}(t) = \mathbf{J}^{-1}\left(\boldsymbol{\tau}_{\text{ext}} - (\boldsymbol{\omega}(t) \times (\mathbf{J}\,\boldsymbol{\omega}(t)))\right). \tag{2.3}$$

Diese Gleichung ist eine Differentialgleichung und kann durch die Ableitung
der Gleichung für die Relation zwischen einem Drehimpuls l und der
Winkelgeschwindigkeit

$$\mathbf{l} = \mathbf{J}\,\boldsymbol{\omega}$$

hergeleitet werden. Die Euler-Gleichung zeigt, dass sich die Winkelgeschwindigkeit verändern kann, selbst wenn die Summe der externen Drehmomente
Null ist. Diesen Effekt bezeichnet man als Nutation. Sie tritt auf, wenn
die Hauptträgheitsmomente des Körpers nicht gleich sind und der Körper
nicht um eine der Hauptträgheitsachsen rotiert. In diesem Fall ändert sich
die Drehachse des Körpers während der Bewegung. Daher wird numerische
Integration verwendet, um die Änderung der Winkelgeschwindigkeit eines
Körpers während eines Simulationsschrittes zu bestimmen. Die Differentialgleichung wird im lokalen Koordinatensystem des Körpers gelöst, da in
diesem System der Trägheitstensor konstant ist.

Die Änderung der Rotation wird durch die folgende Differentialgleichung
für die Einheitsquaternion des Körpers beschrieben:

$$\dot{\mathbf{q}}(t) = \frac{1}{2}\,\boldsymbol{\omega}(t) \cdot \mathbf{q}(t). \tag{2.4}$$

Die Multiplikation der Winkelgeschwindigkeit mit der Quaternion ist dabei
eine Kurzschreibweise für das Produkt $(0, \omega_x(t), \omega_y(t), \omega_z(t)) \cdot \mathbf{q}(t)$. Diese

Differentialgleichung muss im Allgemeinen numerisch gelöst werden, da sich die Winkelgeschwindigkeit selbst dann ändern kann, wenn keine externen Drehmomente auf den Körper einwirken.

Ein Simulationsschritt für einen freien Starrkörper kann mit Hilfe der Gleichungen 2.1 bis 2.4 durchgeführt werden.

2.3. Grundprinzip der impulsbasierten Simulation

In der dynamischen Simulation können Zwangsbedingungen für Körper definiert werden. Solche Bedingungen werden verwendet für:

- die Simulation mechanischer Gelenke,
- die Auflösung von Kollisionen,
- die Behandlung von bleibenden Kontakten und
- die Manipulation von Körpern während der Simulation.

Auf diese Punkte wird in den folgenden Kapiteln näher eingegangen. In diesem Abschnitt soll zunächst die allgemeine Vorgehensweise der impulsbasierten Simulation für die Behandlung von Zwangsbedingungen vorgestellt werden.

2.3.1. Zwangsbedingungen

Zwangsbedingungen lassen sich in verschiedene Kategorien unterteilen. Zum einen gibt es die *holonomen* Bedingungen. Diese beschränken die Freiheitsgrade der Körper durch eine implizite Funktion

$$\mathbf{C}(\mathbf{x}, t) = \mathbf{0},$$

die von der Lage der Körper $\mathbf{x}$ (Position und Rotation) und von der Zeit abhängen kann. Die explizite Abhängigkeit der Funktion von der Zeit ist optional. *Rheonome* Bedingungen hängen von der Zeit ab, während *sklero-nome* Bedingungen dies nicht tun. Alle holonomen Zwangsbedingungen haben die Eigenschaft, dass sie die Freiheitsgrade des simulierten Modells permanent reduzieren. Daher werden sie eingesetzt, um mechanische Gelenke in der Simulation zu realisieren.

In der Klasse der *nichtholonomen* Bedingungen sind in der dynamischen Simulation vor allem die folgenden beiden Arten wichtig. Eine *Geschwin-*

digkeitsbedingung wird durch eine implizite Funktion definiert, die von den Geschwindigkeiten der Körper und von der Zeit abhängen kann:

$$\mathbf{C}(\mathbf{v}, t) = \mathbf{0}.$$

Sie wird z. B. zur Kontrolle eines Körpers in der Simulation eingesetzt. Durch eine solche Bedingung kann festgelegt werden, dass ein Körper einem anderen folgt, soweit dies seine holonomen Bedingungen zulassen. In dem Simulationssystem, das im Rahmen dieser Forschungsarbeit entwickelt wurde, wird auf diese Weise die Interaktion des Benutzers mit der Simulation realisiert [Ben08]. Der Benutzer kann einen Körper auswählen und durch eine Geschwindigkeitsbedingung wird dann dafür gesorgt, dass der Körper der Mausbewegung folgt, solange dies nicht durch andere Zwangsbedingungen verhindert wird. Eine solche Interaktion kann mit holonomen Bedingungen nicht umgesetzt werden. Diese würden verlangen, dass der Körper der Position des Mauszeigers exakt folgt, auch wenn dadurch eine andere Bedingung nicht mehr erfüllt werden kann. Geschwindigkeitsbedingungen werden außerdem für die Umsetzung von mechanischen Gelenken benötigt, wie im folgenden Kapitel gezeigt wird.

Sowohl für die Positionen der Körper als auch für ihre Geschwindigkeiten können Zwangsbedingungen in Form einer Ungleichung definiert werden. Diese Art von Bedingungen werden z. B. bei der Kollisionsauflösung und bei der Kontaktbehandlung eingesetzt. Mit ihnen kann verhindert werden, dass sich zwei Körper gegenseitig durchdringen. Außerdem kann mit Hilfe einer solchen Bedingung ein Gelenk mit Anschlag simuliert werden. Bei einem solchen Gelenk werden die verbleibenden Freiheitsgrade der verbundenen Körper durch den Anschlag beschränkt.

2.3.2. Impulsbasierte Simulation einer Zwangsbedingung

Die impulsbasierte Simulation unterscheidet zwischen Zwangsbedingungen, die ausschließlich von der Position und Rotation der Körper und der Zeit abhängen und Bedingungen, die von der Geschwindigkeit der Körper und der Zeit abhängen. Bedingungen der ersten Art werden im Folgenden auch als *Positionsbedingungen* bezeichnet. Bei der impulsbasierten Simulation können die Positionsbedingungen und die Geschwindigkeitsbedingungen sowohl als implizite Funktion gegeben sein als auch in Form einer Ungleichung vorliegen. Dadurch ergeben sich die folgenden vier Arten von Bedingungen:

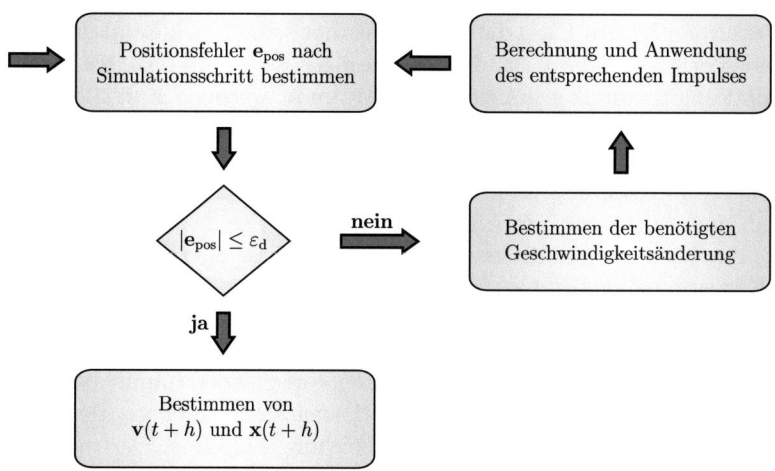

Abbildung 2.1.: Ablauf eines Zeitschritts der impulsbasierten Simulation einer holonomen Zwangsbedingung von t nach $t + h$

- Positionsbedingungen: $\mathbf{C}(\mathbf{x}, t) = \mathbf{0}$ und $\mathbf{C}(\mathbf{x}, t) \geq \mathbf{0}$,
- Geschwindigkeitsbedingungen: $\mathbf{C}(\mathbf{v}, t) = \mathbf{0}$ und $\mathbf{C}(\mathbf{v}, t) \geq \mathbf{0}$.

Ein Simulationsschritt mit einer Positionsbedingung in Form einer Gleichung wird durchgeführt, indem zunächst der Positionsfehler $\mathbf{e}_{pos}$ für den Zeitpunkt $t + h$ bestimmt wird (siehe Abbildung 2.1). Dabei ist h die verwendete Zeitschrittweite. Der Positionsfehler beschreibt, wie weit die beiden Körper während des Simulationsschritts auseinander driften, wenn die Positionsbedingung dabei nicht berücksichtigt wird. Er wird bestimmt, indem ein Simulationsschritt durchgeführt wird, bei dem die Körper wie freie Starrkörper behandelt werden. Wenn die Funktion der Zwangsbedingung für diese Vorschau ausgewertet wird, dann ergibt sich der Fehler:

$$\mathbf{C}(\mathbf{x}, t + h) = \mathbf{e}_{pos}(t + h).$$

Als nächstes wird überprüft, ob der Fehler innerhalb einer vorgegebenen Toleranz ε_d liegt. Im Allgemeinen ist dies nicht der Fall, da die Körper unterschiedliche Geschwindigkeiten haben und damit während des Simulationsschritts auseinander driften. Wenn die Toleranz überschritten wird, wird bestimmt, wie sich die relative Geschwindigkeit der Körper am Anfang des Simulationsschritts ändern muss, so dass zum Zeitpunkt $t + h$ die Bedingung erfüllt ist. Geht man davon aus, dass die Summe der externen Kräfte $\mathbf{F}_{\text{ext}}$, die auf die Körper wirken, während des Simulationsschritts konstant ist, dann kann diese Geschwindigkeitsänderung zumindest für Partikel immer exakt bestimmt werden. Starrkörper, die auch eine Rotationsbewegung haben, bewegen sich in der Regel relativ zueinander auf einer nichtlinearen Bahn. Die Bestimmung der genauen Geschwindigkeitsänderung ist in diesem Fall komplex und zeitaufwendig. Ein Simulationsschritt wird im Allgemeinen mit einer sehr kleinen Zeitschrittweite durchgeführt[2]. In diesem kleinen Zeitraum ist die relative Bewegung der Körper annähernd linear[3]. Daher kann die Bewegung durch eine lineare Bahn angenähert und die benötigte Geschwindigkeitsänderung relativ einfach approximiert werden. Für die bestimmte Änderung der relativen Geschwindigkeit wird anschließend ein entsprechender Impuls berechnet. Dieser wird im Folgenden auch als *Korrekturimpuls* bezeichnet. Der Impuls kann sehr effizient durch eine lineare Gleichung berechnet werden, da die gewünschte Geschwindigkeitsänderung bekannt ist. Anschließend muss er in entgegengesetzte Richtungen auf die beiden Körper angewendet werden. Durch die Anwendung der entgegengesetzten Impulse wird die Impulserhaltung des Systems gewährleistet. Der Impuls wird zum Zeitpunkt t auf die Körper angewendet, so dass die Änderung der relativen Geschwindigkeit zu einer Korrektur des Positionsfehlers zum Zeitpunkt $t + h$ führt. Konnte die Geschwindigkeitsänderung nur approximiert werden, dann wird der Fehler reduziert. Daher kann es sein, dass die Zwangsbedingung nach dem Simulationsschritt nicht innerhalb der vorgegebenen Toleranz erfüllt ist. In diesem Fall wird die Berechnung der Korrekturimpulse iterativ fortgesetzt, bis die vorgegebene Genauigkeit erreicht wird. Diese Vorgehensweise konvergiert zu der physikalisch korrekten Lösung [SBP05b]. Versuche haben gezeigt, dass selbst bei einer Zeitschrittweite von 0,04 s in der Regel nicht mehr als zwei Iterationen benötigt werden, um eine Bedingung innerhalb einer Toleranz von 10^{-6} m zu erfüllen.

Bei der Simulation einer Geschwindigkeitsbedingung in Form einer Gleichung wird keine Vorschau benötigt. Ein Geschwindigkeitsfehler $\mathbf{C}(\mathbf{v}, t) = \mathbf{e}_{\text{vel}}(t)$ kann durch einen Impuls direkt korrigiert werden, da ein Impuls die Geschwindigkeiten der Körper sofort verändert. Aus diesem Grund kann der gesuchte Korrekturimpuls für eine Geschwindigkeitsbedingung

---

[2] In der Computergraphik wird pro Bild, das erzeugt wird, mindestens ein Simulationsschritt durchgeführt. Daher darf die Zeitschrittweite für eine flüssige Darstellung mit 25 Bildern pro Sekunde höchstens 0,04 s betragen.

[3] Wenn die Körper sehr hohe Geschwindigkeiten haben, gilt dies nicht immer. Allerdings muss in diesem Fall die Zeitschrittweite deutlich reduziert werden, da sonst die Simulation instabil werden kann.

exakt bestimmt und entsprechend auf die zugehörigen Körper angewendet werden.

Bisher wurde nur die Vorgehensweise bei einer einzelnen Positions- oder Geschwindigkeitsbedingung diskutiert. In komplexen Modellen mit mehreren Bedingungen können Abhängigkeiten zwischen den zugehörigen Korrekturimpulsen entstehen. Verfahren für die Simulation solcher Modelle werden im nächsten Kapitel vorgestellt. Die Positions- und Geschwindigkeitsbedingungen in Form von Ungleichungen werden in Abschnitt 3.4 bei der Behandlung von Kollisionen und bleibenden Kontakten vorgestellt und ausführlich behandelt.

2.4. Grundlagen der impulsbasierten Dynamiksimulation

Die Geschwindigkeit $\mathbf{u}$ eines Punktes in einem Starrkörper kann mit Hilfe der Geschwindigkeit und der Winkelgeschwindigkeit des Körpers bestimmt werden:

$$\mathbf{u} = \mathbf{v} + \boldsymbol{\omega} \times \mathbf{r}. \tag{2.5}$$

Dabei ist $\mathbf{r}$ der Ortsvektor vom Schwerpunkt des Körpers zum Punkt. Für Partikel gilt $\mathbf{u} = \mathbf{v}$, da diese keine Winkelgeschwindigkeit haben.

Bei der impulsbasierten Simulation ist es wichtig, wie sich die Geschwindigkeit eines Körpers bzw. eines Punktes ändert, wenn ein Impuls $\mathbf{p}$ angewendet wird. Die Geschwindigkeitsänderung $\triangle\mathbf{v}$ der Körper berechnet sich wie folgt:

$$\triangle\mathbf{v} = \frac{1}{m}\,\mathbf{p}. \tag{2.6}$$

Die Änderung der Winkelgeschwindigkeit bei Starrkörpern hängt davon ab, wo der Impuls angewendet wird:

$$\triangle\boldsymbol{\omega} = \mathbf{J}^{-1}\,(\mathbf{r} \times \mathbf{p}). \tag{2.7}$$

Dies geht durch den Ortsvektor $\mathbf{r}$ in die Gleichung mit ein. Durch den Term $\mathbf{r} \times \mathbf{p}$ wird ein entsprechender Drehimpuls $\mathbf{l}$, der auf den Körper wirkt, berechnet. Wenn statt eines Impulses ein Drehimpuls auf den Körper einwirkt, dann bestimmt sich die Änderung der Winkelgeschwindigkeit dementsprechend wie folgt:

$$\triangle\boldsymbol{\omega} = \mathbf{J}^{-1}\,\mathbf{l}. \tag{2.8}$$

Die Geschwindigkeitsänderung in einem Punkt $\mathbf{a}$ eines Starrkörpers, die sich ergibt, wenn man in einem anderen Punkt $\mathbf{b}$ des gleichen Körpers einen Impuls anwendet, berechnet sich, indem man die beiden Gleichungen 2.6 und 2.7 in die Gleichung 2.5 für die Punktgeschwindigkeit einsetzt:

$$\triangle \mathbf{u}_a = \frac{1}{m}\mathbf{p} - \mathbf{r}_a^* \mathbf{J}^{-1} \mathbf{r}_b^* \mathbf{p}.$$

Dabei sind $\mathbf{r}_a^*$ und $\mathbf{r}_b^*$ die Kreuzproduktmatrizen der Ortsvektoren der beiden Punkte. Die Kreuzproduktmatrix eines Vektors $\mathbf{r}$ ist wie folgt definiert:

$$\mathbf{r}^* = \begin{pmatrix} 0 & -r_z & r_y \\ r_z & 0 & -r_x \\ -r_y & r_x & 0 \end{pmatrix}.$$

Damit im Folgenden keine Fallunterscheidung zwischen statischen und dynamischen Starrkörpern und Partikeln vorgenommen werden muss, wird die folgende Matrix aufgestellt:

$$\mathbf{K}_{a,b} := \begin{cases} \frac{1}{m}\mathbf{E}_3 - \mathbf{r}_a^* \mathbf{J}^{-1} \mathbf{r}_b^* & \text{für einen dynamischen Starrkörper} \\ \frac{1}{m}\mathbf{E}_3 & \text{für ein dynamisches Partikel} \\ \mathbf{0} & \text{sonst,} \end{cases}$$

wobei $\mathbf{E}_3 \in \mathbb{R}^3$ die Einheitsmatrix ist. Die Berechnung der Geschwindigkeitsänderung hat dann die folgende Form:

$$\triangle \mathbf{u}_a = \mathbf{K}_{a,b}\mathbf{p}.$$

Die Änderung der Winkelgeschwindigkeit eines Starrkörpers k, wenn in einem Punkt $\mathbf{a}$ des Körpers ein Impuls einwirkt, wird mit der Matrix $\mathbf{W}_{k,a}$ berechnet:

$$\mathbf{W}_{k,a} := \begin{cases} \mathbf{J}_k^{-1}\mathbf{r}_a^* & \text{für einen dynamischen Starrkörper } k \\ \mathbf{0} & \text{sonst,} \end{cases}$$

$$\triangle \boldsymbol{\omega} = \mathbf{W}_{k,a}\mathbf{p}.$$

Da Partikel keine Rotationsfreiheitsgrade haben, muss für sie die Winkelgeschwindigkeit Null sein.

Ebenso wie die Matrix $\mathbf{W}_{k,a}$ werden die folgenden beiden Matrizen nur bei der Simulation von Starrkörpern benötigt. Sie beschreiben die Geschwindigkeitsänderungen, wenn ein Drehimpuls $\mathbf{l}$ auf den Körper wirkt. Mit der

Matrix $\mathbf{U}_{a,k}$ wird die Geschwindigkeitsänderung $\triangle \mathbf{u}_a$ eines Punktes $\mathbf{a}$ in einem Starrkörper k berechnet, wenn ein Drehimpuls $\mathbf{l}$ auf den Körper angewendet wird:

$$\mathbf{U}_{a,k} := \begin{cases} -\mathbf{r}_a^* \mathbf{J}_k^{-1} & \text{für einen dynamischen Starrkörper } k \\ \mathbf{0} & \text{sonst,} \end{cases}$$

$$\triangle \mathbf{u}_a = \mathbf{U}_{a,k}\, \mathbf{l}.$$

Die Änderung der Winkelgeschwindigkeit $\triangle \boldsymbol{\omega}$ eines Körpers k, wenn ein Drehimpuls $\mathbf{l}$ auf den Körper wirkt, wird mit Hilfe der Matrix $\mathbf{L}_k$ bestimmt:

$$\mathbf{L}_k := \begin{cases} \mathbf{J}_k^{-1} & \text{für einen dynamischen Starrkörper } k \\ \mathbf{0} & \text{sonst,} \end{cases}$$

$$\triangle \boldsymbol{\omega} = \mathbf{L}_k\, \mathbf{l}.$$

Die Matrizen $\mathbf{K}_{a,b}$ und $\mathbf{L}_k$ haben die folgenden wichtigen Eigenschaften: Sie sind konstant zu einem Zeitpunkt t, positiv definit, symmetrisch und regulär (Beweis in [Mir96b]).

3. Simulation von Mehrkörpersystemen

In diesem Kapitel werden impulsbasierte Verfahren für die dynamische Simulation von Mehrkörpersystemen vorgestellt. Ein Mehrkörpersystem besteht aus Körpern, die durch Gelenke miteinander verbunden sind. Jedes Gelenk definiert Zwangsbedingungen für die verbundenen Körper. Während der Simulation werden diese Bedingungen mit Hilfe von Impulsen erfüllt.

In den nächsten Abschnitten werden ausschließlich Starrkörper betrachtet. Partikel haben weniger Freiheitsgrade als Starrkörper und sind daher einfacher zu handhaben. Zwangsbedingungen und spezielle Lösungsverfahren für Partikel werden im Kapitel über deformierbare Körper vorgestellt.

Im Folgenden werden zunächst die wichtigsten verwandten Arbeiten vorgestellt. Anschließend werden Zwangsbedingungen für verschiedene Arten von Gelenken definiert und gezeigt, wie man diese mit Hilfe von Impulsen erfüllt. Für die Simulation von Mehrkörpersystemen werden drei impulsbasierte Verfahren präsentiert. Diese Verfahren werden dann anhand von verschiedenen Messungen miteinander verglichen.

3.1. Verwandte Arbeiten

In dem Gebiet der dynamischen Simulation von Starrkörpern wird bereits sehr lange geforscht. Die existierenden Verfahren werden in diesem Abschnitt in zwei Kategorien unterteilt: Verfahren für die Simulation von Gelenken und Verfahren zur Behandlung von Kollisionen und bleibenden Kontakten. Die Verfahren der ersten Kategorie behandeln hauptsächlich holonome Zwangsbedingungen, während Kollisionen und Kontakte nichtholonome Bedingungen definieren (siehe Abschnitt 2.3.1). Ein ausführlicher Überblick zum Thema Starrkörpersimulation mit Zwangsbedingungen wird in [BET14] gegeben.

3.1.1. Simulation von Gelenken

Die Simulation von Gelenken wird bereits seit vielen Jahren erforscht. Daher existieren in diesem Bereich einige verschiedene Verfahren. Im Folgenden werden zunächst die wichtigsten drei Ansätze der klassischen Mechanik vorgestellt (siehe auch [Wag01, Ben07a, BET14]). Anschließend werden weitere Verfahren behandelt, die nicht auf den klassischen Ansätzen basieren.

3.1.1.1. Penalty-Methode

Mit der Penalty-Methode können alle Arten von Zwangsbedingungen simuliert werden. Wichtig ist dabei nur, dass man für eine Bedingung zu jeder Zeit den aktuellen Fehler bestimmen kann. Bei einer Bedingung in Form einer impliziten Funktion wird die Funktion ausgewertet und die Abweichung von Null ergibt den Fehler. Für eine Zwangsbedingung in Form einer Ungleichung wird der Abstand des Funktionswertes zum gültigen Wertebereich als Fehler verwendet. Sobald der Fehler bekannt ist, wird dem simulierten System eine Kraft hinzugefügt, die dem Fehler entgegenwirkt. Der Betrag dieser Kraft hängt dabei von der Größe des Fehlers ab.

Die Kraft für eine holonome Zwangsbedingung wird in [dJB94] und [Wag01] wie folgt berechnet:

$$\mathbf{F}_{\text{Penalty}} = -\alpha \, \mathbf{J}^T \left(\Omega^2 \, \mathbf{C} + 2 \, \Omega \, \mu \, \dot{\mathbf{C}} + \ddot{\mathbf{C}} \right).$$

Die Matrix $\mathbf{J}$ bezeichnet dabei die Jacobi-Matrix der Bedingung $\mathbf{C}$ und bestimmt die Richtung der Kraft. Bei einer Geschwindigkeitsbedingung wirkt dagegen die Kraft

$$\mathbf{F}_{\text{Penalty}} = -\alpha \, \left(\frac{d\mathbf{C}}{d\mathbf{v}} \right)^T \left(\mu \, \mathbf{C} + \dot{\mathbf{C}} \right)$$

auf die verbundenen Körper. Die Koeffizienten α, Ω und μ sind konstant. Sie können bei der ersten Gleichung als die Stärke, die Eigenfrequenz und die Dämpfung einer Feder interpretiert werden. In beiden Gleichungen sind die Kräfte genau dann Null, wenn die Bedingung erfüllt ist. Andernfalls wirken sie dem Fehler entgegen. Dies kann auch ohne die Ableitungen der Zwangsbedingung erreicht werden. Allerdings wird durch die Ableitungs-terme die Stabilität der Simulation erhöht, da durch sie eine Dämpfung der Kräfte bewirkt wird.

In jedem Simulationsschritt mit der Penalty-Methode werden zunächst alle Kräfte für die Zwangsbedingungen und alle externen Kräfte bestimmt. Anschließend wird die Bewegungsgleichung mit Hilfe numerischer Integration für alle Körper gelöst. Dieses Verfahren hat daher einen geringen Berechnungsaufwand und ist sehr schnell. Allerdings hat es auch einige Nachteile. Die Qualität der Simulation hängt stark von den verwendeten Koeffizienten ab, für die nur schwer geeignete Werte gefunden werden können. Die Zwangsbedingungen werden in jedem Schritt nur näherungsweise erfüllt und der maximale Fehler kann nicht beschränkt werden. Der Fehler kann nur durch eine Erhöhung des Koeffizienten α reduziert werden. Dies hat zur Folge, dass auch die Kräfte größer werden, was zu steifen Differentialgleichungen führen kann. Steife Differentialgleichungen wirken sich negativ auf die Stabilität der Simulation aus [PFTV92, HES03]. Sie können nur durch den Einsatz spezieller Integrationsverfahren oder durch eine Reduzierung der Zeitschrittweite stabil gelöst werden. Dies verringert die Geschwindigkeit der Simulation deutlich.

3.1.1.2. Simulation mit Lagrange-Multiplikatoren

Bei der Methode der Lagrange-Multiplikatoren werden wie bei der Penalty-Methode Kräfte eingesetzt, um die gegebenen Zwangsbedingungen eines Modells zu erfüllen. Im Gegensatz zur Penalty-Methode werden diese inneren Kräfte allerdings nicht erst bestimmt nachdem ein Fehler auftritt, sondern die Kräfte sollen einen Fehler verhindern. Ronen Barzel und Alan H. Barr beschreiben in [BB88] die physikalisch basierte Modellierung mit Zwangsbedingungen. Dies ist eine der ersten Arbeiten im Bereich der Computergraphik, die Lagrange-Multiplikatoren zur Simulation von Mehrkörpersystemen einsetzt. Später haben viele weitere Arbeiten in diesem Bereich ebenfalls Lagrange-Multiplikatoren verwendet (siehe z. B. [Bar96, Wag01]).

Der aktuelle Bewegungszustand eines Körpers in der Simulation ist durch seine Lage $\mathbf{x}$ und seine Geschwindigkeit $\mathbf{v}$ definiert. Die Lage eines Körpers wird durch die Position seines Schwerpunktes und eine Quaternion für seine Rotation beschrieben. Dadurch ergibt sich für $\mathbf{x}$ ein Vektor der Dimension sieben. Der Vektor $\mathbf{v}$ besteht aus der Schwerpunktgeschwindigkeit und der Winkelgeschwindigkeit des Körpers und hat damit die Dimension sechs. Die unterschiedlichen Größen der Vektoren stellen ein Problem bei der Berechnung dar. Andrew Witkin et al. haben dieses Problem in [WGW90] durch die Verwendung sogenannter Konnektoren gelöst. Statt

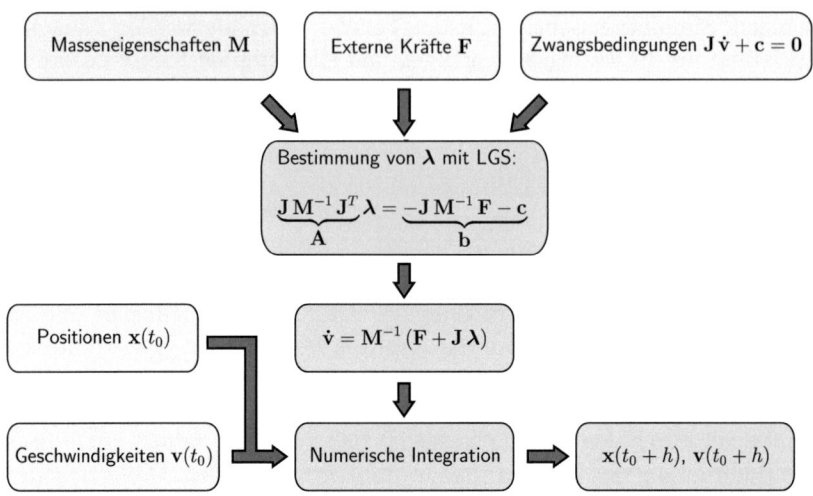

Abbildung 3.1.: Ablauf eines Simulationsschrittes mit Lagrange-Multiplikatoren

mit der Lage und Geschwindigkeit des Körpers zu rechnen, werden in jedem Körper Punkte definiert, in denen er mit anderen Körpern durch Zwangsbedingungen verbunden ist. Für die Berechnung werden dann nur noch die dreidimensionalen Positionen und Geschwindigkeiten dieser Punkte benötigt.

Im Folgenden soll der Ablauf eines Simulationsschrittes mit der Methode der Lagrange-Multiplikatoren beschrieben werden. In Abbildung 3.1 ist dieser Ablauf schematisch dargestellt. Die Masseneigenschaften eines Starrkörpers werden zu einem Zeitpunkt t durch folgende Matrix beschrieben:

$$\mathbf{M}(t) = \begin{pmatrix} m\,\mathbf{E}_3 & \mathbf{0} \\ \mathbf{0} & \mathbf{J}(t) \end{pmatrix} \in \mathbb{R}^{6\times 6}.$$

Dabei bezeichnet m die Masse des Körpers, $\mathbf{E}_3$ die dreidimensionale Einheitsmatrix und $\mathbf{J}(t)$ den aktuellen Trägheitstensor des Körpers in Weltkoordinaten. Der Trägheitstensor eines Körpers ist nur in seinem lokalen Koordinatensystem konstant über die Zeit. Im Weltkoordinatensystem hängt er von der aktuellen Rotation des Körpers ab. Die externen Kräfte und Drehmomente, die auf den Körper während des Simulationsschrittes wirken, gehen durch den Vektor $\mathbf{F} \in \mathbb{R}^6$ in die Berechnung mit ein. Die Methode der Lagrange-Multiplikatoren unterstützt im Standardverfahren holonome Zwangsbedingungen und Geschwindigkeitsbedingungen. Beide Arten werden für die Simulation durch zweimaliges bzw. einmaliges Ableiten in die folgende allgemeine Form gebracht:

$$\mathbf{J}(\mathbf{x}, \mathbf{v}, t)\, \dot{\mathbf{v}} + \mathbf{c}(\mathbf{x}, \mathbf{v}, t) = \mathbf{0},$$

wobei $\mathbf{J}(\mathbf{x}, \mathbf{v}, t)$ die Jacobi-Matrix der Bedingung ist und $\mathbf{c}(\mathbf{x}, \mathbf{v}, t)$ einen Vektor bezeichnet, der nur von der Position des Körpers, seiner Geschwindigkeit und der Zeit abhängt. Durch diese allgemeine Form werden die Bedingungen für die Beschleunigungen der Körper formuliert und nicht mehr für die Positionen oder Geschwindigkeiten.

In jedem Simulationsschritt wird zunächst ein lineares Gleichungssystem für die sogenannten Lagrange-Multiplikatoren $\boldsymbol{\lambda}$ aufgestellt:

$$\underbrace{\mathbf{J}\,\mathbf{M}^{-1}\mathbf{J}^{T}}_{\mathbf{A}}\, \boldsymbol{\lambda} = \underbrace{-\mathbf{J}\,\mathbf{M}^{-1}\,\mathbf{F}_{\text{ext}} - \mathbf{c}}_{\mathbf{b}}.$$

In dieses Gleichungssystem gehen die Masseneigenschaften, die externen Kräfte und die Zwangsbedingungen in allgemeiner Form mit ein. Das Gleichungssystem ergibt sich, wenn man die Newtonsche Bewegungsgleichung mit den externen und internen Kräften des Systems in die allgemeine Bedingungsgleichung einsetzt und dabei das Prinzip von d'Alembert berücksichtigt [GPS06]. Die Lagrange-Multiplikatoren beschreiben, wie stark die internen Kräfte sein müssen, um die Zwangsbedingungen zu erfüllen. Die Richtung einer Kraft ist durch die Jacobi-Matrix gegeben.

Durch das Lösen des Gleichungssystems werden alle internen Kräfte berechnet. In einem Simulationsschritt werden die neuen Positionen und Geschwindigkeiten der Körper durch numerische Integration bestimmt. Dabei gehen die externen und internen Kräfte mit ein. Da die internen Kräfte kontinuierlich sind, müssen sie je nach Integrationsverfahren für mehrere Zeitpunkte bestimmt werden. Die Lösung des Systems benötigt z. B. mit einer $\mathbf{LU}$-Faktorisierung einen Zeit- und Speicheraufwand von $O(n^3)$ bei einem Modell mit n linearen Bedingungen. Für azyklische Modelle lässt sich der Aufwand deutlich verbessern. David Baraff hat für solche Modelle in [Bar96] gezeigt, dass die Multiplikatoren mit einem linearen Zeit- und Speicheraufwand bestimmt werden können. Dafür muss zunächst das Gleichungssystem so umgeformt werden, dass es garantiert dünnbesetzt ist. Das resultierende System ist größer als das ursprüngliche. Anschließend werden die Zeilen des Gleichungssystems durch eine Tiefensuche im Verbindungsgraph so umsortiert, dass sie der Hierarchie im Modell entsprechen. Eine $\mathbf{LDL}^{T}$-Faktorisierung kann dann unter Berücksichtigung der neuen

Matrixstruktur mit linearem Aufwand durchgeführt werden. Durch die neue Sortierung hat die Matrix die Eigenschaft, dass ihre Faktorisierung keine neuen von Null verschiedenen Elemente hinzufügt. Daher ist die Faktorisierung genauso dünnbesetzt wie die ursprüngliche Matrix. Damit kann auch das Lösen des Gleichungssystems mit linearem Aufwand durchgeführt werden. Alternativ kann ein effizientes Lösungsverfahren auf der GPU verwendet werden, wie es in Abschnitt 5.3 vorgestellt wird.

Durch das Gleichungssystem werden die Lagrange-Multiplikatoren und damit auch die internen Kräfte bestimmt, die dafür sorgen, dass die Zwangsbedingungen in allgemeiner Form eingehalten werden. Das Problem der allgemeinen Form ist, dass die Bedingung in Abhängigkeit der Beschleunigung der Körper formuliert wird. Eine holonome Bedingung muss daher zweimal abgeleitet werden, um sie in diese Form zu bringen. Terme der Form $k_1 t + k_2$, wobei k_1 und k_2 zwei Konstanten sind, fallen bei diesen Ableitungen weg. Positions- und Geschwindigkeitsfehler, die z. B. bei der numerischen Integration entstehen, gehen daher nicht in die allgemeine Form mit ein und können damit auch nicht korrigiert werden. Die Folge ist, dass die Körper im Laufe der Simulation auseinander driften. Dies kann nur durch ein zusätzliches Stabilisierungsverfahren verhindert werden.

Die Methode von Joachim Baumgarte, die in [Bau72] beschrieben ist, wird oft als Stabilisierungsverfahren eingesetzt. Anstatt für die holonomen Bedingungen und die Geschwindigkeitsbedingungen die Gleichungen $\ddot{\mathbf{C}} = \mathbf{0}$ bzw. $\dot{\mathbf{C}} = \mathbf{0}$ zu erfüllen, werden die folgenden Gleichungen verwendet:

$$\ddot{\mathbf{C}} + 2\alpha\dot{\mathbf{C}} + \beta^2\mathbf{C} = \mathbf{0}$$
$$\dot{\mathbf{C}} + \gamma\mathbf{C} = \mathbf{0},$$

wobei α, β und γ konstante Parameter sind. Durch die neuen Gleichungen gehen die Positions- und Geschwindigkeitsfehler mit einer Gewichtung in die Berechnung der Kräfte mit ein und können dadurch korrigiert werden. Die neuen Terme zur Stabilisierung können einfach zur allgemeinen Form addiert werden. Eine andere Methode wird von Andrew Witkin und William Welch in [WW90] beschrieben. In dieser Arbeit werden durch die Stabilisierungsterme zusätzliche Kräfte berechnet und der Bewegungsgleichung hinzugefügt. Die Umsetzung der Baumgarte-Stabilisierung ist relativ einfach. Allerdings ist die Bestimmung geeigneter Parameter nicht trivial. Uri M. Ascher et al. diskutieren in [ACPR95] die dabei entstehenden Probleme und stellen ein verbessertes Stabilisierungsverfahren vor. Alfred Schmitt et al. zeigen in [SBP05a], dass die impulsbasierte Simulationsmethode auch als Stabilisierungsverfahren bei der Verwendung von

Lagrange-Multiplikatoren eingesetzt werden kann. Durch die Kombination der beiden Simulationsverfahren wird im Vergleich zu der Stabilisierung nach Baumgarte eine höhere Genauigkeit erreicht.

3.1.1.3. Reduzierte Koordinaten

Die Penalty-Methode und die Methode der Lagrange-Multiplikatoren berechnen beide interne Kräfte, um dafür zu sorgen, dass die Zwangsbedingungen des Mehrkörpersystems erfüllt werden. Das Verfahren der reduzierten Koordinaten hat einen anderen Ansatz. Es basiert auf der Eigenschaft, dass holonome Zwangsbedingungen die Freiheitsgrade des simulierten Modells permanent reduzieren (siehe Abschnitt 2.3.1). Der Zustand eines Mehrkörpersystems mit n Freiheitsgraden und m linearen Bedingungen kann daher durch $n - m$ unabhängige Koordinaten q_i beschrieben werden. Man bezeichnet diese unabhängigen Koordinaten als reduzierte oder generalisierte Koordinaten. Ein einfaches Anwendungsbeispiel für reduzierte Koordinaten ist ein Pendel im zweidimensionalen Raum, das aus einem statischen und einem dynamischen Körper besteht. Die aktuelle Lage des dynamischen Körpers kann durch die Lage des statischen Körpers und den Winkel des Pendels bestimmt werden. Dadurch hat das Modell genauso viele unabhängige Koordinaten wie Freiheitsgrade.

Abbildung 3.2 zeigt den Ablauf eines Simulationsschrittes mit reduzierten Koordinaten. Im ersten Schritt wird für die holonomen Zwangsbedingungen im Modell ein Satz von reduzierten Koordinaten $\mathbf{q}$ bestimmt. Mit diesen Koordinaten muss der Bewegungszustand des Modells eindeutig definiert sein. Anschließend werden die n allgemeinen Koordinaten des Systems jeweils als Funktion der $n - m$ reduzierten Koordinaten beschrieben.

Durch den Lagrange-Formalismus [GPS06] ergeben sich $n - m$ Bewegungsgleichungen für die reduzierten Koordinaten. Dafür wird die Lagrange-Funktion $L = E_{kin} - E_{pot}$ für die kinetische und potentielle Energie in die Euler-Lagrange-Differentialgleichungen eingesetzt. Als Ergebnis erhält man die Lagrange-Gleichungen, die ein System von gewöhnlichen Differentialgleichungen zweiter Ordnung darstellen. Dieses wird mit Hilfe von numerischer Integration gelöst. Diese beschriebene Vorgehensweise wird als Lagrangesche Methode zweiter Art bezeichnet. Sie hat einen Berechnungsaufwand von $O(m^4)$.

Eine weitere Methode für die Simulation mit reduzierten Koordinaten ist das rekursive Newton-Euler-Verfahren [FO00]. Mit diesem Verfahren können azyklische Modelle mit linearem Aufwand simuliert werden. Die

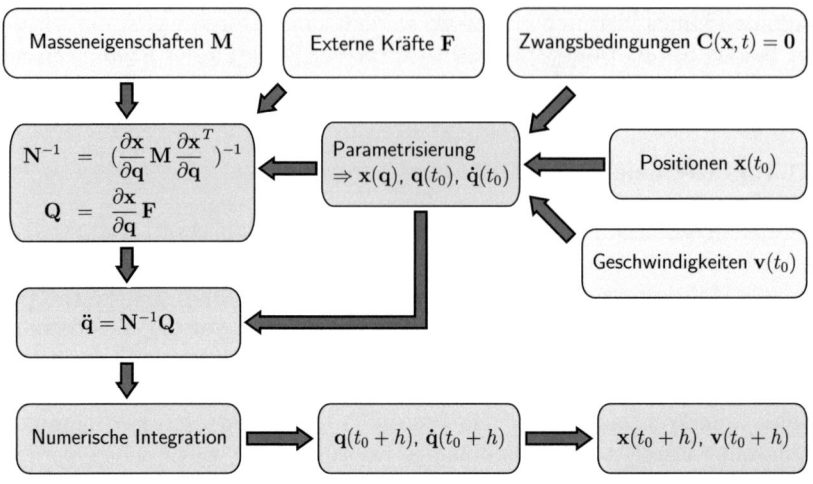

Abbildung 3.2.: Ablauf eines Simulationsschrittes mit der Methode der reduzierten Koordinaten

kinematischen Parameter der Körper im Modell werden zunächst in Abhängigkeit der äußeren Kräfte bestimmt. Dabei muss die Baumstruktur des Modells nur einmal durchlaufen werden. Anschließend wird der Baum von unten nach oben durchlaufen, wobei alle inneren Kräfte für die holonomen Bedingungen berechnet werden. Es existieren einige Verfahren, die auf dem Prinzip des Newton-Euler-Verfahrens basieren. Das wohl bekannteste ist das Verfahren von Roy Featherstone, das in [Fea87] beschrieben wird.

Das Verfahren der reduzierten Koordinaten hat verschiedene Vorteile. Zum einen werden die Zwangsbedingungen durch die Bewegungsgleichungen für die reduzierten Koordinaten implizit beschrieben. Durch die reduzierten Koordinaten wird daher zu jedem Zeitpunkt ein gültiger Systemzustand definiert. Zum anderen müssen nur $n - m$ Differentialgleichungen gelöst werden, wodurch die Geschwindigkeit der Simulation erhöht wird.

Das Verfahren hat allerdings auch Nachteile. Die Parametrisierung ist für ein allgemeines System mit beliebigen Bedingungen schwer und es wird ein Zeitaufwand von $O(m^3)$ benötigt, um die Beschleunigung der reduzierten Koordinaten zu bestimmen [Bar96]. Speziell für azyklische Modelle ist zwar die Parametrisierung einfach und die Beschleunigung der Koordinaten kann in linearer Zeit mit der Methode von Roy Featherstone [Fea87] bestimmt werden. Allerdings hat diese Methode den Nachteil, dass sie schwer zu implementieren ist [Mir96b]. Außerdem können nur holonome Bedingungen direkt verarbeitet werden. Bei der Simulation von geschlossenen kinematischen Ketten treten Probleme auf, die in [Wit77] diskutiert werden. Daher werden für Modelle, die solche Ketten enthalten, spezielle Verfahren benötigt [FO00]. Ein weiterer Nachteil des Verfahrens ist, dass die Parametrisierung neu bestimmt werden muss, wenn sich die Anzahl der Zwangsbedingungen im System ändert. Folglich ist die Simulation von Systemen, die sich verändern, sehr zeitaufwendig.

3.1.1.4. Weitere Ansätze

Ein neuerer Ansatz ist z. B. der von Matthias Müller [MHHR06, MHHR07], bei dem direkt die Positionen der Körper verändert werden, um die Zwangs-bedingungen im System zu erfüllen. Auf diese Weise kommt die Simulation ohne die Einwirkung von Impulsen oder Kräften zu einem gültigen Zustand. In einem Simulationsschritt werden zunächst die neuen Positionen der Körper bestimmt. Dabei werden die Zwangsbedingungen nicht berücksichtigt. Anschließend werden die neuen Positionen verändert, so dass sie die Bedingungen im Modell erfüllen. Mit den Bedingungen können Gelenke, Kollisionen und bleibende Kontakte realisiert werden. Das Verfahren hat allerdings den Nachteil, dass keine genauen Ergebnisse erzielt werden können. Es liefert nur visuell plausible Ergebnisse.

Eine weitere neue Methode wird von Rachel Weinstein et al. in [WTF06] vorgestellt. Dieses Verfahren basiert auf einem impulsbasierten Ansatz, wie er auch in [BBS03] und [BFS05] beschrieben wird. Durch eine Vorschau der Positionen der Körper wird zunächst der auftretende Fehler für eine Zwangsbedingung bestimmt. Anschließend wird eine nichtlineare Gleichung in einem iterativen Prozess gelöst, um einen Impuls zu berechnen, der diesen Fehler verhindert. Der impulsbasierte Ansatz in dieser Arbeit verwendet dagegen eine Approximation, damit nur eine lineare Gleichung gelöst werden muss. Wegen der Approximation muss auch hier iterativ gearbeitet werden, um ein genaues Ergebnis zu erzielen. Der Vorteil liegt allerdings darin, dass lineare Gleichungen in einem linearen Gleichungs-system zusammengefasst werden können, wodurch sich die Berechnungen deutlich optimieren lassen. Dies wird im Verlauf dieser Arbeit gezeigt.

3.1.2. Behandlung von Kollisionen

Im Bereich der dynamischen Simulation wird oft zwischen Kollisionen und permanenten Kontakten unterschieden. Eine Kollision beschreibt ein Ereignis, bei dem zwei Körper für einen unendlich kleinen Zeitraum Kontakt haben und dann voneinander abgestoßen werden. Wenn sich die beiden Körper dagegen über einen längeren Zeitraum berühren, spricht man von einem bleibenden Kontakt. In beiden Fällen muss ein Verfahren der Kollisionsauflösung eine Durchdringung der Körper verhindern. Bei der Behandlung von Kollisionen und bleibenden Kontakten müssen verschiedene Materialeigenschaften der Körper berücksichtigt werden. Zum einen hat jeder Körper einen Koeffizienten, der seine Elastizität beschreibt. Mit Hilfe dieses Wertes wird die Stärke des Rückstoßes im Falle einer Kollision bestimmt. Zum anderen haben die Körper Koeffizienten, um ihre Reibungseigenschaften zu beschreiben. Reibung wirkt der Tangentialbewegung von Körpern, die sich berühren, entgegen. David E. Stewart gibt in [Ste00] einen ausführlichen Überblick über verschiedene Verfahren für die Behandlung von Kollisionen und bleibenden Kontakten mit Reibung.

Die Verfahren zur Kollisionsbehandlung werden im Folgenden in impulsbasierte Verfahren und Verfahren mit Zwangsbedingungen unterteilt. Das Hauptziel der impulsbasierten Verfahren ist eine schnelle Kollisionsauflösung. Der Ansatz dieser Verfahren vereinfacht das Kollisionsproblem, um die Berechnung der Kollisionsbehandlung zu beschleunigen. Allerdings geht dadurch Genauigkeit verloren. Die Verfahren, die auf der Verwendung von Zwangsbedingungen basieren, erreichen eine hohe Genauigkeit, sind aber deutlich langsamer als die impulsbasierten Verfahren.

3.1.2.1. Impulsbasierte Verfahren

Die impulsbasierten Verfahren zeichnen sich zum einen dadurch aus, dass sie Kollisionen bzw. bleibende Kontakte durch die Einwirkung von Impulsen auflösen. Zum anderen wird für zwei Körper, die Kontakt miteinander haben, genau ein Impuls für die nächsten Kontaktpunkte bestimmt, der eine Durchdringung der Körper verhindern soll. Wenn die beiden Körper mehrere Kontaktpunkte haben, dann werden diese zeitlich nacheinander betrachtet. Dadurch wird die Simulation deutlich einfacher und die Berechnung der Impulse kann schneller durchgeführt werden. Allerdings geht auf diese Weise Genauigkeit verloren. Bei bleibenden Kontakten muss ein Impuls eine Durchdringung der Körper verhindern. Im Fall einer Kollision muss außerdem, abhängig von der Elastizität der Körper, ein Rückstoß simuliert werden. Wie die benötigten Impulse bestimmt werden, wird z. B. von Anindya Chatterjee und Andy Ruina in [CR98] beschrieben.

Eines der ersten impulsbasierten Verfahren wurde von Matthew Moore und Jane Wilhelms in [MW88b] vorgestellt. In dieser Arbeit werden Impulse für die Auflösung von Kollisionen mit einer analytischen Methode bestimmt. Bleibende Kontakte werden mit einem Penalty-Verfahren (siehe Abschnitt 3.1.2.2) behandelt. Bei einer Kollision zwischen zwei Körpern geschieht die Auflösung in nur einem einzigen Kontaktpunkt, auch wenn die Kollisionserkennung mehrere festgestellt hat. Dadurch wird die Berechnung der Impulse vereinfacht, wodurch die Simulation schneller wird. Diese Vereinfachung kostet allerdings auch Genauigkeit.

James K. Hahn stellt in [Hah88] ein ähnliches Verfahren für die Behandlung von Kollisionen vor. Bleibende Kontakte werden in dieser Arbeit durch eine Serie von Kollisionen simuliert. Dadurch kann die exakte Lösung allerdings nur angenähert werden. Die Simulation von Reibung wird nach dem Gesetz von Coulomb umgesetzt.

Einige Jahre später haben Brian V. Mirtich und John F. Canny weitere impulsbasierte Verfahren zur Kollisionsauflösung entwickelt [MC94, MC95, Mir96b]. Im Gegensatz zu den bisherigen Verfahren werden Kollisionen und bleibende Kontakte auf unterschiedliche Weise mit Hilfe von Impulsen aufgelöst. Wie bei den bisherigen Verfahren wird bei der Berechnung nur ein Kontaktpunkt für jedes Paar kollidierender Körper berücksichtigt. Bei Mehrfachkontakten werden die einzelnen Kontaktpunkte zeitlich nacheinander behandelt. Die Simulation einer Kollision wird in eine Kompressions- und eine Rückstoßphase unterteilt. Die Stärke des Rückstoßes wird nach Stronges Hypothese bestimmt. Dafür werden die Tangentialgeschwindigkeiten der kollidierenden Körper und die Arbeit in Normalenrichtung im Kontaktpunkt integriert, bis die relative Geschwindigkeit der Körper in Richtung der Kontaktnormale Null ist. An diesem Punkt der maximalen Kompression beginnt die Rückstoßphase. Für die Rückstoßphase wird zunächst nach Stronges Hypothese die Arbeit in Normalenrichtung berechnet. Anschließend wird über die relative Punktgeschwindigkeit integriert, wobei die Arbeit in Normalenrichtung als Integrationsparameter dient. Bei der Auflösung von Kollisionen wird Reibung nach dem Gesetz von Coulomb simuliert. Ein bleibender Kontakt wird durch eine Reihe sogenannter *Mikrokollisionen* aufgelöst. Bei bleibenden Kontakten können unerwünschte Vibrationen zwischen den Körpern entstehen, da Mehrfachkontakte zeitlich nacheinander behandelt werden. Dieses Problem soll durch die Mikrokollisionen gelöst werden, indem versucht wird, die Wirkung der Gravitation im

Kontaktpunkt aufzuheben. Die impulsbasierte Methode und die Kollisionsbehandlung mit Zwangsbedingungen werden in [Mir95] gegenübergestellt. Brian V. Mirtich stellt in [Mir96b] sogar eine Kombination beider Ansätze vor.

Eran Guendelman et al. stellen in [GBF03, Gue06] ein weiteres impulsbasiertes Verfahren für die Kollisionsauflösung vor. Bei diesem Verfahren wird der Ablauf des Simulationsschrittes verändert, um Kollisionen und bleibende Kontakte zu behandeln. Zunächst liefert die Kollisionserkennung für jedes Paar von kollidierenden Körpern genau einen Kontaktpunkt. Dann werden die Kollisionen durch Impulse aufgelöst. Anschließend werden nur die neuen Geschwindigkeiten der Körper durch Integration berechnet. Für alle Körper, die sich berühren wird der relative Geschwindigkeitsvektor untersucht. Anhand dieses Vektors kann bestimmt werden, ob es sich um einen bleibenden Kontakt handelt und eine Durchdringung der Körper verhindert werden muss. Eine Durchdringung wird durch die Anpassung des Geschwindigkeitsvektors vermieden. Zum Schluss werden die neuen Positionen der Körper durch Integration mit den veränderten Geschwindigkeiten bestimmt. Dieses Verfahren löst das Problem der vibrierenden Körper durch den veränderten Ablauf. Dadurch wird keine Sonderbehandlung für bleibende Kontakte benötigt. Allerdings werden durch den neuen Ablauf nur plausible Ergebnisse erreicht. Das vorgestellte Verfahren löst Kollisionen und bleibende Kontakte iterativ auf. Bei gestapelten Körpern werden relativ viele Iterationsschritte benötigt. Um die Simulation in solchen Situationen zu beschleunigen, präsentieren Eran Guendelman et al. ein Verfahren der Schockfortpflanzung. Dabei wird ein Stapel von kollidierenden Körpern nach einer vordefinierten Anzahl an Iterationen schrittweise von unten her eingefroren, indem die Masse der Körper auf unendlich gesetzt wird. Dafür wird ein Kontaktgraph benötigt, der die Abhängigkeiten der Kontakte beschreibt. Nachdem alle Kollisionen des Stapels behandelt wurden, werden die ursprünglichen Massen der Körper wieder hergestellt. Durch die Schockfortpflanzung geht Genauigkeit verloren, aber die Geschwindigkeit der Simulation kann deutlich verbessert werden.

3.1.2.2. Kollisionsbehandlung mit Zwangsbedingungen

Im Gegensatz zu den impulsbasierten Verfahren werden bei der Kollisionsbehandlung mit Zwangsbedingungen alle Kontaktpunkte zwischen zwei kollidierenden Körpern berücksichtigt. Für jeden Kontakt wird eine

Zwangsbedingung formuliert, die verhindert, dass sich die zugehörigen Körper durchdringen. Die Kollisionen und Kontakte werden aufgelöst, indem entsprechende Kräfte bzw. Impulse für alle Zwangsbedingungen bestimmt werden.

Penalty-Verfahren Die Penalty-Verfahren für die Kollisionsauflösung arbeiten analog zu den Verfahren für die Gelenksimulation. Für zwei Körper, die sich gegenseitig durchdringen, wird auf die zugehörigen Kontaktpunkte eine Federkraft angewendet. Diese Kraft ist abhängig von der Eindringtiefe und wirkt der Durchdringung entgegen bis die beiden Körper wieder einen zulässigen Zustand erreichen. Das Problem bei dieser Vorgehensweise ist, dass ein Fehler erst auftreten muss bevor eine Kraft entgegenwirkt.

Matthew Moore und Jane Wilhelms stellen in [MW88b] ein solches Verfahren für die Behandlung von bleibenden Kontakten vor. Starke Durchdringungen der Körper können nur durch den Einsatz von sehr starken Federn verhindert werden. Dies führt allerdings zu steifen Differentialgleichungen. In diesem Fall muss für die numerische Integration eine sehr kleine Zeitschrittweite verwendet werden, da das System sonst instabil wird [PB88, MW88b].

Das Penalty-Verfahren ist sehr schnell und leicht zu implementieren, da nur Federkräfte berechnet werden müssen. Allerdings ist es für eine genaue Simulation nicht geeignet. Außerdem können tiefe Durchdringungen nur sehr langsam korrigiert werden, da die Körper sonst stark beschleunigt werden. Eine starke Beschleunigung bewirkt, dass die Körper auseinander katapultiert werden, selbst wenn sie aufeinander liegen bleiben sollten.

Tang et al. [TMOT12] erweitern in ihrer Arbeit die Idee des Penalty-Verfahrens und berechnen kontinuierliche Penalty-Kräfte. Diese Erweiterung erfordert einen geringfügig höheren Rechenaufwand, erhöht dafür aber die Stabilität und Robustheit des Verfahrens deutlich.

Analytische Verfahren Bei den analytischen Verfahren wird zwischen Kollisionen und bleibenden Kontakten unterschieden [Bar89]. Im Gegensatz zu den bleibenden Kontakten besteht eine Kollision nur in einer unendlich kleinen Zeitdauer. In beiden Fällen dürfen die Kontaktkräfte die Körper nur voneinander abstoßen. Wenn sich die Körper voneinander weg bewegen, darf keine Kraft wirken. Die Berechnung der Kontaktkräfte wird daher oft als lineares Komplementaritätsproblem [CPS92] formuliert. Hauptsächlich geht dies auf die Arbeiten von Per Lötstedt zurück [Löt82, Löt84].

David Baraff löst das lineare Komplementaritätsproblem für die Kontaktkräfte in [Bar89] mit Hilfe von quadratischem Programmieren. Diese Vorgehensweise ist im Allgemeinen NP-hart [GT00]. Das Verfahren von David Baraff löst das Problem daher mit einem heuristischen Ansatz. In [Bar90] wird eine Erweiterung des Verfahrens für gekrümmte Flächen vorgestellt. Die Behandlung von bleibenden Kontakten mit Reibung nach dem Gesetz von Coulomb wird von Baraff in [Bar91] beschrieben.

David Baraff beschreibt in [Bar94] ein weiteres Verfahren zur Bestimmung von Kontaktkräften mit dynamischer und statischer Reibung. Dieses Verfahren arbeitet im Gegensatz zu den vorherigen nicht mit Optimierungsmethoden. Stattdessen wird ein Ansatz verwendet, der auf dem Verfahren zur Lösung eines linearen Komplementaritätsproblems von Richard W. Cottle und George B. Dantzig [CD68] basiert. Dabei handelt es sich um eine Pivot-Methode. Im Vergleich zu früheren Verfahren ist das vorgestellte schneller, robuster und einfacher.

Katsuaki Kawachi et al. stellen in [KSK97] eine Erweiterung der Formulierung des Kollisionsproblems von David Baraff [Bar89, Bar94] für den zweidimensionalen Fall vor. Damit lösen sie Kollisionen mit Reibung nach dem Gesetz von Coulomb durch Impulse auf. Im Gegensatz zu der impulsbasierten Methode von Brian V. Mirtich werden dabei alle Kollisionen, die gleichzeitig zwischen zwei Körpern auftreten, berücksichtigt. In [KSK97] wird das vorgestellte Verfahren anhand von Messungen mit der impulsbasierten Methode von Brian V. Mirtich verglichen. Eine Erweiterung der Kollisionsauflösung für den dreidimensionalen Fall wird von Katsuaki Kawachi et al. in [KSK98] beschrieben.

Zur Bestimmung der Kontaktkräfte wird in verschiedenen Arbeiten ein lineares Komplementaritätsproblem formuliert. Beispiele dafür sind die Arbeiten von Per Lötstedt [Löt82] und von Friedrich Pfeiffer und Christoph Glocker [PG96]. Durch die Kontaktkräfte wird eine Durchdringung der Körper verhindert. Diese Vorgehensweise hat allerdings das Problem, dass bei der Bestimmung der Kontaktkräfte mit Reibung unter Umständen gar keine oder keine eindeutige Lösung gefunden werden kann [MW88a, Bar93]. Dieses Problem ist seit 1895 bekannt und wurde von Painlevé entdeckt. Durch die Approximation des Reibungskegels mit Hilfe eines Polyeders kann dieses Problem gelöst werden. Dies wird von David E. Stewart und Jeff C. Trinkle in [ST96] und [ST97] gezeigt. Mihai Anitescu et al. stellen in [APS98] ein Verfahren vor, dass sogar ohne diese Approximation auskommt.

In diesem Verfahren wird ein nichtlineares Komplementaritätsproblem für die gesuchten Impulse aufgestellt. Die Lösung dieses Problems wird ermittelt, indem eine Reihe von linearen Komplementaritätsproblemen mit Lemkes Algorithmus gelöst wird. Auf diesem Ansatz basieren auch die Arbeiten von Jörg Sauer und Elmar Schömer [SS98a, SS98b]. In den Arbeiten wird eine Methode beschrieben, mit der Kräfte zur Behandlung von bleibenden Kontakten mit Reibung berechnet werden. Kollisionen werden von Jörg Sauer und Elmar Schömer mit Impulsen aufgelöst.

Paul G. Kry und Dinesh K. Pai zeigen in [KP03], wie die Kontaktkräfte für einen einzelnen bleibenden Kontakt zwischen zwei glatten Oberflächen mit der Methode der reduzierten Koordinaten bestimmt werden. Die Simulation von Reibung nach dem Gesetz von Coulomb ist mit diesem Ansatz ebenfalls möglich. Die Methode der reduzierten Koordinaten erlaubt eine größere Zeitschrittweite bei der Simulation. Allerdings ist die Formulierung der Bewegungsgleichungen sehr schwierig.

Danny M. Kaufman et al. stellen in [KEP05] ein weiteres Verfahren vor. Bei diesem werden die Geschwindigkeiten der simulierten Körper auf einen zulässigen Bereich beschränkt und dadurch Durchdringungen verhindert. Durch zwei konvexe, quadratische Programme je Körper werden die zulässigen Geschwindigkeiten eingehalten und Reibung simuliert. Das Verfahren von Danny M. Kaufman et al. liefert nur plausible Ergebnisse. Dafür ermöglicht es komplexe Simulationen mit vielen nicht konvexen Körpern.

In [Mil96] wird von Victor J. Milenkovic ein Verfahren vorgestellt, das mit Zwangsbedingungen für die Positionen der Körper arbeitet. Diese Bedingungen werden mit Hilfe einer vereinfachten Form der physikalischen Gleichungen gelöst. Daher sind mit diesem Verfahren nur plausible Ergebnisse möglich. Für die Lösung wird der Wert einer Energiefunktion mit Hilfe von linearer Programmierung minimiert. In einem späteren Verfahren arbeitet Milenkovic mit einer Vorschau der Körperpositionen [MS01]. Mit Hilfe dieser Vorschau wird eine auftretende Durchdringung erkannt. Anschließend wird der Körper durch ein Optimierungsverfahren in Richtung der berechneten Zielposition bewegt, wobei eine Durchdringung verhindert und Reibung berücksichtigt wird. Dieses Verfahren liefert ebenfalls nur plausible Ergebnisse. Diese sind allerdings realistischer als beim ersten Verfahren.

Ein weiteres Verfahren, das mit Optimierungsmethoden arbeitet, wird von Harald Schmidl and Victor J. Milenkovic in [SM04] beschrieben. Bei diesem Verfahren werden Impulse für die Behandlung von Kollisionen und bleibenden Kontakten unter der Berücksichtigung von Reibung mit

Hilfe von quadratischen Programmen bestimmt. Außerdem werden Körper, die sich nur geringfügig bewegen, so lange bei der Kollisionsauflösung ausgelassen, bis sie erneut angestoßen werden. Durch diese Vorgehensweise geht Genauigkeit verloren, aber die Geschwindigkeit der Simulation kann deutlich verbessert werden.

In interaktiven Simulationen wird für die Lösung des linearen Komplementaritätsproblems oft ein projiziertes Gauss-Seidel-Verfahren eingesetzt, z.B. in [Cou12]. Dieses iterative Verfahren wird oft vorzeitig abgebrochen, um eine interaktive Simulation zu gewährleisten. Dies kann dem System allerdings Energie hinzufügen, was bei fast ruhenden Körpern zu einem Zittern führt. Tonge et al. [TBV12] präsentieren eine parallele Jacobi-basierte Methode, die ebenfalls mit einer Projektion arbeitet. Diese Methode hat die gleiche Konvergenz wie das projizierte Gauss-Seidel-Verfahren, aber löst das Problem des Zitterns.

3.2. Gelenke

Dieser Abschnitt stellt zunächst mechanische Gelenke vor. Anschließend werden Verbindungen betrachtet, die ausschließlich eine Geschwindigkeitsbedingung für die Körper definieren. Ein mechanisches Gelenk definiert eine holonome Zwangsbedingung und reduziert damit die Freiheitsgrade im Mehrkörpersystem dauerhaft. Eine Verbindung, die dagegen nur eine Geschwindigkeitsbedingung definiert, hat diese Eigenschaft nicht. Mit Hilfe einer solchen Verbindung kann man z. B. erreichen, dass ein Körper einem anderen mit gleicher Geschwindigkeit folgt.

3.2.1. Basisgelenke

Ein Starrkörper hat sechs Freiheitsgrade: drei translatorische und drei rotatorische. Ein Gelenk verbindet zwei Körper, in dem es eine holonome Zwangsbedingung für diese beiden Körper definiert. Dadurch werden die Freiheitsgrade dieser Körper während der gesamten Simulation reduziert. Jedes mechanische Gelenk entfernt dabei eine andere Kombination aus translatorischen und rotatorischen Freiheitsgraden. Um in der impulsbasierten Simulation alle Arten von mechanischen Gelenken zu unterstützen, werden im Folgenden zunächst sogenannte *Basisgelenke* eingeführt. Für jeden Freiheitsgrad eines Körpers wird ein Basisgelenk benötigt, also insgesamt sechs. Drei der Basisgelenke entfernen ausschließlich translatorische

Freiheitsgrade und drei nur rotatorische. Durch die Kombination solcher Basisgelenke können dann alle denkbaren mechanischen Gelenke in der dynamischen Simulation realisiert werden.

Um ein Basisgelenk zu simulieren, können in jedem Körper *Gelenkpunkte* und *Gelenkvektoren* definiert werden. Die Gelenkpunkte und -vektoren sind fest mit einem Körper verbunden und bewegen sich mit diesem. Aus diesem Grund werden diese Punkte und Vektoren in dem lokalen Koordinatensystem des jeweiligen Körpers gespeichert. Für die Simulation müssen sie in jedem Simulationsschritt einmal in das globale Koordinatensystem transformiert werden. Die Verwendung von lokalen Koordinaten hat den Vorteil, dass ein Gelenkpunkt nicht aufgrund von numerischen Ungenauigkeiten von seinem Körper weg driftet bzw. ein Gelenkvektor seine Richtung relativ zum Körper ändert.

3.2.1.1. Basisgelenke mit einer Translationsbedingung

Die Basisgelenke mit einer Translationsbedingung entfernen entweder ein, zwei oder alle drei translatorischen Freiheitsgrade zwischen zwei Körpern.

Das erste Basisgelenk entfernt alle translatorischen Freiheitsgrade in einem gemeinsamen Punkt. Für jeden der beiden Körper wird in diesem gemeinsamen Punkt ein Gelenkpunkt definiert. Diese Gelenkpunkte bestimmen die Positionen, an denen der erste Körper mit dem zweiten durch das Gelenk verbunden ist. An diesen Positionen wirken die Kräfte bzw. Impulse, die das Gelenk zusammenhalten, auf die Körper. Daher verliert das System der beiden Körper in dem gemeinsamen Punkt alle drei translatorischen Freiheitsgrade.

Die Gelenkpunkte dürfen sich während der Simulation nicht auseinander bewegen. Dadurch wird die folgende Positionsbedingung definiert:

$$\mathbf{C}(\mathbf{a}, \mathbf{b}) = \mathbf{b} - \mathbf{a} = \mathbf{0},$$

wobei $\mathbf{a}$ und $\mathbf{b}$ die Gelenkpunkte der beiden Körper sind. Wenn diese Bedingung zu einem Zeitpunkt t der Simulation nicht mehr erfüllt ist, kann der Positionsfehler durch die Funktion $\mathbf{C}$ der Bedingung bestimmt werden:

$$\mathbf{e}_{\mathrm{pos}}(t) = \mathbf{b}(t) - \mathbf{a}(t).$$

Die beiden Gelenkpunkte müssen die gleiche Geschwindigkeit haben, da sie fest miteinander verbunden sind. Daher muss das Basisgelenk außerdem die folgende Geschwindigkeitsbedingung erfüllen:

$$\mathbf{C}(\mathbf{u}_a, \mathbf{u}_b) = \mathbf{u}_b - \mathbf{u}_a = \mathbf{0}.$$

Analog zum Positionsfehler ergibt sich der Geschwindigkeitsfehler zu einem Zeitpunkt t folgendermaßen:

$$\mathbf{e}_v(t) = \mathbf{u}_b(t) - \mathbf{u}_a(t).$$

Durch das zweite Basisgelenk werden zwei translatorische Freiheitsgrade der verbundenen Körper entfernt. Dies bedeutet, dass sich die Punkte, an denen die Körper miteinander verbunden sind, relativ zueinander auf einer Geraden bewegen dürfen. Diese Gerade ist am Anfang der Simulation durch einen Aufpunkt $\mathbf{a}$ und einen Richtungsvektor $\mathbf{w}$ definiert: $\mathbf{a} + \lambda\mathbf{w}$. Es werden zwei Vektoren $\mathbf{y}$ und $\mathbf{z}$ bestimmt, die eine Ebene senkrecht zu dieser Geraden aufspannen. Der Aufpunkt und die Vektoren der Ebene werden als Gelenkpunkt bzw. als Gelenkvektoren in einem der beiden Körper des Gelenks gespeichert. Im anderen Körper wird nur der Aufpunkt als Gelenkpunkt $\mathbf{b}$ gespeichert.

Das Basisgelenk verhindert, dass sich die beiden Punkte, die sich ergeben, wenn man die Gelenkpunkte auf die Ebene projiziert, voneinander entfernen. Dies ist gleichbedeutend damit, dass sich die beiden Gelenkpunkte auf einer Geraden senkrecht zu dieser Ebene befinden. Die benötigte Projektionsmatrix wird durch die beiden Vektoren definiert, die die Ebene aufspannen:

$$\mathbf{P} = \begin{pmatrix} \mathbf{x}^T \\ \mathbf{y}^T \end{pmatrix} \in \mathbb{R}^{2\times 3}.$$

Damit ergibt sich die folgende Positionsbedingung für die Gelenkpunkte:

$$\mathbf{C}(\mathbf{a}, \mathbf{b}) = \mathbf{P}(\mathbf{b} - \mathbf{a}) = \mathbf{0}. \tag{3.1}$$

Die Geschwindigkeitsbedingung der Punkte wird ebenfalls mit Hilfe der Projektionsmatrix definiert:

$$\mathbf{C}(\mathbf{u}_a, \mathbf{u}_b) = \mathbf{P}(\mathbf{u}_b - \mathbf{u}_a) = \mathbf{0}. \tag{3.2}$$

Das bedeutet, dass die Punkte in der Ebene die gleiche Geschwindigkeit haben müssen. Auf der Geraden senkrecht zur Ebene können die Geschwindigkeiten dagegen unterschiedlich sein.

Das letzte Basisgelenk mit einer Translationsbedingung entfernt einen Freiheitsgrad des Mehrkörpersystems. Die beiden verbundenen Körper haben jeweils einen Gelenkpunkt. Diese Punkte $\mathbf{a}$ und $\mathbf{b}$ dürfen sich relativ zueinander auf einer Ebene frei bewegen. Am Anfang der Simulation wird diese Ebene im ersten Körper definiert, so dass sie sich mit diesem Körper bewegt. Der Gelenkpunkt $\mathbf{a}$ des Körpers dient als Aufpunkt der Ebene. Außerdem wird die Normale $\mathbf{n}$ der Ebene dem gleichen Körper als Gelenkvektor hinzugefügt.

Die Gelenkpunkte der beiden Körper müssen sich in der Ebene befinden, um die Zwangsbedingung des Gelenks zu erfüllen. Dies ist genau dann der Fall, wenn die auf die Normale projizierten Gelenkpunkte den Abstand Null haben. Analog zum vorherigen Basisgelenk kann daher eine Projektionsmatrix mit Hilfe des Normalenvektors der Ebene definiert werden:

$$\mathbf{P} = \left(\mathbf{n}^T\right) \in \mathbb{R}^{1\times 3}.$$

Die Positions- und die Geschwindigkeitsbedingung dieses Basisgelenks sind durch die Gleichungen 3.1 und 3.2 definiert. Das bedeutet, dass sich lediglich die Projektionsmatrix der Bedingungen ändert. Um alle drei translatorischen Basisgelenke in eine einheitliche Form zu bringen, muss das erste Basisgelenk ebenfalls durch die Zwangsbedingungen 3.1 und 3.2 beschrieben werden. Dies wird erreicht, indem die Einheitsmatrix $\mathbf{E}_3 \in \mathbb{R}^{3\times 3}$ als Projektionsmatrix für das Gelenk verwendet wird.

Um die Positionsbedingung eines Basisgelenks während eines Simulationsschrittes von t nach $t+h$ zu erfüllen, muss zunächst der Positionsfehler für den Zeitpunkt $t+h$ bestimmt werden (vgl. Abschnitt 2.3.2). Die Bewegung eines Gelenkpunktes während des Schritts kann mit Hilfe der folgenden Differentialgleichung bestimmt werden:

$$\dot{\mathbf{r}}(t) = \boldsymbol{\omega}(t) \times \mathbf{r}(t). \tag{3.3}$$

Diese beschreibt die Richtungsänderung des Ortsvektors $\mathbf{r}$ in einem Körper mit der Winkelgeschwindigkeit $\boldsymbol{\omega}(t)$. Wird die Gleichung 3.3 für den Vektor $\mathbf{r}_a = \mathbf{a} - \mathbf{s}$ über die Zeitschrittweite h integriert, dann erhält man den Ortsvektor des Gelenkpunktes $\mathbf{a}$ nach dem Simulationsschritt. Die Position des Körperschwerpunktes zum Zeitpunkt $t+h$ wird mit der Gleichung 2.2 bestimmt. Für die Position des Gelenkpunktes ergibt sich dann $\mathbf{a}(t+h) = \mathbf{r}_a(t+h) + \mathbf{s}(t+h)$. Der gesuchte Positionsfehler kann damit durch

$$\mathbf{e}_{\mathrm{pos}}(t+h) = \mathbf{P}(t+h)\left(\mathbf{b}(t+h) - \mathbf{a}(t+h)\right)$$

berechnet werden.

Die Positionsbedingung soll mit Hilfe eines Korrekturimpulses erfüllt werden. Der Impuls wird am Anfang des Simulationsschrittes angewendet und muss die Geschwindigkeiten der Körper so ändern, dass der Positionsfehler e_{pos} am Ende des Schrittes Null wird. Da sich die Gelenkpunkte im Allgemeinen auf einer nichtlinearen Bahn bewegen, ist der Impuls ebenfalls durch eine nichtlineare Gleichung bestimmt. In [WTF06] wird diese Gleichung mit Hilfe von Newton-Iterationen gelöst. Allerdings bewegen sich die Gelenkpunkte innerhalb des kurzen Zeitschrittes auf einer annähernd linearen Bahn (vgl. Abschnitt 2.3.2). Daher wird in dieser Arbeit der gesuchte Impuls mit einer linearen Gleichung approximiert. Der resultierende Impuls reduziert den Positionsfehler (Beweis in [Ben07a]). Diese Korrekturimpulse werden in einer iterativen Schleife berechnet bis die Positionsbedingung innerhalb einer vorgegebenen Toleranz erfüllt ist. Die iterative Berechnung konvergiert gegen die physikalisch korrekte Lösung, wenn die Zeitschrittweite gegen Null geht (Beweis in [SBP05b]). Die Annäherung durch eine lineare Gleichung hat verschiedene Vorteile. Diese Gleichung kann sehr effizient und stabil gelöst werden. Außerdem können die Korrekturimpulse für Positions- und Geschwindigkeitsbedingungen in einer einheitlichen Form bestimmt werden, was im Folgenden gezeigt wird. Bei der Simulation von Mehrkörpersystemen können die Gleichungen für alle Gelenke in einem linearen Gleichungssystem zusammengefasst werden. Dadurch lassen sich die Korrekturimpulse für das ganze System sehr schnell bestimmen (siehe Abschnitt 3.3.2).

Wenn sich zwei Gelenkpunkte relativ zueinander auf einer linearen Bahn bewegen, muss ein Korrekturimpuls die folgende Geschwindigkeitsänderung zum Zeitpunkt t bewirken, damit die Punkte zum Zeitpunkt $t + h$ den Abstand Null haben:

$$\triangle \mathbf{v} = \frac{1}{h}\, \mathbf{e}_{pos}(t + h). \tag{3.4}$$

Für den allgemeinen Fall, bei dem die relative Bewegung der Punkte eine nichtlineare Bahn beschreibt, ist dies bei einer in der Regel kleinen Zeitschrittweite eine gute Approximation. Mit Hilfe der Matrix $\mathbf{K}_{a,b}$ (siehe Abschnitt 2.4) kann für diese Geschwindigkeitsänderung ein entsprechender Impuls für die durch das Gelenk verbundenen Körper berechnet werden. Der Impuls wird auf beide Körper in ihrem jeweiligen Gelenkpunkt in entgegengesetzte Richtungen angewendet. Dadurch ist die Summe der beiden Impulse Null und die Impulserhaltung des Systems ist gewährleistet.

Für die Berechnung des Impulses wird ein n-dimensionales lineares Gleichungssystem aufgestellt, wobei n die Anzahl der Freiheitsgrade ist, die das Gelenk aus dem Mehrkörpersystem entfernt. Der Impuls $\mathbf{p} \in \mathbb{R}^n$, der die approximierte Geschwindigkeitsänderung bewirkt, muss die folgende Gleichung erfüllen:

$$\mathbf{P} \mathbf{K}_{a,a} \mathbf{P}^T \mathbf{p} - \mathbf{P} \mathbf{K}_{b,b} \mathbf{P}^T (-\mathbf{p}) = \triangle\mathbf{v}.$$

Mit Hilfe der folgenden Matrix

$$\mathbf{K} = \mathbf{K}_{a,a} + \mathbf{K}_{b,b}$$

kann diese Gleichung weiter zusammengefasst werden:

$$\mathbf{P} \mathbf{K} \mathbf{P}^T \mathbf{p} = \triangle\mathbf{v}. \tag{3.5}$$

Die Matrix $\mathbf{K}$ ist konstant für einen Zeitpunkt t, symmetrisch, positiv definit und damit auch regulär (Beweis in [Mir96b]). Die gleichen Eigenschaften hat auch die Matrix $\mathbf{P} \mathbf{K} \mathbf{P}^T$ (Beweis in [Ben07a]). Daraus folgt, dass die Gleichung 3.5 durch Invertierung der Matrix $\mathbf{P} \mathbf{K} \mathbf{P}^T$ für den Korrekturimpuls $\mathbf{p}$ aufgelöst werden kann. Der resultierende Impuls muss positiv im Gelenkpunkt $\mathbf{a}$ des ersten Körpers und negativ im Gelenkpunkt $\mathbf{b}$ des zweiten Körpers angewendet werden. Dafür muss er zunächst in den dreidimensionalen Raum zurück transformiert werden:

$$\mathbf{p}' = \mathbf{P}^T \mathbf{p}.$$

Mit Hilfe der Gleichungen 2.6 und 2.7 werden die neuen Geschwindigkeiten der Körper berechnet. Anschließend werden weitere Korrekturimpulse iterativ bestimmt bis die Positionsbedingung des Gelenks innerhalb einer vorgegebenen Toleranz erfüllt ist.

Nach jedem Simulationsschritt mit Korrektur der Positionsbedingungen werden die Geschwindigkeitsbedingungen der Gelenke überprüft. Die allgemeine Geschwindigkeitsbedingung 3.2 der Basisgelenke mit Translationsbedingung muss erfüllt sein. Aus dieser Bedingung ergibt sich der Fehler und damit auch die benötigte Geschwindigkeitsänderung, um die Geschwindigkeitsbedingung zu erfüllen:

$$\triangle\mathbf{v} = \mathbf{e}_v(t) = \mathbf{P}(t) \left(\mathbf{u}_b(t) - \mathbf{u}_a(t)\right). \tag{3.6}$$

Der entsprechende Impuls, der diese Geschwindigkeitsänderung bewirkt, wird mit Gleichung 3.5 berechnet. Er muss, wie bei der Positionsbedingung, positiv auf den Gelenkpunkt $\mathbf{a}$ und negativ auf den Punkt $\mathbf{b}$ angewendet werden. Im Gegensatz zur Positionsbedingung wird die Geschwindigkeitsbedingung mit dem Korrekturimpuls exakt erfüllt, da der Impuls die

Geschwindigkeiten der Körper sofort ändert und bei der Berechnung keine Approximation nötig war. Dies bedeutet, dass kein iterativer Prozess zur Lösung notwendig ist.

Es ist zu beachten, dass die hier vorgestellten Basisgelenke dazu dienen, komplexere mechanische Gelenke zu konstruieren. Die letzten beiden Gelenke können für eine physikalisch korrekte Simulation in der vorgestellten Form nicht direkt eingesetzt werden. Sie müssen mit anderen Gelenken kombiniert werden oder der Impuls im ersten Körper muss im Lotpunkt des zweiten Gelenkpunktes angewendet werden (siehe Abschnitt 3.2.2).

3.2.1.2. Basisgelenke mit einer Rotationsbedingung

Für die rotatorischen Freiheitsgrade existieren ebenfalls drei Basisgelenke. Das erste Gelenk entfernt alle drei rotatorischen Freiheitsgrade zwischen zwei Körpern. Das bedeutet, dass sich die Körper relativ zueinander nicht drehen dürfen. Am Anfang der Simulation werden die inversen Quaternionen $\mathbf{q}_1^{-1}(0)$ und $\mathbf{q}_2^{-1}(0)$ der beiden Körper gespeichert. Zu einem Zeitpunkt t in der Simulation wird die Änderung der relativen Rotation der Körper durch

$$\triangle\mathbf{q}(t) = \left(\mathbf{q}_2^{-1}(0)\,\mathbf{q}_2(t)\right)^{-1}\left(\mathbf{q}_1^{-1}(0)\,\mathbf{q}_1(t)\right)$$

beschrieben. Allerdings kann die Positionsbedingung des Basisgelenks nicht direkt mit Hilfe von Quaternionen beschrieben werden, da das Gelenk drei Freiheitsgrade entfernt und eine Darstellung der Bedingung mit Quaternionen zu einer vierdimensionalen Gleichung führt. Aus diesem Grund wird die Quaternion $\triangle\mathbf{q}(t)$, die die Änderung der relativen Rotation beschreibt, zunächst in eine geeignete Darstellung konvertiert. Die Rotationsänderung kann durch eine Rotationsachse $\mathbf{x}(t)$ und einen Winkel $\alpha(t)$ beschrieben werden. Um eine Einheitsquaternion in diese Darstellung zu überführen, wird Algorithmus 3.1 verwendet.

Mit dieser Umwandlung kann die Positionsbedingung für das erste Basisgelenk definiert werden:

$$\mathbf{C}(\mathbf{q}_1,\mathbf{q}_2) = \mathbf{quaternionToAngleAxis}(\triangle\mathbf{q}) = \alpha \cdot \mathbf{x} = \mathbf{0}.$$

Wenn diese Bedingung zu einem Zeitpunkt t nicht erfüllt ist, kann der Positionsfehler für diesen Zeitpunkt mit Hilfe der Bedingungsfunktion bestimmt werden:

$$\mathbf{e}_{\mathrm{pos}}(t) = \mathbf{quaternionToAngleAxis}(\triangle\mathbf{q}(t)) = \alpha(t) \cdot \mathbf{x}(t).$$

quaternionToAngleAxis()

Eingabe: Einheitsquaternion $\mathbf{q} = (w, x, y, z)$
Ausgabe: Produkt aus Drehwinkel α und normierter Drehachse $\mathbf{x}$
1: $l := x^2 + y^2 + z^2$
2: **if** $l > 0$
3: $\quad \alpha := 2 \arccos(w)$
4: $\quad \mathbf{x} := 1/\sqrt{l} \cdot (x, y, z)^T$
5: **else**
6: $\quad \alpha := 0$
7: $\quad \mathbf{x} := (1, 0, 0)^T$
8: **end if**
9: **return** $\alpha \cdot \mathbf{x}$

Algorithmus 3.1: Konvertierung einer Einheitsquaternion in eine normierte Drehachse mit zugehörigem Drehwinkel

Während der Simulation müssen die beiden Körper des Gelenks die gleiche Winkelgeschwindigkeit haben. Aus diesem Grund muss die folgende Geschwindigkeitsbedingung für das Basisgelenk erfüllt sein:

$$\mathbf{C}(\boldsymbol{\omega}_1, \boldsymbol{\omega}_2) = \boldsymbol{\omega}_2 - \boldsymbol{\omega}_1 = \mathbf{0}.$$

Der Geschwindigkeitsfehler zu einem Zeitpunkt t ergibt sich durch die Auswertung der Bedingungsfunktion:

$$\mathbf{e}_v(t) = \boldsymbol{\omega}_2(t) - \boldsymbol{\omega}_1(t).$$

Das zweite Basisgelenk mit einer Rotationsbedingung entfernt zwei rotatorische Freiheitsgrade zwischen den beiden verbundenen Körpern. Die Körper sind frei in ihrer translatorischen Bewegung, dürfen aber nur um eine gemeinsame Achse rotieren. Das Gelenk wird durch diese gemeinsame Achse definiert, die den verbleibenden Freiheitsgrad festlegt. Die Achse wird daher am Anfang der Simulation als normierte Gelenkvektoren in den beiden Körpern gespeichert. Im Folgenden bezeichnen $\mathbf{x}_1$ und $\mathbf{x}_2$ diese Gelenkvektoren der beiden Körper. Die Positionsbedingung des Gelenks fordert, dass die beiden Vektoren in die gleiche Richtung zeigen. Dies ist genau dann der Fall, wenn das Kreuzprodukt der beiden Vektoren die Länge Null hat und ihr Skalarprodukt größer als Null ist. Allerdings kann die Positionsbedingung nicht direkt durch das Kreuzprodukt definiert werden, da dieses dreidimensional ist. Das Gelenk entfernt zwei Freiheitsgrade, daher wird eine zweidimensionale Bedingung benötigt. Dafür wird am Anfang der Simulation eine Ebene senkrecht zu den Richtungsvektoren $\mathbf{x}_1(0) = \mathbf{x}_2(0)$ bestimmt. Die beiden linear unabhängigen Vektoren $\mathbf{y}$ und $\mathbf{z}$, die diese Ebene aufspannen, werden im ersten Körper als Gelenkvektoren gespeichert. Diese Vektoren definieren die Projektionsmatrix:

$$\mathbf{P} = \begin{pmatrix} \mathbf{y}^T \\ \mathbf{z}^T \end{pmatrix} \in \mathbb{R}^{2 \times 3}.$$

Mit Hilfe dieser Projektionsmatrix kann die zweidimensionale Positionsbedingung des Gelenks definiert werden:

$$\mathbf{C}(\mathbf{x}_1, \mathbf{x}_2) = \mathbf{P}\,(\mathbf{x}_1 \times \mathbf{x}_2) = \mathbf{0}.$$

Der Positionsfehler des Gelenks zu einem Zeitpunkt t wird für dieses Gelenk folgendermaßen bestimmt:

$$\mathbf{e}_{\mathrm{pos}}(t) = \mathbf{P}(t)\,(\arccos\,(\mathbf{x}_1(t) \cdot \mathbf{x}_2(t))\,(\mathbf{x}_1(t) \times \mathbf{x}_2(t))).$$

Um die Größe des Fehlers zu bestimmen, wird der Winkel der beiden Gelenkvektoren um die zu $\mathbf{x}_1(t)$ und $\mathbf{x}_2(t)$ senkrechte Achse verwendet. Dieser Winkel wird anschließend mit seiner normierten Drehachse multipliziert und auf die durch $\mathbf{y}$ und $\mathbf{z}$ definierte Ebene projiziert. Wenn die beiden Gelenkvektoren $\mathbf{x}_1(t)$ und $\mathbf{x}_2(t)$ einen Winkel von 180 Grad haben, wird das Kreuzprodukt und damit die Drehachse Null. In diesem Fall wird ein beliebiger normierter Richtungsvektor in der Projektionsebene als Drehachse verwendet, um den Positionsfehler zu bestimmen.

Damit die beiden Körper im zweidimensionalen Raum des Basisgelenks die gleiche Winkelgeschwindigkeit haben, wird die Differenz der Geschwindigkeiten auf die definierte Ebene projiziert. Dadurch ergibt sich die Geschwindigkeitsbedingung dieses Gelenks:

$$\mathbf{C}(\boldsymbol{\omega}_1, \boldsymbol{\omega}_2) = \mathbf{P}\,(\boldsymbol{\omega}_2 - \boldsymbol{\omega}_1) = \mathbf{0} \tag{3.7}$$

und der zugehörige Geschwindigkeitsfehler zu einem Zeitpunkt t:

$$\mathbf{e}_{\mathrm{v}}(t) = \mathbf{P}(t)\,(\boldsymbol{\omega}_2(t) - \boldsymbol{\omega}_1(t)). \tag{3.8}$$

Das letzte Basisgelenk mit einer Rotationsbedingung blockiert einen rotatorischen Freiheitsgrad der verbundenen Körper. Dies bedeutet, dass sich die Körper relativ zueinander frei bewegen dürfen, die relative Rotation allerdings auf zwei Achsen beschränkt ist. Für die Simulation wird das Basisgelenk durch zwei linear unabhängige, normierte Vektoren definiert. Diese bestimmen die beiden Rotationsachsen des Gelenks. Einer der Vektoren wird dem ersten Körper als normierter Gelenkvektor hinzugefügt, der andere Vektor dem zweiten Körper. Sei $\mathbf{x}$ der erste Gelenkvektor und $\mathbf{y}$ der zweite. Der Winkel α zwischen den beiden Vektoren wird wie folgt berechnet:

$$\alpha = \arccos(\mathbf{x} \cdot \mathbf{y}).$$

Dieser Winkel gibt die Rotation um die verbleibende Achse des Systems an. Dies ist genau die Achse, für die das Gelenk den Freiheitsgrad entfernt. Das bedeutet, dass die Rotation um diese Achse während der gesamten Simulation konstant bleiben muss. Eine entsprechende Zwangsbedingung kann mit Hilfe der folgenden Funktion formuliert werden:

$$\mathbf{C}(\mathbf{x}, \mathbf{y}) = \alpha - \alpha_0 = 0,$$

wobei α_0 der Rotationswinkel zu Anfang der Simulation ist. Der Positionsfehler für das dritte Basisgelenk mit einer Rotationsbedingung wird mit Hilfe dieser Bedingung bestimmt:

$$\mathbf{e}_{\mathrm{pos}}(t) = \alpha(t) - \alpha_0.$$

Die Geschwindigkeitsbedingung dieses Basisgelenks ist durch die Gleichung 3.7 gegeben, wobei eine andere Projektionsmatrix benötigt wird. Diese Projektionsmatrix muss die Bedingung auf den eindimensionalen Raum des Gelenks projizieren. Das Basisgelenk entfernt einen Rotationsfreiheitsgrad aus dem Mehrkörpersystem. Die zugehörige Drehachse ist bestimmt durch:

$$\mathbf{z} = \mathbf{x} \times \mathbf{y}.$$

Mit dieser Achse kann analog zu den anderen Basisgelenken die Projektionsmatrix definiert werden:

$$\mathbf{P} = \left(\mathbf{z}^T \right) \in \mathbb{R}^{1 \times 3}.$$

Durch diese Projektionsmatrix wird die Bedingungsgleichung eindimensional. Außerdem kann durch Einsetzen der Matrix in die Gleichung 3.8 der Geschwindigkeitsfehler bestimmt werden.

Die Positionsbedingung der Basisgelenke mit einer Rotationsbedingung wird analog zu den Gelenken mit Translationsbedingung simuliert. Zunächst muss der Positionsfehler nach dem Simulationsschritt für den Zeitpunkt $t + h$ berechnet werden. Beim ersten Gelenk müssen dafür die

Einheitsquaternionen der beiden Körper für diesen Zeitpunkt durch Integration der Differentialgleichung 2.4 bestimmt werden. Für die anderen zwei Gelenke werden die Richtungen der jeweiligen Gelenkvektoren zum Zeitpunkt $t + h$ benötigt. Durch numerische Integration der Gleichung 3.3 können diese Richtungen bestimmt werden.

Die Geschwindigkeitsänderung, die nötig ist, um den Positionsfehler innerhalb eines Zeitschrittes der Länge h zu korrigieren, wird mit der Gleichung 3.4 berechnet. Dadurch ergibt sich für die Geschwindigkeitsänderung bei den Positionsbedingungen aller Basisgelenke eine einheitliche Form. Bei den Gelenken mit einer Rotationsbedingung muss ein Drehimpuls $l \in \mathbb{R}^n$ berechnet werden, der diese Geschwindigkeitsänderung bewirkt. Dabei ist n die Anzahl der Freiheitsgrade, die durch das jeweilige Gelenk entfernt wird. Dieser Drehimpuls muss außerdem auf beide Körper in entgegengesetzte Richtungen angewendet werden, um die Impulserhaltung des Systems zu gewährleisten. Das Gleichungssystem für den gesuchten Drehimpuls kann mit Hilfe der Matrix $\mathbf{L}_k$ (siehe Abschnitt 2.4) des ersten und des zweiten Körpers aufgestellt werden:

$$\mathbf{P}\,\mathbf{L}_1\,\mathbf{P}^T\,l - \mathbf{P}\,\mathbf{L}_2\,\mathbf{P}^T\,(-l) = \triangle\mathbf{v}.$$

Durch die Definition der Matrix $\mathbf{L} = \mathbf{L}_1 + \mathbf{L}_2$ wird das Gleichungssystem zusammengefasst zu:

$$\mathbf{P}\,\mathbf{L}\,\mathbf{P}^T\,l = \triangle\mathbf{v}. \tag{3.9}$$

Die Matrix $\mathbf{L}$ hat die gleichen guten Eigenschaften, wie die Matrix $\mathbf{K}$. Sie ist konstant für einen Zeitpunkt t, symmetrisch, positiv definit und regulär. Damit hat auch die Matrix $\mathbf{P}\,\mathbf{L}\,\mathbf{P}^T$ diese Eigenschaften (Beweis in [Ben07a]). Daraus folgt, dass die Gleichung 3.9 für den Drehimpuls l durch die Inversion dieser Matrix gelöst werden kann. Der Drehimpuls muss zum Zeitpunkt t auf die beiden Körper in entgegengesetzte Richtungen angewendet werden, um die Zwangsbedingung des Gelenks zu erfüllen. Da der resultierende Drehimpuls die Dimension n hat, muss er zunächst in den dreidimensionalen Raum transformiert werden. Dafür wird die Projektionsmatrix des jeweiligen Basisgelenks benötigt:

$$l' = \mathbf{P}^T\,l.$$

Anschließend wird mit Gleichung 2.8 bestimmt, wie sich die Winkelgeschwindigkeiten der beiden verbundenen Körper ändern, wenn der berechnete Drehimpuls auf sie einwirkt. Diese Geschwindigkeitsänderung führt dazu, dass der Fehler $\mathbf{e}_{\mathrm{pos}}$ reduziert wird (Beweis in [Ben07a]). In einem iterativen Prozess werden weitere Korrekturimpulse berechnet, bis der Fehler kleiner als ein vorgegebener Toleranzwert ist. Dieser Prozess konvergiert zu der physikalisch korrekten Lösung, wenn die Zeitschrittweite gegen Null geht.

Nachdem ein Simulationsschritt unter Berücksichtigung der Positionsbedingungen durchgeführt wurde, sind im Allgemeinen die Geschwindigkeitsbedingungen der Gelenke nicht mehr erfüllt. Da alle Geschwindigkeitsbedingungen der Basisgelenke mit einer Rotationsbedingung durch die Gleichung 3.7 beschrieben werden können, ergibt sich auch für die benötigte Änderung der Winkelgeschwindigkeiten eine einheitliche Form:

$$\triangle\mathbf{v} = \mathbf{e}_v(t) = \mathbf{P}(t)\,(\boldsymbol{\omega}_2(t) - \boldsymbol{\omega}_1(t)). \tag{3.10}$$

Mit dieser Geschwindigkeitsänderung kann für jedes Basisgelenk mit Rotationsbedingung durch die Gleichung 3.9 ein Drehimpuls berechnet werden, der dazu führt, dass die Geschwindigkeitsbedingung zwischen den verbundenen Körpern erfüllt wird. Dieser Impuls wird in entgegengesetzte Richtungen auf die Körper angewendet, so dass die Impulserhaltung des Systems gewährleistet ist. Die resultierende Geschwindigkeitsänderung führt dazu, dass die Bedingung exakt erfüllt wird. Bei den Geschwindigkeitsbedingungen wird im Gegensatz zu den Positionsbedingungen keine Approximation von $\triangle\mathbf{v}$ benötigt, da der Wert genau bestimmt werden kann. Aus diesem Grund ist bei dieser Art von Bedingungen kein iterativer Prozess zur Bestimmung der exakten Lösung notwendig.

3.2.2. Mechanische Gelenke

Im letzten Abschnitt wurden sechs verschiedene Basisgelenke vorgestellt, die unterschiedliche Freiheitsgrade zwischen zwei Körpern entfernen. Die meisten dieser Basisgelenke können nicht direkt für die Simulation eines realen, mechanischen Gelenks eingesetzt werden. Sie dienen in dieser Arbeit vielmehr als einfache Ausgangsbasis für die Konstruktion komplexerer, mechanischer Gelenke. In diesem Abschnitt soll gezeigt werden, dass durch eine einfache Erweiterung oder die Kombination mehrerer Basisgelenke jedes denkbare mechanische Gelenk in der Simulation realisiert werden kann. Dadurch reicht es für die dynamische Simulation vollkommen aus, wenn sie die vorgestellten Basisgelenke beherrscht.

Im Folgenden werden die wichtigsten mechanischen Gelenke vorgestellt und beschrieben, wie sie mit Hilfe der Basisgelenke simuliert werden können.

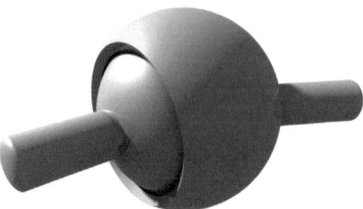

Abbildung 3.3.: Ein Kugelgelenk beschränkt die relative Verschiebung der verbundenen Körper, aber nicht deren Rotationsbewegung.

Abbildung 3.4.: Durch ein Kugelschienengelenk wird die relative Translationsbewegung der beiden verbundenen Körper auf eine Gerade bzw. eine Kurve beschränkt.

- **Kugelgelenk:** Ein Kugelgelenk (siehe Abbildung 3.3) verbindet zwei Körper in einem Punkt, um den sie frei rotieren können. Das erste Basisgelenk mit einer Translationsbedingung entfernt alle drei translatorischen Freiheitsgrade in einem Gelenkpunkt. Dieses Gelenk kann daher direkt als Kugelgelenk in der Simulation verwendet werden.

- **Kugelschienengelenk:** Ein Kugelschienengelenk (siehe Abbildung 3.4) ist ein Kugelgelenk, das sich zusätzlich frei auf einer Schiene bewegen kann. Dadurch werden im Gegensatz zum Kugelgelenk nur zwei translatorische Freiheitsgrade entfernt. Dies kann mit dem zweiten Basisgelenk mit Translationsbedingung realisiert werden. Allerdings kann das Basisgelenk in der Form, in der es vorgestellt wurde, nicht direkt verwendet werden. Für eine genaue Simulation müssen die beiden Punkte, auf die die Korrekturimpulse wirken, in der festgelegten Projektionsebene des Gelenkfehlers liegen. Der

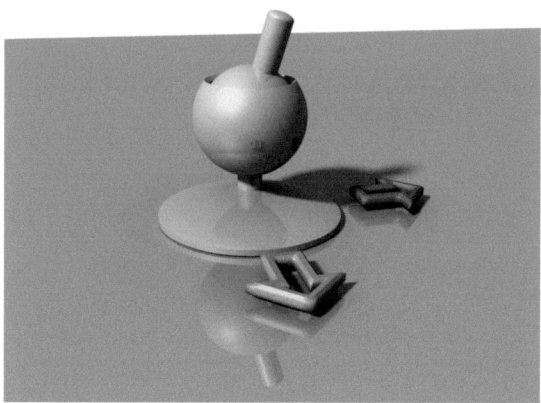

Abbildung 3.5.: Ein Kugelebenengelenk beschränkt die relative Translationsbewegung der verbundenen Körper auf eine Ebene bzw. eine gekrümmte Fläche.

Gelenkpunkt **b** des zweiten Körpers liegt bereits in dieser Ebene, während der Gelenkpunkt **a** des ersten Körpers nur dazu dient, die Gerade der Schiene zu definieren. Der gesuchte Punkt ergibt sich durch den Schnitt der Schienengerade mit der Projektionsebene. Dies ist genau der Lotpunkt von **b** auf der Geraden im ersten Körper. Wenn in jedem Simulationsschritt der Punkt **a** in diesen Lotpunkt verschoben wird, kann das Kugelschienengelenk durch das zweite Basisgelenk mit Translationsbedingung simuliert werden.

Die Schiene des Gelenks kann auch durch eine Kurve definiert sein, solange in jedem Punkt die Tangente bestimmt werden kann. In jedem Simulationsschritt wird dann senkrecht zu dieser Tangente die Projektionsmatrix für das Basisgelenk mit Translationsbedingung bestimmt. Mit dieser Erweiterung des Basisgelenks können sich die verbundenen Körper auf einer Kurve frei bewegen.

- **Kugelebenengelenk:** Das Kugelebenengelenk (siehe Abbildung 3.5) ist ein Kugelgelenk, das sich in einer Ebene frei bewegen darf. Dieses Gelenk entfernt einen translatorischen Freiheitsgrad zwischen den verbundenen Körpern. Es kann mit Hilfe des dritten Basisgelenks mit Translationsbedingung simuliert werden, wobei (analog zum Kugelschienengelenk) der erste Gelenkpunkt, der den Aufpunkt der Ebene definiert, auf die Projektionsgerade durch den zweiten Gelenkpunkt verschoben werden muss. Dafür wird der Lotpunkt des zweiten Ge-

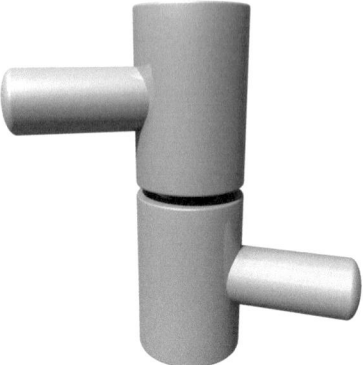

Abbildung 3.6.: Ein Drehgelenk erlaubt den verbundenen Körpern eine Rotationsbewegung um eine Achse.

lenkpunktes auf der Ebene bestimmt. Wenn der erste Gelenkpunkt auf diesen Lotpunkt verschoben wird, liegen beide Gelenkpunkte im eindimensionalen Raum, in dem der Positions- bzw. Geschwindigkeitsfehler korrigiert werden soll. Da die Punkte in diesem Raum liegen, können die Korrekturimpulse angewendet werden, ohne die restlichen Freiheitsgrade zu beeinflussen.

Die Bewegung des Gelenkpunktes kann nicht nur auf eine Ebene, sondern auch auf jede gekrümmte Fläche beschränkt werden. Es muss nur die Voraussetzung erfüllt sein, dass in jedem Punkt der Fläche die zugehörige Normale bestimmt werden kann. Diese Normale wird dann für die Projektion des Gelenkfehlers eingesetzt.

- **Drehgelenk:** Ein Drehgelenk (siehe Abbildung 3.6) erlaubt den beiden verbundenen Körpern eine relative Rotation um eine Achse. Damit bleibt zwischen den beiden Körpern nur ein rotatorischer Freiheitsgrad erhalten. Alle anderen Freiheitsgrade müssen durch das Gelenk entfernt werden. Dies wird durch die Kombination von zwei Basisgelenken simuliert. Um die drei translatorischen Freiheitsgrade aus dem System zu entfernen, wird das erste Basisgelenk mit Translationsbedingung eingesetzt. Die beiden rotatorischen Freiheitsgrade können durch das zweite Basisgelenk mit Rotationsbedingung entfernt werden. Durch dieses Gelenk wird auch die Drehachse des Drehgelenks definiert. Insgesamt werden durch die Kombination die gewünschten fünf Freiheitsgrade aus dem System entfernt.

Diese Kombination von Basisgelenken ist allerdings nicht die einzige Möglichkeit, ein Drehgelenk zu simulieren. Eine weitere Möglichkeit ergibt sich, indem man das erste und das zweite Basisgelenk mit Translationsbedingung kombiniert. Dabei muss der gemeinsame Punkt des ersten Gelenks auf der Geraden des zweiten Gelenks liegen. Die Gerade definiert dann die Drehachse des Gelenks. Da die beiden Gelenke während der Simulation einen festen Abstand zueinander haben, bleibt zwischen den verbundenen Körpern nur ein Rotationsfreiheitsgrad übrig.

Dieses Beispiel soll zeigen, dass es bei komplexen Gelenken unter Umständen auch mehrere Möglichkeiten für ihre Umsetzung in der Simulation gibt. In diesem Fall wäre die zweite Möglichkeit zu bevorzugen, da für das zweite Basisgelenk mit Rotationsbedingung ein höherer Rechenaufwand benötigt wird als für das zweite Basisgelenk mit Translationsbedingung.

- **Drehmotor:** Motoren werden in der Simulation häufig verwendet, um die Körper in der Simulation zu bewegen oder um ihre Bewegung zu kontrollieren. Ein Drehmotor stellt für die Simulation eine Erweiterung des Drehgelenks dar. Die beiden verbundenen Körper dürfen sich wie beim Drehgelenk genau um eine gemeinsame Achse drehen. Zusätzlich wirken externe Drehmomente auf die verbundenen Körper, um deren Rotationsbewegung um die Drehachse zu beschleunigen bzw. abzubremsen. Die beiden Drehmomente, die auf die Körper wirken, müssen gleich groß sein und in entgegengesetzte Richtungen zeigen, damit die Energieerhaltung des Systems gewährleistet werden kann.

  Solange die Größe der Drehmomente konstant bleibt, kann die Drehbewegung nur beschleunigt oder verlangsamt werden. Um einen bestimmten Winkel oder eine Geschwindigkeit beizubehalten, wird ein Regler benötigt. Dafür kann z. B. ein PID-Regler [ÅH95] eingesetzt werden. Durch einen Regelkreis wird ständig ein neues Drehmoment berechnet, dessen Größe abhängig vom aktuellen Zustand und vom Sollzustand des Gelenks ist. Dabei muss beachtet werden, dass jeder Drehmotor nur ein beschränktes Drehmoment pro Simulationsschritt zur Verfügung hat.

- **Schienengelenk:** Bei einem Schienengelenk bewegen sich die beiden verbundenen Körper entlang einer Schiene. Die verbundenen Körper dürfen sich relativ zueinander nicht drehen. Ein Schienengelenk entfernt daher fünf Freiheitsgrade aus dem System: drei rotatorische und zwei translatorische. Durch eine Kombination des Kugelschienengelenks und des ersten Basisgelenks mit Rotationsbedingung kann dieser Gelenktyp in der Simulation realisiert werden. Da das Kugelschienengelenk die Erweiterung eines Basisgelenks ist, kann auch das Schienengelenk auf eine Kombination von Basisgelenken zurückgeführt werden.

Das Schienengelenk kann wie das Kugelschienengelenk auch durch eine Kurve definiert werden. Die beiden verbundenen Körper können sich dann frei auf dieser Kurve bewegen. Die Kurve muss in jedem Punkt differenzierbar sein, damit die entsprechende Projektionsmatrix für die Berechnung der Impulse bestimmt werden kann.

- **Linearmotor:** Ein Linearmotor bewegt zwei Körper mit Hilfe von externen Kräften auf einer Schiene. Die beiden verbundenen Körper dürfen sich relativ zueinander nicht drehen. Daher wird ein solcher Motor in der Simulation durch eine Erweiterung des Schienengelenks realisiert. Zum Beschleunigen bzw. Abbremsen der Körper entlang der Schiene wirken gleich große externe Kräfte in entgegengesetzte Richtungen auf die beiden Körper. Da die Summe der Kräfte Null ergibt, bleibt die Energie des Systems erhalten.

  Um eine bestimmte Position oder Geschwindigkeit zu erreichen, wird wie beim Drehmotor ein Regler benötigt. Durch den Regelkreis wird in regelmäßigen Abständen eine neue externe Kraft berechnet, um in einen gewünschten Sollzustand zu kommen. Diese Kraft darf die maximale Kraft des Motors nicht übersteigen.

- **Kardangelenk:** Durch ein Kardangelenk (es wird oft auch als Kreuzgelenk bezeichnet) kann ein Drehmoment auf eine Achse mit einer anderen Richtung übertragen werden. Dieses Gelenk entfernt alle drei translatorischen Freiheitsgrade und einen rotatorischen Freiheitsgrad zwischen den verbundenen Körpern. Das bedeutet, dass sich die beiden Körper relativ zueinander um zwei unabhängige Achsen drehen können, während ihre relative Translation konstant bleibt. Für die Simulation dieses Gelenktyps wird das erste Basisgelenk mit Translationsbedingung mit dem dritten Basisgelenk mit Rotationsbedingung kombiniert. Das erste Gelenk definiert dabei die Position des Kardangelenks, während das zweite Gelenk die beiden Rotationsachsen festlegt.

- **Fixierung:** Eine Fixierung befestigt einen Körper an einem anderen und entfernt dabei alle Freiheitsgrade zwischen den Körpern. Ein solches Gelenk wird eingesetzt, um temporär einen Körper an einen anderen zu binden. Für eine dauerhafte Verbindung sollten beide Körper zu einem einzigen Körper zusammengefasst werden, da dies in der Simulation weniger Rechenzeit in Anspruch nimmt. Die Fixierung kann auf verschiedene Arten realisiert werden. Durch die Kombination des jeweils ersten Basisgelenks mit Translations- bzw. Rotationsbedingung werden alle Freiheitsgrade zwischen den Körpern entfernt. Eine andere Möglichkeit der Umsetzung besteht darin, die Körper mit den drei Basisgelenken mit Translationsbedingung an drei linear unabhängigen Punkten zu verbinden.

Die hier vorgestellten Gelenke sollen demonstrieren, dass sich jedes denkbare Gelenk mit Hilfe der Basisgelenke realisieren lässt. Mit diesem Konzept können durchaus noch weitere Gelenktypen simuliert werden, die in diesem Abschnitt nicht vorgestellt wurden.

3.2.3. Hilfsgelenke

Die vorgestellten mechanischen Gelenke und die Basisgelenke definieren jeweils eine Zwangsbedingung für die Positionen der verbundenen Körper und eine für ihre Geschwindigkeiten. Diese Art von Gelenken entfernt permanent Freiheitsgrade aus dem simulierten Mehrkörpersystem. Der Begriff *Hilfsgelenk* wird in dieser Arbeit für Verbindungen verwendet, mit denen die Bewegung der Körper in der Simulation kontrolliert werden kann, die aber in der Realität nicht existieren.

3.2.3.1. Hilfsgelenke mit Geschwindigkeitsbedingung

In diesem Abschnitt werden Verbindungen vorgestellt, die keine Positionsbedingung haben, sondern nur eine Geschwindigkeitsbedingung in Form einer impliziten Gleichung:

$$\mathbf{C}(\mathbf{v}, \boldsymbol{\omega}, t) = \mathbf{0}.$$

Durch eine Geschwindigkeitsbedingung lässt sich kein reales Gelenk simulieren. Allerdings wird durch die Geschwindigkeitsbedingung eine Verbindung zwischen zwei Körpern definiert. Durch diese Verbindung kann die Geschwindigkeit eines Körpers durch einen anderen kontrolliert werden. Mit der folgenden Bedingung kann z. B. ein Körper dazu gebracht werden, dass er die gleiche translatorische Geschwindigkeit hat, wie ein zweiter Körper:

$$\mathbf{C}(\mathbf{v}, t) = \mathbf{v}_1 - \mathbf{v}_2 = \mathbf{0}.$$

Dadurch kann ein dynamischer Körper in der Simulation mit einem Hilfskörper verbunden werden, dessen Position mit Hilfe der Maus manipuliert wird. Die Geschwindigkeit des Hilfskörpers wird dabei anhand der Mausbewegung berechnet. Bei der Berechnung der Korrekturimpulse werden auftretende Konflikte mit konkurrierenden Zwangsbedingungen automatisch aufgelöst. Dies bedeutet, dass ein Körper in der Simulation manipuliert werden kann und dabei auch alle Gelenke des Modells sowie Kollisionen und Kontakte berücksichtigt werden. Stellt man eine analoge Zwangsbedingung für die Winkelgeschwindigkeiten der Körper auf, dann kann auch deren Rotationsbewegung manipuliert werden. Diese Verbindungen können somit zur Interaktion des Benutzers mit den Körpern in der Simulation verwendet werden.

3.2.3.2. Hilfsgelenke mit Positionsbedingung

Ein Hilfsgelenk mit Positionsbedingung ermöglicht die Kontrolle über die Position und Rotation eines Körpers mit Hilfe einer impliziten Bedingungsgleichung der Form:

$$\mathbf{C}(\mathbf{a}, \mathbf{b}) = \mathbf{0},$$

wobei $\mathbf{a}$ und $\mathbf{b}$ die Gelenkpunkte in den verbundenen Körpern sind. Allerdings können Konflikte bei konkurrierenden Positionsbedingungen nicht direkt aufgelöst werden. Ein solcher Konflikt entsteht zum Beispiel, wenn ein Körper durch eine Positionsbedingung dem Mauszeiger (bzw. einem Hilfskörper) folgen soll, dies aber durch eine Kollision verhindert wird. Der Konflikt kann aufgelöst werden, wenn der Korrekturimpuls des Hilfsgelenks für einen Simulationsschritt beschränkt wird. Überschreitet der berechnete Korrekturimpuls des Hilfsgelenks eine maximale Länge $p_{\max}$, dann wird er entsprechend verkleinert:

$$\tilde{\mathbf{p}} := \begin{cases} p_{\max} \cdot \dfrac{\mathbf{p}}{|\mathbf{p}|} & \text{falls } |\mathbf{p}| > p_{\max} \\ \mathbf{p} & \text{sonst.} \end{cases}$$

Diese Beschränkung des Korrekturimpulses führt dazu, dass die Positionsbedingung u. U. nicht in einem Simulationsschritt erfüllt wird. Allerdings wird in jedem weiteren Simulationsschritt ein neuer Impuls berechnet und angewendet, der den Fehler verkleinert. Damit folgt der Körper dem

Mauszeiger bis die Bedingung exakt erfüllt ist, soweit dies nicht durch eine konkurrierende Zwangsbedingung verhindert wird.

3.3. Mehrkörpersysteme

Im letzten Abschnitt wurde beschrieben, wie mit Hilfe von Zwangsbedingungen verschiedene Basisgelenke simuliert werden. Komplexere mechanische Gelenke können durch Kombination bzw. Erweiterung dieser Basisgelenke realisiert werden. Dabei wurde bisher nur ein System mit zwei Körpern und einer Verbindung betrachtet. Die Verbindung in diesem einfachen Mehrkörpersystem kann wie beschrieben direkt mit Hilfe von Impulsen simuliert werden. Bei einem komplexeren Mehrkörpersystem mit vielen Gelenken kann es Abhängigkeiten zwischen den Gelenken geben. Diese müssen bei der Simulation berücksichtigt werden. Eine Abhängigkeit tritt genau dann auf, wenn ein Körper mit mehr als einem anderen Körper verbunden ist. Die Korrekturimpulse, die für die zugehörigen Gelenke berechnet werden, beeinflussen sich in diesem Fall gegenseitig, da die Gelenke einen gemeinsamen Körper haben. Im Folgenden werden verschiedene Verfahren vorgestellt, um die Impulse in Mehrkörpersystemen mit Abhängigkeiten zu bestimmen. Zunächst wird ein einfaches iteratives Verfahren präsentiert [BFS05]. Danach wird gezeigt, wie die Abhängigkeiten im System durch ein lineares Gleichungssystem beschrieben werden können [BS06b]. Dies ist vor allem für sehr komplexe Modelle von Interesse. Bei Modellen ohne Zyklen in der Gelenkstruktur kann dieses Gleichungssystem sogar mit dem optimalen Zeit- und Speicheraufwand von $O(n)$ gelöst werden [Ben07b]. Dafür wird eine Umformung des Gleichungssystems in eine dünn besetzte Formulierung benötigt. Alle Verfahren, die hier vorgestellt werden, werden im Abschnitt 3.6 miteinander verglichen.

3.3.1. Iteratives Verfahren

3.3.1.1. Beschreibung des Verfahrens

Beim iterativen Verfahren werden die Abhängigkeiten der verschiedenen Zwangsbedingungen im Mehrkörpersystem durch einen iterativen Prozess aufgelöst. Die genaue Vorgehensweise des iterativen Verfahrens wird durch Algorithmus 3.2 beschrieben.

simulationStep(t_0)

Eingabe: Positionsbedingungen $C^{pos} = \{\mathbf{C}_0^{pos}, ..., \mathbf{C}_l^{pos}\}$
Geschwindigkeitsbedingungen $C^{vel} = \{\mathbf{C}_0^{vel}, ..., \mathbf{C}_m^{vel}\}$
Körper $K = \{k_0, ..., k_n\}$

1: // *Korrektur der Positionsbedingungen*
2: **repeat**
3:     AlleBedingungenErfüllt := **true**
4:     **for** $i = 0$ **to** l
5:         Bestimme $\mathbf{C}_i^{pos}(t_0 + h)$ durch Integration (Vorschau)
6:         **if** $\mathbf{C}_i^{pos}(t_0 + h)$ ist nicht erfüllt
7:             Bestimmung eines Korrekturimpulses bzw. -drehimpulses
8:             Berechnung der neuen Geschwindigkeiten zum Zeitpunkt t_0
9:             AlleBedingungenErfüllt := **false**
10:         **end if**
11:     **end for**
12: **until** AlleBedingungenErfüllt = **true**
13:
14: // *Zeitschritt von t_0 nach $t_0 + h$*
15: **for** $i = 0$ **to** n
16:     Integration des Körperzustandes von Körper k_i
17: **end for**
18:
19: // *Korrektur der Geschwindigkeitsbedingungen*
20: **repeat**
21:     AlleBedingungenErfüllt := **true**
22:     **for** $i = 0$ **to** m
23:         **if** $\mathbf{C}_i^{vel}(t_0 + h)$ ist nicht erfüllt
24:             Bestimmung eines Korrekturimpulses bzw. -drehimpulses
25:             Berechnung der neuen Geschwindigkeiten zum Zeitpunkt $t_0 + h$
26:             AlleBedingungenErfüllt := **false**
27:         **end if**
28:     **end for**
29: **until** AlleBedingungenErfüllt = **true**

Algorithmus 3.2: Der Algorithmus beschreibt einen Simulationsschritt mit dem iterativen Verfahren unter Berücksichtigung der Positions- und Geschwindigkeitsbedingungen

Bevor ein Zeitschritt durchgeführt werden kann, muss sichergestellt sein, dass nach dem Schritt die Positionsbedingungen erfüllt werden. Um dies zu gewährleisten, wird für jede Bedingung zunächst eine Vorschau berechnet. Dabei wird die Bedingungsfunktion für das Ende des Zeitschrittes zum Zeitpunkt $t_0 + h$ ausgewertet. Dafür müssen die Gelenkpunkte und -vektoren des zugehörigen Gelenks über die Zeit integriert werden. Die neue Richtung eines Gelenkvektors wird durch Integration der Differentialgleichung 3.3 bestimmt. Auf die gleiche Weise kann auch die neue Richtung des Vektors vom Schwerpunkt eines Körpers zu seinem Gelenkpunkt berechnet werden. Die neue Position des Schwerpunktes wird mit Gleichung 2.2 bestimmt. Addiert man die neue Position des Schwerpunkts und den neuen Richtungsvektor, dann bekommt man die neue Position des zugehörigen Gelenkpunktes. Auf diese Weise kann der Gelenkzustand zum Zeitpunkt $t_0 + h$ bestimmt werden.

Bei der Vorschau des Gelenkzustands wird keine der Zwangsbedingungen im Modell berücksichtigt. Daher führt die Vorschau im Allgemeinen zu einem ungültigen Zustand. Allerdings kann auf diese Weise der Positionsfehler, der während des Zeitschritts entsteht, mit Hilfe der Bedingungsfunktion bestimmt werden. Mit diesem Positionsfehler wird anschließend ein Korrekturimpuls bzw. -drehimpuls für das zugehörige Basisgelenk berechnet. Die genaue Berechnung des Impulses wird in Abschnitt 3.2 beschrieben. Der berechnete Impuls wird am Anfang des Simulationsschritts zum Zeitpunkt t_0 auf die beiden verbundenen Körper angewendet. Dadurch ändern sich die Geschwindigkeiten der Körper. Durch die veränderten Geschwindigkeiten wird der Positionsfehler nach dem Schritt reduziert.

Beim iterativen Verfahren wird bei jeder Iteration für jedes Basisgelenk maximal ein Impuls bestimmt und angewendet. Die vollständige Korrektur eines Gelenks in einem Iterationsschritt ist aufgrund der Abhängigkeiten im Mehrkörpersystem nicht sinnvoll. Da die Abhängigkeiten beim iterativen Verfahren nicht explizit berücksichtigt werden, kann es passieren, dass ein bereits korrigiertes Gelenk wieder aufgerissen wird. Der iterative Prozess endet, wenn alle Zwangsbedingungen des Mehrkörpersystems innerhalb einer vorgegebenen Toleranz erfüllt sind.

Nachdem der Prozess beendet wurde, sind alle Positionsbedingungen in der Vorschau erfüllt. Dies bedeutet, dass jetzt ein Zeitschritt von t_0 nach $t_0 + h$ für die Körper durchgeführt werden kann und die Zwangsbedingungen am Ende des Schrittes erfüllt werden. Bei diesem Zeitschritt werden die neuen Positionen und Geschwindigkeiten aller Körper mit Hilfe der Gleichungen 2.1 bis 2.4 bestimmt. Nach dem Schritt sind alle Positionsbedingungen des Systems aufgrund der berechneten Korrekturimpulse erfüllt.

Die Geschwindigkeitsbedingungen des Mehrkörpersystems sind im Allgemeinen nach dem Schritt nicht erfüllt. Dies wird mit Hilfe von Impulsen korrigiert, um einen gültigen Zustand des Systems herzustellen. Bei der Korrektur der Geschwindigkeitsbedingungen wird keine Vorschau benötigt, da ein Impuls die Geschwindigkeit eines Körpers verändert, ohne dass Zeit vergeht. Die Korrekturimpulse werden in einem iterativen Prozess bestimmt. In jedem Iterationsschritt wird für jedes Gelenk, dessen Geschwindigkeitsbedingung nicht erfüllt ist, ein Impuls berechnet und angewendet. Die Berechnung dieses Impulses wird in Abschnitt 3.2 genau beschrieben. Die bewirkte Geschwindigkeitsänderung der verbundenen Körper führt dazu, dass die Bedingung sofort exakt erfüllt wird. Trotzdem wird ein iterativer Prozess zur Berechnung der Impulse benötigt, da die Abhängigkeiten zwischen den verschiedenen Bedingungen aufgelöst werden müssen. Nachdem alle Abhängigkeiten aufgelöst sind, befindet sich das Mehrkörpersystem in einem neuen gültigen Zustand, in dem alle vorgegebenen Zwangsbedingungen erfüllt sind.

Das iterative Verfahren, das in diesem Abschnitt beschrieben wurde, konvergiert gegen die physikalisch korrekte Lösung, wenn die Zeitschrittweite gegen Null geht. Die Konvergenz dieses Verfahrens wurde in [SBP05b] bewiesen.

3.3.1.2. Eigenschaften des Verfahrens

Genauigkeit Die Genauigkeit des iterativen Verfahrens hängt zum einen von den verwendeten Toleranzwerten bei der Berechnung der Korrekturimpulse ab, zum anderen ist auch der numerische Fehler des verwendeten Integrationsverfahrens von Bedeutung. Durch die vorgegebenen Toleranzwerte kann direkt der maximale Fehler, der bei einer Zwangsbedingung auftritt, bestimmt werden. Je kleiner die Toleranzwerte sind, umso genauer wird die Simulation und umso mehr Iterationsschritte werden benötigt. Die Toleranzwerte haben daher bei diesem Verfahren einen sehr großen Einfluss auf die Geschwindigkeit der Simulation. In [SBP05a, SB05] wurde gezeigt, dass das ursprüngliche iterative Verfahren einen numerischen Fehler von $O(h^3)$ hat. Weiterhin wird gezeigt, dass es möglich ist, mit dem iterativen Verfahren eine höhere Genauigkeitsordnung zu erreichen, wenn man die Impulse mit einem Mehrschritt-Verfahren bestimmt.

Geschwindigkeit Das iterative Verfahren berechnet die Korrekturimpulse für einen Simulationsschritt in zwei unabhängigen Schleifen. Der Iterationsprozess endet in beiden Fällen, wenn alle betroffenen Bedingungen innerhalb einer vorgegebenen Toleranz erfüllt sind. Die Rechenzeit, die für einen Simulationsschritt benötigt wird, hängt damit direkt von den beiden Toleranzwerten für die Positions- und die Geschwindigkeitsbedingungen ab. Insgesamt arbeitet das Verfahren sehr schnell, da jeder Korrekturimpuls durch die Lösung einer einfachen, maximal dreidimensionalen Gleichung berechnet werden kann. Diese Gleichung wird durch die Invertierung einer regulären Matrix gelöst, wobei die Inverse über den gesamten Iterationsprozess konstant bleibt. Außerdem wird für die Geschwindigkeitsbedingungen im aktuellen Simulationsschritt und die Positionsbedingungen im nächsten Schritt die gleiche Inverse benötigt. Daher muss sie für ein Gelenk in jedem Simulationsschritt nur einmal bestimmt werden. Genaue Geschwindigkeitsmessungen mit dem vorgestellten Verfahren werden in Abschnitt 3.6 präsentiert.

Stabilität Der impulsbasierte Ansatz ermöglicht eine sehr stabile Simulation von Mehrkörpersystemen. Der Grund dafür ist, dass für jede Positions- und Geschwindigkeitsbedingung ein gültiger Zustand direkt angesteuert wird. Bei der Simulation mit Lagrange-Multiplikatoren ist dies zum Vergleich nicht der Fall, da jede Bedingung im Mehrkörpersystem zunächst in eine Bedingung für die Beschleunigungen der verbundenen Körper transformiert wird. Erst mit den transformierten Bedingungen können die Lagrange-Multiplikatoren und damit auch die internen Kräfte der Gelenke bestimmt werden. Allerdings können auf diese Weise numerische Ungenauigkeiten bei der Integration nicht korrigiert werden. Daher kann eine Simulation mit Lagrange-Multiplikatoren nicht ohne zusätzliches Stabilisierungsverfahren durchgeführt werden. Beim impulsbasierten Verfahren werden dagegen Geschwindigkeitsbedingungen durch Impulse exakt aufgelöst. Positionsbedingungen können durch die verwendete Vorschau innerhalb einer vorgegebenen Toleranz erfüllt werden. Dadurch werden die Ungenauigkeiten der numerischen Integration ausgeglichen. In [SB05] wurde gezeigt, dass das impulsbasierte Verfahren sogar als Stabilisierungsverfahren für die Methode der Lagrange-Multiplikatoren verwendet werden kann.

Das impulsbasierte Verfahren kann sogar völlig zerstörte Modelle wieder zusammensetzen. Dafür muss der Gesamtimpuls, der in einem Iterationsschritt auf ein Gelenk einwirkt, begrenzt werden. Andernfalls versucht das Verfahren, alle Fehler innerhalb eines Zeitschrittes zu korrigieren. Bei sehr großen Fehlern würde dies zu sehr großen Impulsen führen, welche wiederum numerische Probleme verursachen können. Durch eine Begrenzung des

Gesamtimpulses wird dieses Problem vermieden und ein zerstörtes Modell setzt sich über mehrere Zeitschritte wieder zusammen.

Simulation in Echtzeitanwendungen Wenn die dynamische Simulation in einer Echtzeitanwendung zum Einsatz kommen soll, kann man sich zu Nutze machen, dass der iterative Prozess jederzeit abgebrochen werden kann. In einer solchen Anwendung ist eine maximale Zeitspanne vorgegeben, in der ein Simulationsschritt durchgeführt sein muss. Konvergiert die Iterationsschleife bis zum Ende dieser Zeitspanne nicht, wird der Prozess vorzeitig abgebrochen. Das Resultat erfüllt in diesem Fall zwar nicht die vorgegebenen Toleranzwerte, kann dafür aber in der vorgegebenen Zeit erzielt werden. Besonders bei Anwendungen wie Computerspielen ist dies eine sehr wichtige Eigenschaft. Da die Berechnung der Korrekturimpulse vorzeitig abgebrochen wird, entsteht ein Fehler, der größer ist als die vorgegebene Toleranz. Allerdings beeinträchtigt dies die Stabilität der Simulation nicht, da der Fehler im nächsten Simulationsschritt wieder ausgeglichen wird. Durch den vorzeitigen Abbruch können Situationen, in denen große Kräfte auf die Körper wirken und dadurch viele Iterationsschritte benötigen, ohne Verzögerung simuliert werden. Ein vorzeitiger Abbruch der Iterationsschleife sollte nur in Ausnahmesituationen durchgeführt werden. Wenn bei der Simulation eines Modells in jedem Schritt vorzeitig abgebrochen werden muss, ist entweder das Modell zu komplex für eine Echtzeitsimulation oder die Toleranzwerte wurden zu klein gewählt.

Implementierung Das iterative Verfahren ist sehr einfach zu implementieren. Der Algorithmus 3.2 zeigt bereits grob, wie eine Implementierung auszusehen hat. Für die Umsetzung wird zusätzlich noch ein numerisches Integrationsverfahren benötigt, wie z. B. das Runge-Kutta-Verfahren vierter Ordnung [PFTV92]. Außerdem muss für jedes Gelenk die Inverse einer maximal dreidimensionalen regulären, symmetrischen Matrix berechnet werden. Sowohl das Integrationsverfahren als auch die Bestimmung der Inversen können mit wenig Implementierungsaufwand umgesetzt werden.

3.3.2. LGS-Verfahren

Das iterative Verfahren berücksichtigt die Abhängigkeiten zwischen den Bedingungen im Mehrkörpersystem nicht direkt, sondern löst sie durch einen iterativen Prozess auf. Bei der Simulation von Modellen mit einer komplexen Gelenkstruktur treten viele dieser Abhängigkeiten auf. Ein solches Modell kann weit über hundert verschiedene Zwangsbedingungen haben. Wenn Mehrkörpersysteme mit einer hohen Genauigkeit simuliert werden sollen, müssen sehr kleine Toleranzwerte für die Positions- und Geschwindigkeitsbedingungen verwendet werden. Dies führt dazu, dass der iterative Prozess bei komplexen Modellen unter Umständen sehr viele Schritte benötigt bis er konvergiert. Dadurch verlangsamt sich die Simulation. Aus diesem Grund wurde für die Simulation von komplexen Mehrkörpersystemen ein weiteres Verfahren entwickelt, welches die Abhängigkeiten im System berücksichtigt. Bei diesem Verfahren werden alle Abhängigkeiten zwischen den Gelenken mit Hilfe eines linearen Gleichungssystems beschrieben.

3.3.2.1. Beschreibung des Verfahrens

Es wurde gezeigt, dass alle mechanischen Gelenke durch eine Erweiterung oder Kombination der vorgestellten Basisgelenke simuliert werden können. Daher müssen bei diesem Verfahren nur die Basisgelenke direkt unterstützt werden. Die Basisgelenke sind unterteilt in zwei verschiedene Arten. Zum einen gibt es die Gelenke mit einer Translationsbedingung und zum anderen die mit einer Rotationsbedingung. Bei der Simulation eines Mehrkörpersystems mit $m = m_t + m_r$ Basisgelenken bezeichnet m_t die Anzahl der Gelenke der ersten Art und m_r die Anzahl der zweiten Art. Im Folgenden sei $T = \{g_1, \ldots, g_{m_t}\}$ die Menge aller Basisgelenke mit Translationsbedingung und $R = \{g_{m_t+1}, \ldots, g_m\}$ die Menge aller Basisgelenke mit Rotationsbedingung. Die Menge aller l Körper im System sei gegeben durch $K = \{k_1, \ldots, k_l\}$. Ohne Beschränkung der Allgemeinheit wird davon ausgegangen, dass für die beiden Körper k_i und k_j, die ein Gelenk im System verbindet, $i < j$ gilt. Diese Voraussetzung führt im Folgenden zu einer Vereinfachung der benötigten Gleichungen.

Für ein Mehrkörpersystem, das nur Basisgelenke enthält, soll ein lineares Gleichungssystem für die Berechnung der Korrekturimpulse für alle Zwangsbedingungen aufgestellt werden. Dieses Gleichungssystem hat die folgende Form:

$$\mathbf{A}\,\mathbf{x} = \triangle\mathbf{v},$$

wobei der Vektor $\triangle\mathbf{v}$ die Geschwindigkeitsdifferenzen aller Gelenke enthält, die durch die Impulse $\mathbf{x}$ bewirkt werden sollen. Die Matrix $\mathbf{A}$ beschreibt, wie die Impulse die Geschwindigkeiten der Körper verändern.

Um einen ersten Ansatz für das Gleichungssystem zu bekommen, wird für jede Zwangsbedingung die Gleichung 3.5 bzw. 3.9 aufgestellt, mit der ein

Korrekturimpuls berechnet wird. Die resultierenden Gleichungen werden dann als Gleichungssystem formuliert:

$$\begin{pmatrix} \mathbf{P}_1\mathbf{D}_1\mathbf{P}_1^T & 0 & \cdots & 0 \\ 0 & \mathbf{P}_2\mathbf{D}_2\mathbf{P}_2^T & \ddots & \vdots \\ \vdots & \ddots & \ddots & 0 \\ 0 & \cdots & 0 & \mathbf{P}_m\mathbf{D}_m\mathbf{P}_m^T \end{pmatrix} \begin{pmatrix} \mathbf{x}_1 \\ \mathbf{x}_2 \\ \vdots \\ \mathbf{x}_m \end{pmatrix} = \begin{pmatrix} \triangle\mathbf{v}_1 \\ \triangle\mathbf{v}_2 \\ \vdots \\ \triangle\mathbf{v}_m \end{pmatrix}.$$

Mit Hilfe der Matrix $\mathbf{D}_i$, die wie folgt definiert ist:

$$\mathbf{D}_i = \begin{cases} \mathbf{K}_{a,b} & \text{falls } g_i \in T \\ \mathbf{L}_k & \text{falls } g_i \in R, \end{cases}$$

wird zwischen Gelenken mit Translations- und Rotationsbedingung unterschieden. Die Matrix $\mathbf{P}_i$ bezeichnet die Projektionsmatrix des Gelenks g_i. Bei den Korrekturimpulsen ist ebenfalls eine Fallunterscheidung notwendig, um zwischen Impulsen und Drehimpulsen zu differenzieren:

$$\mathbf{x}_i = \begin{cases} \mathbf{p}_i & \text{falls } g_i \in T \\ \mathbf{l}_i & \text{falls } g_i \in R. \end{cases}$$

Durch Lösen dieses Systems können alle Korrekturimpulse gleichzeitig bestimmt werden. Allerdings werden dabei noch nicht die Abhängigkeiten zwischen den Gelenken berücksichtigt.

Die Matrix $\mathbf{A}$ des Gleichungssystems ist eine Blockmatrix. Für jedes Basisgelenk hat sie genauso viele Zeilen und Spalten, wie Freiheitsgrade durch das Gelenk aus dem System entfernt werden. Im Folgenden bezeichnet $\dim(g_i)$ die Dimension des i-ten Gelenks. Daraus folgt, dass das Gleichungssystem die Dimension $n = \sum_{i=1}^m \dim(g_i)$ hat.

Im ersten Ansatz sind von der Matrix $\mathbf{A}$ nur die Blöcke auf der Diagonalen mit Werten gefüllt. Ein Diagonalblock bestimmt, wie der Impuls eines Gelenks die relative Geschwindigkeit seiner Körper verändert. Um die Abhängigkeiten im Mehrkörpersystem zu berücksichtigen, müssen weitere Blöcke abseits der Diagonalen eingefügt werden. Allgemein muss ein Block $\mathbf{A}_{i,j}$ beschreiben, wie sich die relative Geschwindigkeit der Körper des i-ten Gelenks verändert, wenn im j-ten Gelenk ein Korrekturimpuls wirkt. Die Geschwindigkeitsänderung wird dabei im lokalen Koordinatensystem des Gelenks g_i berechnet, das die Dimension $\dim(g_i)$ hat.

Im Folgenden wird gezeigt, wie die fehlenden Blöcke abseits der Diagonalen definiert werden müssen. Aus den Eigenschaften eines Blocks in der Matrix des Gleichungssystems ergibt sich, dass ein Block $\mathbf{A}_{i,j}$ genau dann eine Nullmatrix enthält, wenn die Gelenke g_i und g_j keinen gemeinsamen Körper haben. Daher ist das Gleichungssystem für die meisten Mehrkörpersysteme dünnbesetzt. Dies hat den Vorteil, dass spezielle Lösungsverfahren für dünnbesetzte Gleichungssysteme verwendet werden können, um die Geschwindigkeit der Berechnung zu erhöhen. Ein solches Lösungsverfahren wird z. B. in Abschnitt 5.3 beschrieben. Haben zwei Gelenke mindestens einen gemeinsamen Körper, dann besteht eine Abhängigkeit zwischen den Gelenken. Der Block $\mathbf{A}_{i,j}$ soll in diesem Fall die Auswirkung des Impulses von Gelenk g_j auf das Gelenk g_i beschreiben. Die Geschwindigkeitsänderung eines Körpers bei Einwirkung eines Impulses bzw. Drehimpulses kann mit Hilfe der Matrizen aus Abschnitt 2.4 bestimmt werden. Bei den Basisgelenken mit einer Translationsbedingung muss die Geschwindigkeitsänderung der Gelenkpunkte berechnet werden, während bei den Gelenken mit einer Rotationsbedingung die Änderung der relativen Winkelgeschwindigkeit der verbundenen Körper von Interesse ist. Diese Fallunterscheidung wird durch die folgende Matrix beschrieben:

$$\mathbf{B}_{i,j,k} = \begin{cases} \mathbf{K}_{a,b} & \text{falls } g_i, g_j \in T \\ \mathbf{L}_k & \text{falls } g_i, g_j \in R \\ \mathbf{W}_{k,b} & \text{falls } g_i \in R \wedge g_j \in T \\ \mathbf{U}_{a,k} & \text{falls } g_i \in T \wedge g_j \in R. \end{cases}$$

Dabei bezeichnet k den gemeinsamen Körper der beiden Gelenke g_i und g_j, während $\mathbf{a}$ und $\mathbf{b}$ die Gelenkpunkte von g_i bzw. g_j am Körper k sind. Diese Gelenkpunkte existieren nur für Basisgelenke mit Translationsbedingung.

Das Vorzeichen des Blocks $\mathbf{B}_{i,j,k}$ hängt von den gemeinsamen Körpern der Gelenke ab. Für diese Fallunterscheidung wird die Funktion δ wie folgt definiert:

$$\delta(i,j) = \begin{cases} 1 & \text{falls } k_{i_1} = k_{j_1} \vee k_{i_2} = k_{j_2} \\ -1 & \text{sonst.} \end{cases}$$

Dabei bezeichnen k_{i_1} und k_{i_2} den ersten bzw. den zweiten Körper des i-ten Basisgelenks. Wenn die Gelenke g_i und g_j den jeweils ersten oder zweiten Körper gemeinsam haben, dann ist das Vorzeichen positiv, ansonsten negativ. Die zwei Gelenke, für die ein Matrixblock definiert werden soll, können einen, zwei oder gar keinen Körper gemeinsam haben. Dies muss bei der Berechnung des Korrekturimpulses berücksichtigt werden. Wenn die Gelenke keinen gemeinsamen Körper haben, besteht auch keine Abhängigkeit zwischen den Gelenken. Haben sie einen gemeinsamen Körper, dann wird die Matrix $\mathbf{B}_{i,j,k}$ mit dem entsprechenden Vorzeichen verwendet, um die Geschwindigkeitsänderung des i-ten Gelenks zu berechnen, wenn im Gelenk g_j ein Impuls angewendet wird. Bei zwei gemeinsamen Körpern verbinden die beiden Gelenke die gleichen Körper. Daher müssen beide Impulse des Gelenks g_j bei der Bestimmung der Geschwindigkeitsänderung der Körper des Gelenks g_i berücksichtigt werden. Die beschriebene Fallunterscheidung kann durch die folgende Matrix ausgedrückt werden:

$$\tilde{\mathbf{A}}_{i,j} = \begin{cases} \delta(i,j)\,(\mathbf{B}_{i,j,k_1} + \mathbf{B}_{i,j,k_2}) & g_i,\ g_j \text{ haben gemeinsame Körper} \\ & k_1 \text{ und } k_2 \\ \delta(i,j)\cdot\mathbf{B}_{i,j,k} & g_i,\ g_j \text{ haben gemeinsamen Körper } k \\ \mathbf{0} & \text{sonst.} \end{cases}$$

Die Matrix $\tilde{\mathbf{A}}_{i,j}$ beschreibt die Abhängigkeit zwischen den Impulsen des Gelenks g_j und der relativen Geschwindigkeit der Körper von g_i vollständig. Allerdings wird bisher die Abhängigkeit im Weltkoordinatensystem beschrieben und es gilt $\tilde{\mathbf{A}}_{i,j} \in \mathbb{R}^{3\times 3}$. Im Allgemeinen muss ein Block $\mathbf{A}_{i,j}$ des Gleichungssystems $\dim(g_i)$ Zeilen und $\dim(g_j)$ Spalten haben. Daher müssen die Blöcke $\tilde{\mathbf{A}}_{i,j}$ in die entsprechende Dimension projiziert werden, um ein überbestimmtes Gleichungssystem zu vermeiden. Für die Projektion eines Blocks werden die Projektionsmatrizen der zugehörigen Basisgelenke verwendet:

$$\mathbf{A}_{i,j} = \mathbf{P}_i\,\tilde{\mathbf{A}}_{i,j}\,\mathbf{P}_j^T.$$

Das lineare Gleichungssystem zur Bestimmung der Korrekturimpulse unter Berücksichtigung der Abhängigkeiten zwischen den Gelenken hat daher die folgende Form:

$$\begin{pmatrix} \mathbf{P}_1\tilde{\mathbf{A}}_{1,1}\mathbf{P}_1^T & \cdots & \mathbf{P}_1\tilde{\mathbf{A}}_{1,m}\mathbf{P}_m^T \\ \vdots & \ddots & \vdots \\ \mathbf{P}_m\tilde{\mathbf{A}}_{m,1}\mathbf{P}_1^T & \cdots & \mathbf{P}_m\tilde{\mathbf{A}}_{m,m}\mathbf{P}_m^T \end{pmatrix} \begin{pmatrix} \mathbf{x}_1 \\ \vdots \\ \mathbf{x}_m \end{pmatrix} = \begin{pmatrix} \triangle\mathbf{v}_1 \\ \vdots \\ \triangle\mathbf{v}_m \end{pmatrix}.$$

Durch das Lösen dieses Gleichungssystems werden die Korrekturimpulse aller Gelenke des Mehrkörpersystems gleichzeitig bestimmt. Dabei gilt für jeden resultierenden Impuls $\mathbf{x}_i \in \mathbb{R}^{\dim(g_i)}$. Dies bedeutet, dass der Impuls zunächst durch eine Rückprojektion in Weltkoordinaten gebracht werden muss, bevor er auf die beiden Körper des Gelenks g_i in entgegengesetzte Richtungen angewendet werden kann:

$$\mathbf{x}_i' = \mathbf{P}^T\,\mathbf{x}_i.$$

Im Gegensatz zum iterativen Verfahren werden beim LGS-Verfahren alle Abhängigkeiten der Zwangsbedingungen berücksichtigt. Die Korrekturimpulse für die Geschwindigkeitsbedingungen können daher durch das Lösen des Gleichungssystems exakt bestimmt werden. Bei den Positionsbedingungen ist allerdings immer noch ein iterativer Prozess zum Berechnen der Impulse notwendig, da der Vektor mit den Geschwindigkeitsänderungen $\triangle \mathbf{v}$ im Allgemeinen nur eine Approximation ist. In der Regel werden dabei aber nur ein oder zwei Iterationsschritte benötigt, um ein genaues Ergebnis zu erhalten.

3.3.2.2. Eigenschaften des Verfahrens

Genauigkeit Die Impulse können mit dem LGS-Verfahren viel genauer berechnet werden als mit dem iterativen Verfahren, da alle Abhängigkeiten im simulierten Modell berücksichtigt werden. Für die Geschwindigkeitsbedingungen können sie sogar exakt bestimmt werden, da die Geschwindigkeitsänderungen hier bekannt sind und keine Approximationen benötigt werden wie bei den Positionsbedingungen. Dadurch wird der Toleranzwert für die Geschwindigkeitsbedingungen bei diesem Verfahren überflüssig.

Geschwindigkeit Die Korrekturimpulse für die Positionsbedingungen der Gelenke müssen beim LGS-Verfahren durch iteratives Lösen des linearen Gleichungssystems berechnet werden. Der Grund dafür ist, dass die benötigten Geschwindigkeitsänderungen im Allgemeinen nur approximiert sind. Die Impulse für die Geschwindigkeitsbedingungen können dagegen durch einmaliges Lösen des Gleichungssystems exakt bestimmt werden. Zum Lösen des Gleichungssystems wird die Matrix zunächst faktorisiert und dann wird das System mit Hilfe der Faktorisierung gelöst. Die Faktorisierung nimmt bei einem Simulationsschritt die meiste Zeit in Anspruch. Für ein Baummodell mit einem Gleichungssystem der Dimension 381 wurde für das Faktorisieren der Matrix über 15 mal soviel Zeit benötigt wie für die anschließende Lösung des Systems. Da alle Blöcke der Matrix $\mathbf{A}$ für einen Zeitpunkt t konstant sind, ist auch die Matrix $\mathbf{A}$ und ihre Faktorisierung für diesen Zeitpunkt konstant. Die Berechnung der Korrekturimpulse für die Geschwindigkeitsbedingungen und die Korrektur der Positionsbedingungen im nächsten Simulationsschritt finden zum gleichen Zeitpunkt statt. Das bedeutet, dass die zeitaufwendige Faktorisierung der Matrix für jeden Simulationsschritt nur einmal durchgeführt werden muss. Im Allgemeinen ist das lineare Gleichungssystem für die Berechnung der Impulse eines Mehrkörpersystems dünnbesetzt. Daher können speziell optimierte Lösungsverfahren eingesetzt werden, die diese Eigenschaft ausnutzen. Die Bibliothek PARDISO[1] [SGFS01, SG02, SG04a, SG04b], die von Olaf Schenk und Klaus Gärtner entwickelt wurde, enthält z. B. ein spezielles Lösungsverfahren für dünnbesetzte Gleichungssysteme und ermöglicht außerdem die parallele Faktorisierung und Lösung auf mehreren Prozessoren. Durch den Einsatz von PARDISO kann die Geschwindigkeit der Simulation gegenüber einer einfachen **LU**-Faktorisierung erheblich gesteigert werden. Alternativ können GPU-basierte Lösungsverfahren verwendet werden (siehe Abschnitt 5.3). Da bei dem LGS-Verfahren im Gegensatz zum iterativen Verfahren alle Abhängigkeiten zwischen den Bedingungen berücksichtigt werden, können auch Mehrkörpersysteme mit einer sehr komplexen Gelenkstruktur noch in Echtzeit simuliert werden, selbst wenn eine sehr hohe Genauigkeit gefordert wird. Für komplexe Modelle werden beim iterativen Verfahren sehr viele Iterationsschritte benötigt, so dass eine Echtzeitsimulation mit hoher Genauigkeit nicht möglich ist. Ein genauer Vergleich der Geschwindigkeiten der Verfahren wird in Abschnitt 3.6 vorgestellt.

Stabilität Das LGS-Verfahren hat die gleichen Stabilitätseigenschaften wie das iterative Verfahren. Die gültigen Gelenkzustände werden ebenfalls direkt angesteuert. Außerdem kann auch beim LGS-Verfahren der Korrekturimpuls für eine Bedingung begrenzt werden. Dadurch erhöht sich die Stabilität der Simulation in Situationen, in denen große Kräfte wirken, und zerstörte Mehrkörpersysteme können wieder zusammengesetzt werden.

Simulation in Echtzeitanwendungen Beim iterativen Verfahren wurde gezeigt, dass man den Iterationsprozess zum Berechnen der Impulse vorzeitig abbrechen kann, um eine bestimmte Zeitbegrenzung für den Simulationsschritt einzuhalten. Die Korrekturimpulse für die Positionsbedingungen werden beim LGS-Verfahren ebenfalls iterativ berechnet. Daher kann auch hier der iterative Prozess vorzeitig abgebrochen werden. Da aber die Faktorisierung der Matrix die meiste Zeit in Anspruch nimmt und für die Positionsbedingungen nur sehr wenige Iterationen benötigt werden, kann bei diesem Verfahren mit dem vorzeitigen Abbruch der Iterationsschleife nicht viel Zeit eingespart werden. Der Vorteil des LGS-Verfahrens in Bezug auf Echtzeitanwendungen liegt vielmehr darin, dass jeder Simulationsschritt annähernd die gleiche Rechenzeit benötigt. Beim

---

[1]Die Abkürzung PARDISO steht für Parallel Direct Sparse Solver.

iterativen Verfahren ist dagegen die Rechenzeit für einen Schritt stark abhängig von den externen Kräften, die auf das Mehrkörpersystem wirken. Bei Echtzeitanwendungen muss für das LGS-Verfahren daher nur sichergestellt werden, dass ein Simulationsschritt innerhalb einer vorgegebenen Zeit durchgeführt werden kann. Ein weiterer Vorteil ist, dass mit diesem Verfahren sehr komplexe Modelle auch mit hoher Genauigkeit in Echtzeit simuliert werden können.

Implementierung Die Implementierung des LGS-Verfahrens ist schwieriger als die des iterativen Verfahrens, da hier ein Lösungsverfahren für ein lineares Gleichungssystem benötigt wird. Außerdem sollte das Lösungsverfahren für dünnbesetzte Systeme optimiert sein. Daher bietet es sich an, bereits existierende und optimierte Bibliotheken, wie z. B. LAPACK [ABD+90] oder PARDISO [SGFS01], für die Lösung des Gleichungssystems zu verwenden. Bei Verwendung einer solchen Bibliothek ist die Implementierung des LGS-Verfahrens relativ einfach, da nur das Gleichungssystem aufgestellt werden muss und der Rest genauso funktioniert wie beim iterativen Verfahren.

3.3.3. Verfahren mit linearer Laufzeit

Das letzte Verfahren, das in diesem Kapitel für die Simulation von Mehrkörpersystemen vorgestellt werden soll, ist ein Verfahren mit linearer Laufzeit und linearem Speicheraufwand [Ben07b]. Dieses Verfahren ist eine Optimierung des LGS-Verfahrens für Mehrkörpersysteme, die keine Zyklen in ihrer Gelenkstruktur aufweisen. Für solche Systeme kann durch eine geeignete Umformung des Gleichungssystems der optimale Zeit- und Speicheraufwand von $O(m)$ erreicht werden, wobei m die Anzahl der Basisgelenke im Modell ist. Diese Umformung des Gleichungssystems wird im Folgenden beschrieben.

3.3.3.1. Beschreibung des Verfahrens

Das lineare Gleichungssystem zur Berechnung der Korrekturimpulse ist für die meisten Modelle dünnbesetzt. Für diese Modelle können optimierte Löser verwendet werden, um die Simulation zu beschleunigen. Allerdings haben nicht alle Modelle diese Eigenschaft. Daher soll das Gleichungssystem zunächst in ein neues System transformiert werden, das für alle Modelle dünnbesetzt ist. David Baraff hat in [Bar96] gezeigt, wie durch eine solche Transformation das Gleichungssystem für die Berechnung der Lagrange-Multiplikatoren eines azyklischen Modells mit linearem Zeit- und Speicheraufwand gelöst werden kann. Im Folgenden wird die Struktur des Systems für die Korrekturimpulse so verändert, dass eine äquivalente Transformation durchgeführt werden kann. Dadurch können anschließend die Korrekturimpulse ebenfalls mit dem optimalen Aufwand berechnet werden.

Damit das Gleichungssystem des impulsbasierten Verfahrens eine äquivalente Struktur wie das zur Berechnung der Lagrange-Multiplikatoren aufweist, muss es in die folgende Form gebracht werden:

$$\mathbf{C}\mathbf{M}^{-1}\mathbf{C}^T\mathbf{x} = \triangle\mathbf{v}. \tag{3.11}$$

Dabei ist $\mathbf{M}$ die Massenmatrix für alle Körper des simulierten Mehrkörpersystems und $\mathbf{C}$ ist eine Matrix, die die Zwangsbedingungen im System beschreibt. Das Gleichungssystem wird für ein zusammenhängendes Mehrkörpersystem aufgestellt. Besteht das Modell aus mehreren zusammenhängenden Teilen, die untereinander keine Verbindung haben, dann werden mehrere Gleichungssysteme benötigt. Freie Körper müssen bei der Berechnung der Korrekturimpulse nicht beachtet werden, da sie keinen Einfluss auf die Gelenke haben. Daher werden sie auch bei den Gleichungen für die Impulse nicht berücksichtigt. Die Massenmatrix ist eine Blockmatrix, die für jeden Körper einen Block auf der Diagonalen hat:

$$\mathbf{M} = \begin{pmatrix} \mathbf{M}_1 & 0 & \dots & 0 \\ 0 & \mathbf{M}_2 & \ddots & \vdots \\ \vdots & \ddots & \ddots & 0 \\ 0 & \dots & 0 & \mathbf{M}_l \end{pmatrix},$$

wobei l die Anzahl der Körper im Mehrkörpersystem ist, für das die Impulse berechnet werden sollen. Die Matrix $\mathbf{M}$ hat für Starrkörper die Dimension $6\,l \times 6\,l$. Für den i-ten Körper hat der Block in der Massenmatrix das folgende Aussehen:

$$\mathbf{M}_i = \begin{pmatrix} m_i\,\mathbf{E}_3 & 0 \\ 0 & \mathbf{J}_i \end{pmatrix}.$$

Dabei sind m_i und $\mathbf{J}_i$ die Masse bzw. der Trägheitstensor des i-ten Körpers und $\mathbf{E}_3 \in \mathbb{R}^{3\times3}$ bezeichnet die dreidimensionale Einheitsmatrix. Da der Trägheitstensor symmetrisch und positiv definit ist [Mir96b], gilt dies auch für den Block $\mathbf{M}_i$ und damit für die gesamte Massenmatrix. Daher ist die Matrix $\mathbf{M}$ invertierbar. Die inverse Matrix $\mathbf{M}^{-1}$ ist wiederum eine Blockmatrix mit den Blöcken

$$\mathbf{M}_i^{-1} = \begin{pmatrix} \frac{1}{m_i}\mathbf{E}_3 & \mathbf{0} \\ \mathbf{0} & \mathbf{J}_i^{-1} \end{pmatrix}$$

auf der Diagonalen.

Damit das Gleichungssystem für die Berechnung der Impulse in Form von Gleichung 3.11 gebracht werden kann, muss die Bedingungsmatrix $\mathbf{C}$ ebenfalls eine Blockmatrix sein und für die Blöcke der Matrix muss Folgendes gelten:

$$\mathbf{A}_{i,j} = \mathbf{C}_{i,k}\,\mathbf{M}_k^{-1}\,\mathbf{C}_{j,k}^T.$$

Der Block $\mathbf{A}_{i,j}$ beschreibt die Abhängigkeit zwischen den Bedingungen der beiden Gelenke g_i und g_j. Dieser Block ist genau dann eine Nullmatrix, wenn die beiden Gelenke keinen gemeinsamen Körper haben. In diesem Fall besteht keine direkte Abhängigkeit zwischen den Bedingungen. Wenn die beiden Gelenke einen gemeinsamen Körper k haben, beschreibt der Block $\mathbf{A}_{i,j}$, wie die Impulse des Gelenks g_j über den gemeinsamen Körper das Gelenk g_i beeinflussen. Analog dazu soll ein Block $\mathbf{C}_{i,k}$ in der Bedingungsmatrix genau dann keine Nullmatrix sein, wenn das Gelenk g_i mit dem Körper k verbunden ist. In diesem Fall soll der Matrixblock beschreiben, wie sich die Geschwindigkeit des Körpers k ändert, wenn im Gelenk g_i ein Impuls bzw. Drehimpuls wirkt. Im Folgenden wird zunächst die Zerlegung für ein einzelnes Basisgelenk mit einer Translationsbedingung bzw. einer Rotationsbedingung gezeigt. Anschließend wird die Zerlegung für allgemeine Mehrkörpersysteme mit Abhängigkeiten in der Gelenkstruktur erweitert.

Zerlegung für eine Translationsbedingung Bei der Simulation eines Modells mit zwei dynamischen Starrkörpern und einem einzigen Basisgelenk mit einer Translationsbedingung gilt für die Matrix $\mathbf{A}$ des Gleichungssystems zur Bestimmung der Korrekturimpulse:

$$\mathbf{A} = \mathbf{P}(\mathbf{K}_{a,a} + \mathbf{K}_{b,b})\mathbf{P}^T,$$

wobei $\mathbf{a}$ und $\mathbf{b}$ die Gelenkpunkte im Körper k_1 bzw. k_2 des Modells sind. Die Projektionsmatrix $\mathbf{P}$ einer Zwangsbedingung, die alle drei Translationsfreiheitsgrade entfernt, ist die Einheitsmatrix. In diesem speziellen Fall muss die zugehörige Bedingungsmatrix $\tilde{\mathbf{C}}$ die folgende Gleichung erfüllen:

$$\mathbf{K}_{a,a} + \mathbf{K}_{b,b} = \tilde{\mathbf{C}}\mathbf{M}^{-1}\tilde{\mathbf{C}}^T$$

mit

$$\mathbf{K}_{a,a} + \mathbf{K}_{b,b} = \left(\frac{1}{m_1} + \frac{1}{m_2} \right) \mathbf{E}_3 - \mathbf{r}_a^* \mathbf{J}_1^{-1} \mathbf{r}_a^* - \mathbf{r}_b^* \mathbf{J}_2^{-1} \mathbf{r}_b^*,$$

$$\tilde{\mathbf{C}} \mathbf{M}^{-1} \tilde{\mathbf{C}}^T = \begin{pmatrix} \tilde{\mathbf{C}}_{1,1} & \tilde{\mathbf{C}}_{1,2} \end{pmatrix} \begin{pmatrix} \frac{1}{m_1} \mathbf{E}_3 & 0 & 0 & 0 \\ 0 & \mathbf{J}_1^{-1} & 0 & 0 \\ 0 & 0 & \frac{1}{m_2} \mathbf{E}_3 & 0 \\ 0 & 0 & 0 & \mathbf{J}_2^{-1} \end{pmatrix} \begin{pmatrix} \tilde{\mathbf{C}}_{1,1}^T \\ \tilde{\mathbf{C}}_{1,2}^T \end{pmatrix}.$$

Diese Gleichung ist erfüllt, wenn die folgenden Matrixblöcke für das Gelenk g_1 und den Körper k_1 bzw. k_2 in die Bedingungsmatrix $\tilde{\mathbf{C}}$ eingesetzt werden:

$$\tilde{\mathbf{C}}_{1,1} = \begin{pmatrix} \mathbf{E}_3 & \mathbf{r}_a^* \end{pmatrix}$$

$$\tilde{\mathbf{C}}_{1,2} = \begin{pmatrix} \mathbf{E}_3 & \mathbf{r}_b^* \end{pmatrix}.$$

Damit ist die gesuchte Zerlegung für dieses spezielle Basisgelenk vollständig.

Im Allgemeinen muss allerdings bei einem Basisgelenk mit Translationsbedingung die Projektionsmatrix des Gelenks berücksichtigt werden. Dadurch ergibt sich dann die folgende Zerlegung:

$$\mathbf{A} = \mathbf{P} \left(\tilde{\mathbf{C}} \mathbf{M}^{-1} \tilde{\mathbf{C}}^T \right) \mathbf{P}^T = (\mathbf{P}\,\tilde{\mathbf{C}})\,\mathbf{M}^{-1}\,(\mathbf{P}\,\tilde{\mathbf{C}})^T = \mathbf{C}\,\mathbf{M}^{-1}\,\mathbf{C}^T.$$

Anhand dieser Zerlegung sieht man, dass für die Bedingungsmatrix bei Translationsbedingungen

$$\mathbf{C} = \mathbf{P}\,\tilde{\mathbf{C}} \tag{3.12}$$

gelten muss.

Zerlegung für eine Rotationsbedingung   Analog zu der Zerlegung für eine Translationsbedingung wird die Zerlegung für ein einzelnes Basisgelenk mit einer Rotationsbedingung durchgeführt. Wenn ein einfaches Mehrkörpersystem mit zwei dynamischen Starrkörpern simuliert wird, die durch ein Gelenk mit einer Rotationsbedingung verbunden sind, ist die Matrix $\mathbf{A}$ des linearen Gleichungssystems wie folgt definiert:

$$\mathbf{A} = \mathbf{P}(\mathbf{L}_1 + \mathbf{L}_2)\mathbf{P}^T.$$

Die Projektionsmatrix eines Basisgelenks, das alle drei Rotationsfreiheitsgrade entfernt, ist die Einheitsmatrix. In diesem Fall muss für die Bedingungsmatrix $\tilde{\mathbf{C}}$ die folgende Gleichung erfüllt sein:

$$\mathbf{L}_1 + \mathbf{L}_2 = \tilde{\mathbf{C}}\mathbf{M}^{-1}\,\tilde{\mathbf{C}}^T,$$

$$\mathbf{J}_1^{-1} + \mathbf{J}_2^{-1} = \begin{pmatrix} \tilde{\mathbf{C}}_{1,1} & \tilde{\mathbf{C}}_{1,2} \end{pmatrix} \begin{pmatrix} \frac{1}{m_1}\mathbf{E}_3 & 0 & 0 & 0 \\ 0 & \mathbf{J}_1^{-1} & 0 & 0 \\ 0 & 0 & \frac{1}{m_2}\mathbf{E}_3 & 0 \\ 0 & 0 & 0 & \mathbf{J}_2^{-1} \end{pmatrix} \begin{pmatrix} \tilde{\mathbf{C}}_{1,1}^T \\ \tilde{\mathbf{C}}_{1,2}^T \end{pmatrix}.$$

Die Matrixblöcke der Bedingungsmatrix für das Gelenk g_1 und die beiden Körper k_1 und k_2 sind daher wie folgt bestimmt:

$$\tilde{\mathbf{C}}_{1,1} = \begin{pmatrix} 0 & \mathbf{E}_3 \end{pmatrix}$$

$$\tilde{\mathbf{C}}_{1,2} = \begin{pmatrix} 0 & \mathbf{E}_3 \end{pmatrix}.$$

Für den allgemeinen Fall einer Rotationsbedingung mit einer Projektionsmatrix wird die Bedingungsmatrix $\mathbf{C}$ analog zu einer Translationsbedingung mit Gleichung 3.12 bestimmt.

Mehrkörpersysteme Bisher wurde gezeigt, wie die Zerlegung des Gleichungssystems für einzelne Basisgelenke funktioniert. Diese Zerlegung soll nun für beliebige zusammenhängende Mehrkörpersysteme erweitert werden. In einem zusammenhängenden Mehrkörpersystem mit m Basisgelenken seien $T = \{g_1, \ldots, g_{m_t}\}$ und $R = \{g_{m_t+1}, \ldots, g_m\}$ die beiden Mengen der Gelenke mit einer Translationsbedingung bzw. einer Rotationsbedingung. Für die Anzahl der einzelnen Bedingungsgleichungen gilt $n = \sum_{i=1}^{m} \dim(g_i)$. Außerdem sei $K = \{k_1, \ldots, k_l\}$ die Menge aller Starrkörper in diesem System. Die gesuchte Bedingungsmatrix $\mathbf{C}$ des Systems muss die Dimension $n \times 6\,l$ haben. Jeder Block $\mathbf{C}_{i,k}$ in der Matrix hat dann die Dimension $\dim(g_i) \times 6$. Ein solcher Matrixblock ist genau dann ungleich der Nullmatrix, wenn der Körper k durch das Gelenk g_i mit einem anderen Körper verbunden ist.

Der Block für ein Basisgelenk mit einer Translationsbedingung $\mathbf{C}_{i,k}^t$ beschreibt die Änderung der Geschwindigkeit des Körpers k, wenn im Gelenkpunkt des Gelenks g_i ein Impuls wirkt. Analog zu Gleichung 3.12 ist ein solcher Block wie folgt definiert:

$$\mathbf{C}_{i,k}^t = \begin{pmatrix} \mathbf{P}_i & \mathbf{P}_i\,\mathbf{r}_a^* \end{pmatrix}, \tag{3.13}$$

wobei $\mathbf{a}$ der Gelenkpunkt von g_i im Körper k und $\mathbf{P}_i$ die Projektionsmatrix von g_i ist.

Für ein Basisgelenk mit einer Rotationsbedingung beschreibt der Block $\mathbf{C}_{i,k}^r$, wie sich die Winkelgeschwindigkeit des Körpers k ändert, wenn ein Drehimpuls zur Korrektur der Zwangsbedingung des Gelenks g_i wirkt. Dieser Block ist analog zu der oben beschriebenen Zerlegung für eine Rotationsbedingung definiert durch die folgende Matrix:

$$\mathbf{C}_{i,k}^r = \begin{pmatrix} \mathbf{0} & \mathbf{P}_i \end{pmatrix}. \tag{3.14}$$

Wenn in einem Mehrkörpersystem mehrere Basisgelenke einen gemeinsamen Körper haben, dann beeinflussen sich die zugehörigen Korrekturimpulse gegenseitig. Diese Abhängigkeiten zwischen den Gelenken werden beim LGS-Verfahren in der Matrix $\mathbf{A}$ durch die Matrixblöcke abseits der Diagonalen beschrieben. Bei der Definition der Bedingungsmatrix $\mathbf{C}$ wurden die Abhängigkeiten bisher nicht berücksichtigt. Wird diese Matrix mit Hilfe der Blöcke für die Translations- bzw. Rotationsbedingungen definiert, die durch die Gleichungen 3.13 und 3.14 bestimmt sind, dann sind die Matrixblöcke von $\mathbf{CM}^{-1}\mathbf{C}^T$ und $\mathbf{A}$ auf der Diagonalen gleich. Die Blöcke abseits der Diagonalen sind bis auf die Vorzeichen ebenfalls gleich. Um die Vorzeichen dieser Matrixblöcke entsprechend anzupassen, wird die folgende Funktion $\delta(i,k)$ definiert:

$$\delta(i,k) = \begin{cases} 1 & \text{falls} \quad k = k_{i_1} \\ -1 & \text{falls} \quad k = k_{i_2} \\ 0 & \text{sonst.} \end{cases}$$

Diese Funktion bestimmt für ein Gelenk g_i und einen Körper k das Vorzeichen von $\mathbf{C}_{i,k}$. Wenn der Körper k der erste Körper des Gelenks ist, wird das Vorzeichen positiv. Handelt es sich um den zweiten Körper, dann wird es negativ. Im letzten Fall gibt die Funktion δ Null zurück und zwar genau dann, wenn der Körper k nicht mit dem Gelenk g_i verbunden ist. Mit Hilfe dieser Vorzeichenfunktion können die Blöcke für eine korrekte Zerlegung der Matrix $\mathbf{A}$ durch die folgende Fallunterscheidung bestimmt werden:

$$\mathbf{C}_{i,k} = \begin{cases} \delta(i,k)\, \mathbf{C}_{i,k}^t & \text{falls} \quad g_i \in T \\ -\delta(i,k)\, \mathbf{C}_{i,k}^r & \text{falls} \quad g_i \in R. \end{cases}$$

Damit ist die Zerlegung der Matrix $\mathbf{A}$ in die Bedingungsmatrix $\mathbf{C}$ und die inverse Massenmatrix $\mathbf{M}^{-1}$ vollständig bestimmt.

Simulation mit linearem Zeit- und Speicheraufwand Mit Hilfe der Zerlegung, die in den letzten Abschnitten bestimmt wurde, kann das lineare Gleichungssystem zur Bestimmung der Korrekturimpulse in eine neue Form gebracht werden. Dafür wird das System $\mathbf{CM}^{-1}\mathbf{C}^T\mathbf{x} = \triangle\mathbf{v}$ zunächst mit Hilfe eines Vektors $\mathbf{y}$ in zwei Teile zerlegt:

$$\mathbf{Cy} = \triangle\mathbf{v}$$
$$\mathbf{y} = \mathbf{M}^{-1}\mathbf{C}^T\mathbf{x}.$$

Der zweite Teil wird anschließend umgeformt zu:

$$\mathbf{My} - \mathbf{C}^T\mathbf{x} = 0.$$

Damit kann das folgende Gleichungssystem für die Berechnung der Impulse aufgestellt werden:

$$\underbrace{\begin{pmatrix} \mathbf{M} & -\mathbf{C}^T \\ -\mathbf{C} & 0 \end{pmatrix}}_{\mathbf{H}} \begin{pmatrix} \mathbf{y} \\ \mathbf{x} \end{pmatrix} = \underbrace{\begin{pmatrix} 0 \\ -\triangle\mathbf{v} \end{pmatrix}}_{\mathbf{b}}. \tag{3.15}$$

Dieses neue System ist größer als das ursprüngliche, hat aber die gleiche Lösung für den Vektor $\mathbf{x}$. Die Matrix $\mathbf{H}$ hat die Dimension $(6\,l + n) \times (6\,l + n)$ und ist im Gegensatz zur Matrix $\mathbf{A}$ nicht positiv definit. Das neue Gleichungssystem hat allerdings einen entscheidenden Vorteil: Es ist immer dünnbesetzt.

Für die Bestimmung der Lagrange-Multiplikatoren eines azyklischen Modells kann ebenfalls ein Gleichungssystem in Form von Gleichung 3.15 aufgestellt werden. David Baraff hat in [Bar96] gezeigt, dass dieses System mit Hilfe einer speziellen Zerlegung der Matrix $\mathbf{H}$ in linearer Zeit und mit linearem Speicheraufwand lösbar ist. Im Folgenden wird gezeigt, dass mit einer äquivalenten Vorgehensweise auch das lineare Gleichungssystem zur Bestimmung der Korrekturimpulse mit diesem optimalen Aufwand gelöst werden kann.

Die Matrix $\mathbf{H}$ ist eine quadratische Blockmatrix mit $(l+m)\times(l+m)$ Blöcken. Die Struktur dieser Matrix wird durch einen ungerichteten Graphen mit $l + m$ Knoten beschrieben. In diesem Graph existiert genau dann eine Kante zwischen den zwei Knoten i und j, wenn der zugehörige Matrixblock $\mathbf{H}_{i,j}$ ungleich Null ist und $i \neq j$ gilt. Blöcke auf der Diagonalen der Matrix fügen dem Graphen keine Kante hinzu. Dieser Graph spiegelt die Verbindungen der Gelenke mit den Körpern im Modell wider. Da das

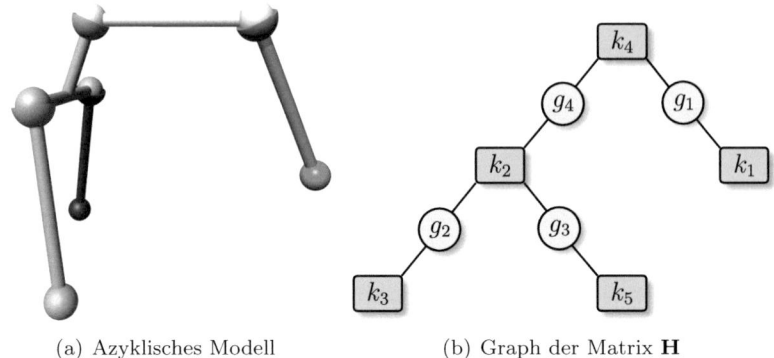

(a) Azyklisches Modell   (b) Graph der Matrix **H**

Abbildung 3.7.: Der Graph der Matrix **H** für ein zusammenhängendes, azyklisches Mehrkörpersystem mit fünf Körpern, die durch vier Gelenke miteinander verbunden sind.

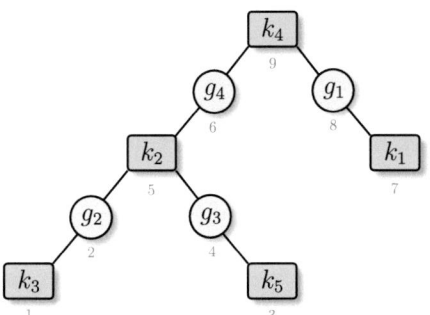

Abbildung 3.8.: Die neue Sortierung der Matrix **H** ergibt sich durch eine Tiefensuche im zugehörigen Baum. Die neue Reihenfolge der Zeilen bzw. Spalten ist durch die Zahlen unter den Knoten gegeben.

Modell keine Zyklen enthält, gilt dies auch für den Graphen. Für ein zusammenhängendes Mehrkörpersystem ist der Graph daher ein Baum. Abbildung 3.7 zeigt ein Beispiel für ein solches Mehrkörpersystem und den dazugehörigen Graphen.

Eine Matrix, deren zugehöriger Graph ein Baum ist, kann so umsortiert werden, dass bei einer Faktorisierung die untere Dreiecksmatrix **L** genauso dünnbesetzt ist, wie die ursprüngliche Matrix. Für eine sortierte Matrix **H** bedeutet das, dass nach der Faktorisierung die Matrix $\mathbf{L}$ an den gleichen Stellen von Null verschiedene Einträge hat wie $\mathbf{H}$.

Das Gleichungssystem für die Impulse wird mit Hilfe einer $\mathbf{LDL}^T$-Faktorisierung gelöst. Bei dieser Faktorisierung wird die Matrix $\mathbf{H}$ in die zwei Blockmatrizen $\mathbf{L}$ und $\mathbf{D}$ zerlegt. Alle Diagonalblöcke der resultierenden unteren Dreiecksmatrix $\mathbf{L}$ sind Einheitsmatrizen. Die Matrix $\mathbf{D}$ bezeichnet eine Blockmatrix, die ausschließlich auf der Diagonalen Blöcke hat, die von Null verschieden sind. Daher kann die Faktorisierung auch in einer einzigen Matrix gespeichert werden. Wenn man einen Knoten im Baum der Matrix $\mathbf{H}$ als Wurzel definiert, dann ergibt sich für zwei Knoten mit einer Kante eine Eltern-Kind-Beziehung ausgehend von der Wurzel. Damit die Faktorisierung genauso dünnbesetzt ist wie die Matrix $\mathbf{H}$, muss der Index von jedem Elternknoten größer sein als die Indizes seiner Kinder. Diese Sortierung kann durch eine Tiefensuche gefunden werden. Für das Beispiel aus Abbildung 3.7 ist die Sortierung in Abbildung 3.8 gegeben. Die Umsortierung der Matrix $\mathbf{H}$ führt dazu, dass die erste und letzte Spalte bzw. Zeile zu einem Körper gehört. Dazwischen wechseln sich die Spalten bzw. Zeilen der Körper und Gelenke ab. Nach der Umsortierung der Matrix hat sie für das obige Beispiel die folgende Form:

$\mathbf{H}$	k_3	g_2	k_5	g_3	k_2	g_4	k_1	g_1	k_4
k_3	$\mathbf{M}_3$	$\mathbf{C}_{3,2}^T$	0	0	0	0	0	0	0
g_2	$\mathbf{C}_{3,2}$	0	0	0	$\mathbf{C}_{2,3}$	0	0	0	0
k_5	0	0	$\mathbf{M}_5$	$\mathbf{C}_{5,2}^T$	0	0	0	0	0
g_3	0	0	$\mathbf{C}_{5,2}$	0	$\mathbf{C}_{2,5}$	0	0	0	0
k_2	0	$\mathbf{C}_{2,3}^T$	0	$\mathbf{C}_{2,5}^T$	$\mathbf{M}_2$	$\mathbf{C}_{2,4}^T$	0	0	0
g_4	0	0	0	0	$\mathbf{C}_{2,4}$	0	0	0	$\mathbf{C}_{4,2}$
k_1	0	0	0	0	0	0	$\mathbf{M}_1$	$\mathbf{C}_{1,4}^T$	0
g_1	0	0	0	0	0	0	$\mathbf{C}_{1,4}$	0	$\mathbf{C}_{4,1}$
k_4	0	0	0	0	0	$\mathbf{C}_{4,2}^T$	0	$\mathbf{C}_{4,1}^T$	$\mathbf{M}_4$

Die Tiefensuche zum Sortieren der Matrix kann mit linearem Zeit- und Speicheraufwand durchgeführt werden. Für die Speicherung der sortierten Matrix $\mathbf{H}$ genügt es, die Elemente ihrer unteren oder ihrer oberen Dreiecksmatrix zu speichern. Die untere Dreiecksmatrix hat für jede Spalte maximal einen Block auf der Diagonalen und einen Block unterhalb der Diagonalen, der ungleich der Nullmatrix ist. Aus diesem Grund benötigt die Matrix nur linearen Speicheraufwand.

Sobald die Matrix $\mathbf{H}$ ihre neue Form hat, wird die $\mathbf{LDL}^T$-Faktorisierung durchgeführt. Wenn dabei die Eltern-Kind-Beziehung zwischen den Knoten berücksichtigt wird, dann kann die Matrix mit dem optimalen Zeit-

factor()

Eingabe: Matrix $\mathbf{H}$ des Gleichungssystems
Ausgabe: Faktorisierung in $\mathbf{H}$
1: **for** $i = 1$ **to** n
2:    **for all** $j \in \text{children}(i)$
3:       $\mathbf{H}_{i,i} = \mathbf{H}_{i,i} - \mathbf{H}_{j,i}^T \mathbf{H}_{j,j} \mathbf{H}_{j,i}$
4:    **end for**
5:    **if** $i \neq n$
6:       $\mathbf{H}_{i,\text{parent}(i)} = \mathbf{H}_{i,i}^{-1} \mathbf{H}_{i,\text{parent}(i)}$
7:    **end if**
8: **end for**

Algorithmus 3.3: Durch diesen Algorithmus wird die dünnbesetzte Matrix $\mathbf{H}$ mit linearem Zeit- und Speicheraufwand faktorisiert.

und Speicheraufwand faktorisiert werden. Algorithmus 3.3 zeigt, wie die optimierte Faktorisierung der Matrix $\mathbf{H}$ für ein azyklisches Modell mit einem sortierten Graphen funktioniert.

Dieser Algorithmus kann in linearer Zeit durchgeführt werden, da der Graph der Matrix ein Baum ist. Bei der Faktorisierung wird die untere Dreiecksmatrix $\mathbf{L}$ und die diagonale Blockmatrix $\mathbf{D}$ in $\mathbf{H}$ gespeichert. Da die Matrix $\mathbf{L}$ genauso dünnbesetzt ist wie $\mathbf{H}$ selbst, wird dadurch kein zusätzlicher Speicherplatz für das Ergebnis benötigt. Damit ist die Faktorisierung mit linearem Zeit- und Speicheraufwand möglich.

Nach der Faktorisierung des Gleichungssystems muss es für einen bestimmten Vektor von Geschwindigkeitsdifferenzen $\triangle\mathbf{v}$ gelöst werden. Dies geschieht mit Algorithmus 3.4 ebenfalls mit dem optimalen Aufwand. Die Lösung des Systems benötigt lineare Zeit, da es sich bei dem Graphen der Matrix um einen Baum handelt. Neuer Speicher wird nur für den Lösungsvektor $\mathbf{x}$ verwendet. Daher ist auch der Speicheraufwand des Algorithmus linear. Der Lösungsvektor enthält für jedes Gelenk einen entsprechenden Korrekturimpuls im Koordinatensystem des Gelenks. Bevor dieser Impuls in entgegengesetzte Richtungen auf die beiden zugehörigen Körper angewendet werden kann, muss er daher mit der Projektionsmatrix des Basisgelenks in Weltkoordinaten transformiert werden (vgl. Abschnitt 3.3.2).

solve()

Eingabe: Faktorisierung der Matrix $\mathbf{H}$
Vektor $\mathbf{b}$ mit den Geschwindigkeitsdifferenzen
Ausgabe: Vektor $\mathbf{x}$ mit den Korrekturimpulsen für alle Gelenke
1: **for** $i = 1$ **to** n
2: $\quad \mathbf{x}_i = \mathbf{b}_i$
3: $\quad$ **for all** $j \in \text{children}(i)$
4: $\quad\quad \mathbf{x}_i = \mathbf{x}_i - \mathbf{H}_{i,j}^T \mathbf{x}_j$
5: $\quad$ **end for**
6: **end for**
7: **for** $i = n$ **to** 1
8: $\quad \mathbf{x}_i = \mathbf{H}_{i,i}^{-1} \mathbf{x}_i$
9: $\quad$ **if** $i \neq n$
10: $\quad\quad \mathbf{x}_i = \mathbf{x}_i - \mathbf{H}_{i,\text{parent}(i)} \mathbf{x}_{\text{parent}(i)}$
11: $\quad$ **end if**
12: **end for**

Algorithmus 3.4: Der Algorithmus löst ein lineares Gleichungssystem, dessen $\mathbf{LDL}^T$-Faktorisierung in der Matrix $\mathbf{H}$ gegeben ist, in linearer Zeit und mit linearem Speicheraufwand.

3.3.3.2. Eigenschaften des Verfahrens

Das Verfahren mit linearer Laufzeit ist eine Optimierung des LGS-Verfahrens für Mehrkörpersysteme mit einer azyklischen Gelenkstruktur. Aus diesem Grund hat das Verfahren, abgesehen von der Geschwindigkeit und der Implementierung, die gleichen Eigenschaften wie das LGS-Verfahren. Im Folgenden wird daher nur auf diese Punkte eingegangen.

Geschwindigkeit Das Verfahren hat den optimalen Zeitaufwand zur Berechnung der Korrekturimpulse. Daher ist es bei komplexeren Modellen das schnellste der hier vorgestellten Verfahren. Durch die einfache Berechnung der Matrix und die einfache Integration der Zustände ist das Verfahren sogar deutlich schneller als das Verfahren mit Lagrange-Multiplikatoren von David Baraff [Bar96], das ebenfalls linearen Zeitaufwand hat. In Abschnitt 3.6 werden Messwerte vorgestellt, die dies belegen.

Wie beim LGS-Verfahren müssen die Korrekturimpulse für die Positionsbedingungen iterativ berechnet werden, während sie für die Geschwindigkeitsbedingungen durch einmaliges Lösen des Gleichungssystems exakt bestimmt sind. Allerdings muss auch hier die Faktorisierung der Matrix in jedem Simulationsschritt nur einmal berechnet werden, da die Matrix für einen Zeitpunkt t konstant ist. Anschließend kann diese Faktorisierung sowohl in allen Iterationsschritten für die Positionsbedingungen als auch für die Korrektur der Geschwindigkeitsbedingungen verwendet werden. Trotz der iterativen Berechnung ist das Verfahren sehr schnell. Da alle Abhängigkeiten bei der Berechnung berücksichtigt werden und eine relativ kleine Zeitschrittweite h bei der Simulation verwendet wird, benötigt man im Allgemeinen nur ein bis zwei Iterationsschritte, um ein Ergebnis mit hoher Genauigkeit zu erzielen. Eine Ausnahme sind Simulationsschritte, in denen sehr große Kräfte auf die Körper wirken. In einem solchen Fall werden mehr Iterationsschritte zur Berechnung der Impulse benötigt. Dafür muss das Gleichungssystem mehrmals mit Hilfe von Algorithmus 3.4 gelöst werden. Da die Faktorisierung allerdings nicht neu berechnet werden muss, hält sich der Zeitverlust in Grenzen. Außerdem handelt es sich bei solchen Simulationsschritten um Ausnahmen.

Implementierung Für die Implementierung des Verfahrens muss zunächst der Graph, der die Gelenkstruktur des Mehrkörpersystems repräsentiert, erzeugt werden. Anhand des vollständigen Graphen können die nicht zusammenhängenden Teilgraphen gefunden werden. Für jeden zusammenhängenden Teilgraphen wird anschließend die zugehörige Matrix mit einer einfachen Tiefensuche sortiert. Damit sind alle Voraussetzungen erfüllt, um mit den Algorithmen 3.3 und 3.4 die gesuchten Korrekturimpulse in linearer Zeit und mit linearem Speicheraufwand zu bestimmen. Diese beiden Algorithmen können relativ einfach implementiert werden. Ebenso ist die Erzeugung eines Graphen für die Gelenkstruktur nicht schwierig. Daher ist das Verfahren leicht implementierbar.

3.3.4. Mehrkörpersysteme mit Zyklen

Mehrkörpersysteme mit Zyklen in ihrer Gelenkstruktur stellen eine besondere Herausforderung für die Dynamiksimulation dar. Ein Zyklus kann zu redundanten Zwangsbedingungen führen und ist dadurch für Verfahren, die mit linearen Gleichungssystemen arbeiten, problematisch. Diese Bedingungen haben ein überbestimmtes Gleichungssystem zur Folge, was die Stabilität der Simulation beeinträchtigen kann. Ein nicht redundantes Mehrkörpersystem mit l Starrkörpern und m Basisgelenken hat exakt

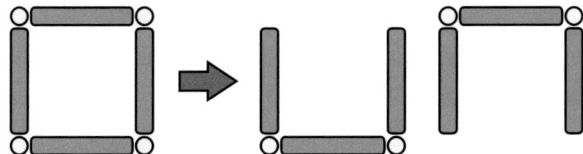

Abbildung 3.9.: Ein Modell mit einem Zyklus in der Gelenkstruktur wird in zwei azyklische Teile zerlegt.

$6\,l - \sum_{i=1}^{m} \dim(g_i)$ Freiheitsgrade. Systeme, die mehr Freiheitsgrade haben, enthalten redundante Bedingungen.

Das iterative Verfahren kann Mehrkörpersysteme mit Zyklen und Redundanz ohne zusätzlichen Implementierungsaufwand simulieren. Dieses Verfahren ist für solche Systeme sehr stabil. Allerdings wirkt sich hier eine Redundanz auf die Anzahl der benötigten Iterationsschritte aus. Aus diesem Grund sollten redundante Zwangsbedingungen vor der Simulation aus dem Modell entfernt werden.

Zyklen im Mehrkörpersystem können auch mit dem LGS-Verfahren stabil simuliert werden. Dagegen können redundante Bedingungen die Stabilität der Simulation reduzieren. Daher können mit diesem Verfahren nur dann Systeme mit Zyklen stabil simuliert werden, wenn diese keine Redundanz zur Folge haben. Das bedeutet, dass redundante Bedingungen vor der Simulation entfernt werden müssen. Allerdings ist dies nicht immer trivial (vgl. [Ben07a]). Alternativ dazu kann auch das Mehrkörpersystem in azyklische Teile zerlegt werden. Dafür muss zunächst ein Graph erzeugt werden, der die Gelenkstruktur des Modells widerspiegelt. In diesem Graphen können alle Zyklen des Systems gefunden werden. Anschließend wird jede Schleife in zwei azyklische Teile zerlegt. Die Starrkörper an den Verbindungsstellen müssen für eine korrekte Simulation zu beiden entstehenden Teilsystemen gehören (siehe Abbildung 3.9). Auf diese Weise können die Impulse, die vom ersten System auf diese Körper wirken, auf das zweite System übertragen werden. Durch die beschriebene Zerlegung entstehen zwei neue Mehrkörpersysteme, die ohne Probleme mit dem LGS-Verfahren simuliert werden können. Diese beiden Systeme sind allerdings durch die gemeinsamen Körper abhängig voneinander. Um diese Abhängigkeit bei der Simulation zu berücksichtigen, werden die Impulse für beide Teile abwechselnd in einem iterativen Prozess bestimmt. Die Impulse werden dabei jeweils mit Hilfe eines linearen Gleichungssystems berechnet. Durch diese

Kombination des LGS-Verfahrens mit dem iterativen Verfahren können Mehrkörpersysteme mit Zyklen und Redundanz simuliert werden.

Das Verfahren mit linearer Laufzeit kann als einziges nicht direkt mit Zyklen in der Gelenkstruktur umgehen, da es für azyklische Modelle optimiert ist. Modelle mit Schleifen müssen daher, wie beim LGS-Verfahren bereits beschrieben, in azyklische Teile zerlegt werden. Durch die Kombination des Verfahrens mit linearer Laufzeit mit dem iterativen Verfahren können dann solche Modelle simuliert werden. Die Impulse für jedes azyklische Teilsystem können mit dem optimalen Aufwand bestimmt werden. Dies gilt allerdings nicht für das Gesamtsystem, da der lineare Zeitaufwand bei der Kombination mit einem iterativen Verfahren nicht garantiert werden kann.

3.4. Kollisionen und Kontakte

Bisher wurden Verfahren für die Simulation von Mehrkörpersystemen mit Gelenken vorgestellt. Ein weiterer wichtiger Bestandteil einer realistischen Simulation ist die Behandlung von Situationen, in denen zwei Körper zusammenstoßen. Dabei muss zwischen Kollisionen und bleibenden Kontakten unterschieden werden. In dieser Arbeit wird eine Kollision als ein Ereignis definiert, bei dem zwei Körper zusammentreffen und durch den Rückstoß sofort wieder auseinander gerissen werden. Das bedeutet, dass eine Kollision in einem unendlich kleinen Zeitraum stattfindet. Ein bleibender Kontakt definiert dagegen eine Situation, in der zwei Körper sich gegenseitig über einen längeren Zeitraum berühren. Die Simulation von Kollisionen und bleibenden Kontakten muss statische und dynamische Reibung berücksichtigen. Statische und dynamische Reibung werden im Allgemeinen auch als Haft- bzw. Gleitreibung bezeichnet.

3.4.1. Kollisionserkennung

Für eine genaue dynamische Simulation müssen alle Kontaktpunkte zwischen den Körpern der Simulation zu einem Zeitpunkt t bekannt sein. Zur Bestimmung der Kontaktpunkte existieren bereits viele umfangreiche Arbeiten. Ming C. Lin und Stefan Gottschalk geben in [LG98] eine Übersicht über bestehende Verfahren für verschiedene geometrische Modelle. Diese Verfahren werden oft durch den Einsatz von Hüllkörpern oder Zellrasterverfahren beschleunigt [Hub95, CLMP95, Got00, HKM96]. Da in dieser

Arbeit auf bereits existierenden Verfahren aufgebaut wurde, wird hier auf eine ausführliche Diskussion von Kollisionserkennungsverfahren verzichtet und nur eine kurze Beschreibung der verwendeten Verfahren gegeben.

Das Verfahren von Ming C. Lin und John F. Canny [LC91, Lin93] und der GJK-Algorithmus von Elmer G. Gilbert, Daniel W. Johnson und Sathiya S. Keerth [GJK88, vdB04] sind zwei der wichtigsten und schnellsten Methoden zur Bestimmung von Kontaktpunkten in der Dynamiksimulation. Das erste Verfahren basiert auf der Verwendung von Voronoi-Regionen und kann daher in der ursprünglichen Version keine Durchdringungen zwischen zwei Körpern handhaben. Durch Ausnutzen der zeitlichen und geometrischen Kohärenz ergibt sich ein Erwartungswert für den benötigten Rechenaufwand von $O(1)$. Bei der dynamischen Simulation kann dieser Wert auch in der Praxis erreicht werden, da die Zeitschrittweite im Allgemeinen relativ klein ist und sich dadurch die zeitliche Kohärenz ergibt. Brian V. Mirtich hat dieses Verfahren weiterentwickelt und sogenannte Pseudo-Voronoi-Regionen für das Innere eines Körpers eingeführt, um Durchdringungen zu erkennen und zu behandeln [Mir98]. Die daraus entstandene Bibliothek *V-Clip* ist frei für den nicht kommerziellen Gebrauch. Daher wird sie für die Kollisionserkennung in dieser Arbeit eingesetzt. Die Bibliothek verwendet keine Hüllkörper oder Zellrasterverfahren zur Beschleunigung der Berechnung. Außerdem liefert sie bei einer Kollision zweier Körper nur einen Kontaktpunkt, auch wenn mehrere existieren. Aus diesem Grund wurde für diese Arbeit eine Erweiterung von V-Clip implementiert. Diese beschleunigt die Kollisionserkennung durch die Verwendung von achsenorientierten Quadern für jeden Körper. Mit Hilfe des Sweep-And-Prune-Algorithmus [Bar92] können dann sehr schnell Kollisionen zwischen Körpern ausgeschlossen werden. Dieser Algorithmus hat einen erwarteten Rechenaufwand von $O(n)$, wenn die zeitliche Kohärenz ausgenutzt wird. Die Erweiterung bestimmt außerdem die vollständige Kontaktregion zwischen zwei Körpern. Die Kollisionsgeometrie der Körper ist durch konvexe Polyeder gegeben. Im Fall eines Kontakts werden zunächst die Flächen der beiden beteiligten Körper bestimmt, die den Kontaktpunkt enthalten und die möglichst parallel zueinander sind. Anschließend wird die erste Fläche auf die zweite projiziert. Im zweidimensionalen Raum der zweiten Fläche wird dann der Schnitt der beiden konvexen Polygone berechnet. Alle Eckpunkte der Schnittfläche sind weitere Kandidaten für Kontaktpunkte. Die Schnittfläche muss zurück auf den ersten Körper transformiert werden, um für jeden möglichen Kontakt einen entsprechenden Punkt im ersten und zweiten Körper zu bekommen. Ob es sich bei einem der resultierenden Kontaktpunktpaare um einen echten Kontakt handelt, muss zum Schluss anhand des Toleranzabstands der Kollisionserkennung und anhand der Voronoi-Regionen überprüft werden [Ben07a].

Der Abstand zwischen zwei Körpern kann mit Hilfe der sogenannten Minkowski-Differenz bestimmt werden. Die Minkowski-Differenz ist die Menge von Punkten, die entsteht, wenn für jeden Punkt einer Menge A die Differenzen mit den Punkten einer zweiten Menge B berechnet werden:

$$A - B := \{\mathbf{a} - \mathbf{b} : \mathbf{a} \in A, \mathbf{b} \in B\}.$$

Wenn man zwei Körper als eine Menge von Punkten ansieht, dann haben sie genau dann Kontakt, wenn ihre Minkowski-Differenz den Nullpunkt enthält. Ist der Nullpunkt nicht in der Menge enthalten, repräsentiert der Abstand der Menge zum Nullpunkt den Abstand der beiden Körper. Dies wird vom GJK-Algorithmus ausgenutzt, um Kollisionen zu erkennen bzw. den Abstand zwischen zwei Körpern zu berechnen. Dabei wird die Minkowski-Differenz zweier Körper allerdings nicht explizit bestimmt.

Die konvexe Hülle einer affin unabhängigen Punktmenge bezeichnet man auch als *Simplex*. Mit Hilfe von solchen Simplexen wird der Abstand der Minkowski-Differenz zum Nullpunkt angenähert. Gino van den Bergen stellt in [vdB01] eine Erweiterung des GJK-Algorithmus vor, mit der die genaue Eindringtiefe zweier sich durchdringender Körper bestimmt wird. Außerdem hat seine erweiterte Variante des Algorithmus einen erwarteten Aufwand von $O(1)$, da die zeitliche Kohärenz ausgenutzt wird [vdB99]. Gino van den Bergen hat diese erweiterte Variante implementiert und in der Bibliothek SOLID [vdB97] unter der GPL-Lizenz veröffentlicht. Eine weitere freie Implementierung des erweiterten GJK-Algorithmus stellt Erwin J. Coumans in seiner Physik-Bibliothek Bullet [Cou12] zur Verfügung. Beide Bibliotheken verwenden Hüllkörper, um die Bestimmung der Kollisionserkennung zu beschleunigen. SOLID und Bullet wurden ebenfalls im Simulator, der für diese Arbeit geschrieben wurde, für die Kollisionserkennung integriert. Allerdings liefern beide Verfahren bei einer Kollision zweier Körper nur einen Kontaktpunkt, auch wenn die Körper sich in einer Fläche berühren. Zur Bestimmung der vollständigen Kontaktregion zwischen zwei Körpern wurde daher das oben beschriebene Verfahren angewendet. Damit stehen dem Simulator verschiedene schnelle Verfahren zur Bestimmung der Kontaktpunkte zur Verfügung.

Jeder Körper in der Simulation hat eine Kollisionsgeometrie, die bei der Kollisionserkennung verwendet wird. Die Verfahren zur Kollisionserkennung berechnen alle Punkte, in denen sich diese Geometrien berühren. Da die Simulation in diskreten Zeitschritten abläuft, werden die Kontakte innerhalb eines vorgegebenen Toleranzabstands ε_c bestimmt. Für zwei Geometrien G_1 und G_2 wird genau dann ein Kontakt gemeldet, wenn zwei Punkte $\mathbf{a} \in G_1$ und $\mathbf{b} \in G_2$ existieren, für die $|\mathbf{a} - \mathbf{b}| < \varepsilon_c$ gilt. In diesem Fall liefert die Kollisionserkennung die beiden Kontaktpunkte $\mathbf{a}$ und $\mathbf{b}$ sowie eine Kontaktnormale $\mathbf{n}$ zurück. Die Normale $\mathbf{n}$ steht senkrecht auf der Kollisionsebene und gibt die Richtung an, in der die Kollision aufgelöst werden muss. Handelt es sich bei den Kollisionsgeometrien um konvexe Polyeder, dann wird die Kontaktnormale wie folgt bestimmt. Zunächst muss zwischen verschiedenen Fällen unterschieden werden. Die Normale ist abhängig davon, ob die Kontaktpunkte in einer Fläche, auf einer Kante oder in einem Eckpunkt des jeweiligen Polyeders liegen. Wenn einer der Punkte innerhalb einer Fläche liegt, dann wird die zugehörige Flächennormale als Kontaktnormale verwendet. Handelt es sich um einen Kontakt zweier Kanten, wird das Kreuzprodukt ihrer Richtungsvektoren als Normale zurückgegeben. Bei Kontakt einer Kante mit einem Eckpunkt wird der Lotpunkt auf der Geraden berechnet. Der Vektor vom Lotpunkt zum Eckpunkt ist dann die gesuchte Kontaktnormale. Der Kontakt zweier Eckpunkte ist der letzte Fall, bei dem die Richtung der Verbindungsgeraden zwischen den Punkten als Normale verwendet wird. Im Folgenden wird angenommen, dass die Normale $\mathbf{n}$ immer vom Kontaktpunkt $\mathbf{b}$ der zweiten Geometrie in Richtung des Schwerpunkts der ersten zeigt.

3.4.2. Kollisionen und Kontakte mit Reibung

In diesem Abschnitt wird die Behandlung von Kollisionen und bleibenden Kontakten mit Reibung beschrieben. Das Verfahren zur Auflösung der Kollisionen und Kontakte basiert auf der Verwendung von Zwangsbedingungen [BS06a]. Für jeden Kontakt, der von der Kollisionserkennung gefunden wird, wird eine Zwangsbedingung definiert. Diese Zwangsbedingung muss eine Durchdringung der Körper im Kontaktpunkt verhindern. Die resultierenden Bedingungen werden in der Simulation durch Impulse erfüllt.

Brian V. Mirtich hat bereits vor einigen Jahren verschiedene Arbeiten über impulsbasierte Kollisionsauflösung vorgestellt (siehe Abschnitt 3.1.2). Bei seinem Verfahren werden nicht alle Kontaktpunkte zwischen zwei Körpern gleichzeitig berücksichtigt. Kollisionen und permanente Kontakte werden pro Simulationsschritt in genau einem Kontaktpunkt aufgelöst. Wenn mehrere Kontaktpunkte zwischen zwei Körpern existieren, dann werden sie zeitlich nacheinander behandelt. Durch diese Vereinfachung

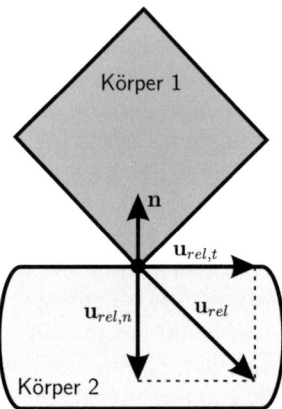

Abbildung 3.10.: Die relative Geschwindigkeit der Kontaktpunkte entscheidet, ob die Körper kollidieren, einen bleibenden Kontakt haben oder sich voneinander weg bewegen.

kann die Kollisionsauflösung sehr schnell durchgeführt werden. Allerdings führt diese Vorgehensweise zu unerwünschten Vibrationen bei Körpern, die aufeinander liegen und dadurch mehrere Kontaktpunkte haben.

Das Verfahren in dieser Arbeit verwendet ebenfalls Impulse für die Behandlung von Kollisionen und bleibenden Kontakten. Daher ist es in Situationen, in denen zwei Körper nur einen Kontaktpunkt haben, genauso schnell wie die Methode von Mirtich. Existieren mehrere Kontaktpunkte, wird ein höherer Aufwand benötigt, da Impulse für alle Punkte berechnet werden. Allerdings führt dieser zusätzliche Aufwand zu einer wesentlich genaueren Kollisionsauflösung, bei der keine unerwünschten Vibrationen auftreten und auch gestapelte Körper stabil simuliert werden.

Abbildung 3.10 zeigt zwei Körper, die Kontakt miteinander haben. Bei einem Kontakt muss zunächst eine Fallunterscheidung anhand der Geschwindigkeiten der Körper in den Kontaktpunkten vorgenommen werden. Dadurch wird entschieden, ob die Körper kollidieren, einen bleibenden Kontakt haben oder sich voneinander weg bewegen. Zunächst wird dafür die relative Geschwindigkeit der Kontaktpunkte bestimmt:

$$\mathbf{u}_{rel} = \mathbf{u}_a - \mathbf{u}_b.$$

Für die Fallunterscheidung ist allerdings nur der Anteil in Richtung der Kontaktnormalen von Interesse:

$$u_{rel,n} = \mathbf{u}_{rel} \cdot \mathbf{n}.$$

Der restliche Anteil wird später bei der Berechnung der Reibung benötigt. Wenn der Wert $u_{rel,n}$ positiv ist, bewegen sich die Körper auseinander. Gilt $u_{rel,n} = 0$, dann haben die Körper einen bleibenden Kontakt. Bei einem negativen Wert handelt es sich um eine Kollision. In einer Simulation mit numerischen Ungenauigkeiten und diskreten Zeitschritten muss für sinnvolle Ergebnisse ein Toleranzwert bei der Fallunterscheidung verwendet werden. Brian V. Mirtich verwendet dafür in [Mir96b] den folgenden Wert:

$$\varepsilon_{rc} = \sqrt{2\,|\mathbf{g}|\,\varepsilon_c},$$

wobei ε_c der Toleranzwert der Kollisionserkennung ist und $\mathbf{g}$ der Beschleunigungsvektor der Gravitation. Der Wert ε_{rc} gibt dabei genau die Geschwindigkeit an, die ein Körper hat, wenn er aus dem Ruhezustand die Distanz ε_c zurücklegt. Ein bleibender Kontakt ergibt sich damit, wenn $-\varepsilon_{rc} < u_{rel,n} < \varepsilon_{rc}$ gilt. Bei $u_{rel,n} < -\varepsilon_{rc}$ handelt es sich um eine Kollision und ansonsten bewegen sich die Körper voneinander weg.

Abbildung 3.11 zeigt, wie ein Simulationsschritt mit Kollisionen und bleibenden Kontakten durchgeführt wird. Die Kollisionserkennung liefert alle Kontaktpunkte und -normalen der Körper für den aktuellen Zeitpunkt. Zunächst wird für jeden Kontakt mit Hilfe der beschriebenen Fallunterscheidung überprüft, ob es sich um eine Kollision handelt. Jede Kollision definiert eine Geschwindigkeitsbedingung für die zugehörigen Kontaktpunkte. Diese kann durch die Berechnung von Impulsen aufgelöst werden. Wenn ein Impuls auf den Kontaktpunkt eines Körpers einwirkt, verändert sich die Geschwindigkeit des Körpers und damit auch die Geschwindigkeit von allen anderen Kontaktpunkten des Körpers. Dadurch kann es passieren, dass ein Kontakt, der vor der Impulseinwirkung nicht als Kollision eingestuft wurde, plötzlich die Bedingung für eine Kollision erfüllt. Aus diesem Grund wird die Kollisionsauflösung in einer Schleife ausgeführt. Nachdem jede Kollision mit Hilfe von Impulsen aufgelöst wurde, wird die Fallunterscheidung für alle Kontaktpunkte erneut durchgeführt. Dadurch werden die Kollisionen bestimmt, die im nächsten Schleifendurchlauf behandelt werden müssen. Auf diese Weise können Stöße durch mehrere Körper weitergeleitet werden. Newtons Wiege (siehe Abbildung 3.12) ist z. B. ein sehr bekanntes Modell, das ohne diese Vorgehensweise nicht korrekt simuliert werden könnte. Wenn alle Kollisionen aufgelöst sind, werden

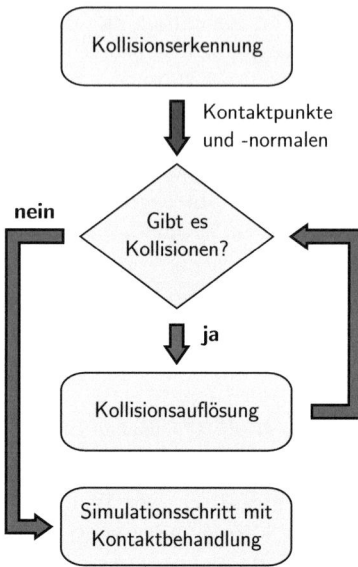

Abbildung 3.11.: Simulationsschritt mit Behandlung von Kollisionen und bleibenden Kontakten

die Kontakte bestimmt, für die die Bedingung eines bleibenden Kontakts erfüllt ist. Ein bleibender Kontakt definiert eine Positionsbedingung für die zugehörigen Kontaktpunkte. Diese Zwangsbedingungen müssen wie die Positionsbedingungen der Gelenke während des gesamten Simulationsschritts erfüllt sein. Analog zu den Gelenken werden daher die Impulse für die Kontaktbehandlung mit Hilfe einer Vorschau für die Positionen der Kontaktpunkte berechnet.

3.4.2.1. Behandlung von Kollisionen

Eine Kollision zwischen zwei Körpern findet in einem unendlich kleinen Zeitraum statt. Der Rückprall bei der Kollision verursacht eine sofortige Geschwindigkeitsänderung, die die Körper in entgegengesetzte Richtungen beschleunigt. Die neue Geschwindigkeit der Körper ist dabei abhängig von der Geschwindigkeit, mit der die Körper aufeinander treffen, und ihrer Elastizität. Diesen Zusammenhang beschreibt Newtons Stoßgesetz:

$$\mathbf{u}_{rel,n}^{c} = -e \cdot \mathbf{u}_{rel,n}.$$

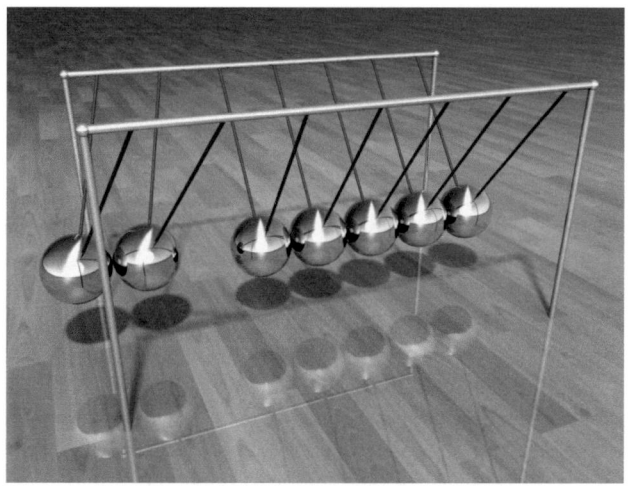

Abbildung 3.12.: Newtons Wiege

Dabei ist e der Elastizitätskoeffizient und $\mathbf{u}^c_{rel,n}$ die relative Geschwindigkeit der Körper in Normalenrichtung nach der Kollision. In der Simulation hat jeder Körper einen Parameter, der seine Elastizität beschreibt. Der Elastizitätskoeffizient e bei einer Kollision berechnet sich durch die Multiplikation der Elastizitätswerte der beiden Körper.

Bei einer Kollision muss sich nach Newtons Stoßgesetz die relative Geschwindigkeit der Kontaktpunkte in Normalenrichtung um

$$\triangle \mathbf{u}_{rel,n} = \mathbf{u}^c_{rel,n} - \mathbf{u}_{rel,n}$$

verändern. Dadurch wird für jede Kollision eine Geschwindigkeitsbedingung definiert. Die Geschwindigkeitsänderung soll mit Hilfe eines Impulses bewirkt werden. Damit die Impulserhaltung des Systems gewährleistet ist, muss der gleiche Impuls auf die beiden Kontaktpunkte $\mathbf{a}$ und $\mathbf{b}$ in entgegengesetzte Richtungen wirken. Der Impuls $\mathbf{p}_n$ in Normalenrichtung, der diese Eigenschaften hat, muss die folgende Gleichung erfüllen:

$$\mathbf{n}^T \mathbf{K} \mathbf{n} \mathbf{p}_n = \triangle \mathbf{u}_{rel,n}. \tag{3.16}$$

Da die Matrix $\mathbf{K} = \mathbf{K}_{a,a} + \mathbf{K}_{b,b}$ positiv definit ist (siehe Abschnitt 2.4) und für den Normalenvektor $\mathbf{n} \neq \mathbf{0}$ gilt, kann die Gleichung für $\mathbf{p}_n$ immer gelöst werden. Nach der Einwirkung des Impulses $\mathbf{p}_n$ auf die Kontaktpunkte haben diese die relative Geschwindigkeit $\mathbf{u}^c_{rel,n}$ in Normalenrichtung. Damit kann in jeder Situation ein Impuls für die Kollisionsauflösung durch die Lösung einer einfachen linearen Gleichung bestimmt werden.

In Situationen, in denen ein Körper in mehreren Punkten mit anderen Körpern kollidiert, reicht die Berechnung eines Impulses für jedes Kontaktpunktpaar nicht aus, um die Kollisionen korrekt aufzulösen. Die Impulse, die für die verschiedenen Kollisionen berechnet werden, beeinflussen sich gegenseitig. Wenn die Körper zusätzlich durch Gelenke mit anderen Körpern verbunden sind, dann haben auch die Impulse der Gelenke Einfluss auf die Geschwindigkeiten der Körper. Aus diesem Grund werden die Impulse für die Kollisionsauflösung in einem iterativen Prozess zusammen mit den Impulsen für die Geschwindigkeitsbedingungen der Gelenke bestimmt. Auf diese Weise werden die Abhängigkeiten zwischen den einzelnen Kollisionen und den Gelenken berücksichtigt. Im i-ten Iterationsschritt wird für ein Kontaktpunktpaar zunächst überprüft, ob es die gewünschte relative Geschwindigkeit von $\mathbf{u}^c_{rel,n}$ bereits erreicht hat. Ist dies nicht der Fall, wird durch das Lösen der Gleichung 3.16 ein Impuls $\mathbf{p}_n$ berechnet. Wenn für die Summe aller Impulse, die während des iterativen Prozesses für das zugehörige Kontaktpunktpaar angewendet wurden, die Bedingung

$$\mathbf{n} \cdot \sum_{j=1}^{i-1} \mathbf{p}_{n,j} \geq -\mathbf{n} \cdot \mathbf{p}_n \qquad (3.17)$$

erfüllt ist, dann wird der berechnete Impuls $\mathbf{p}_n$ in entgegengesetzte Richtungen auf die beiden Punkte angewendet. Durch diese Bedingung wird sichergestellt, dass der Gesamtimpuls für ein Kontaktpunktpaar die Punkte voneinander abstößt. Falls die Bedingung für ein Paar nicht erfüllt ist, dann bewegen sich die Punkte auch ohne die Einwirkung eines Impulses voneinander weg und der Gesamtimpuls muss Null sein. Der Impuls der i-ten Iteration wird daher mit Hilfe der folgenden Fallunterscheidung bestimmt:

$$\mathbf{p}_{n,i} = \begin{cases} \mathbf{p}_n & \text{falls } \mathbf{n} \sum_{j=1}^{i-1} \mathbf{p}_{n,j} \geq -\mathbf{n}\,\mathbf{p}_n \\ -\sum_{j=1}^{i-1} \mathbf{p}_{n,j} & \text{sonst.} \end{cases} \qquad (3.18)$$

Der iterative Prozess endet, wenn für alle Kontaktpunktpaare der Kollisionen eine der beiden folgenden Bedingungen erfüllt ist:

- Die beiden Kontaktpunkte erreichen die entsprechende relative Geschwindigkeit von $\mathbf{u}^c_{rel,n}$ innerhalb einer vorgegebenen Toleranz ε^c_v.

- Der zugehörige Gesamtimpuls ist Null und gleichzeitig ist die Bedingung $\mathbf{n}\,\mathbf{u}_{rel,n} > \mathbf{n}\,\mathbf{u}^c_{rel,n}$ für die relative Geschwindigkeit der Kontaktpunkte erfüllt.

Nachdem alle Kollisionen aufgelöst sind, wird für alle Kontakte, die die Kollisionserkennung geliefert hat und die bei der Auflösung nicht berücksichtigt wurden, erneut überprüft, ob die Bedingung für eine Kollision erfüllt wird. Werden weitere Kollisionen festgestellt, müssen diese ebenfalls mit der beschriebenen Methode aufgelöst werden.

3.4.2.2. Behandlung von bleibenden Kontakten

Nach der Auflösung aller Kollisionen wird für jeden Kontakt überprüft, ob er die Bedingung für einen bleibenden Kontakt erfüllt. Ein permanenter Kontakt zwischen zwei Körpern bleibt im Gegensatz zu einer Kollision für einen längeren Zeitraum bestehen. In der Simulation wird durch einen solchen Kontakt eine Positionsbedingung für die zugehörigen Körper definiert, die verhindert, dass die Körper sich in dem Kontaktpunkt durchdringen. Diese Positionsbedingung muss unter Berücksichtigung aller internen und externen Kräfte, die während des Kontaktzeitraums auf die Körper einwirken, eingehalten werden. Aus diesem Grund werden die Impulse für die Behandlung von bleibenden Kontakten in einem iterativen Prozess zusammen mit den Impulsen für die Positionsbedingungen der Gelenke berechnet.

Angenommen zwei Körper haben einen bleibenden Kontakt mit den Kontaktpunkten $\mathbf{a}$ und $\mathbf{b}$ sowie der Kontaktnormalen $\mathbf{n}$. Dann ist der Distanzvektor zwischen den Punkten wie folgt definiert:

$$\mathbf{d}(t) = \mathbf{a}(t) - \mathbf{b}(t).$$

Wenn sich die Körper nicht gegenseitig durchdringen, muss dieser Vektor in die gleiche Richtung zeigen wie die Kontaktnormale. Dadurch ergibt sich für die Positionsbedingung des bleibenden Kontakts die folgende Ungleichung:

$$\mathbf{d}(t) \cdot \mathbf{n}(t) \geq 0.$$

Diese Positionsbedingung wird wie die Positionsbedingung eines Gelenks behandelt. Zunächst wird eine Vorschau für den Abstand der Kontaktpunkte in Normalenrichtung bestimmt. Dafür wird die Normalenrichtung $\mathbf{n}$ für den Zeitpunkt $t_0 + h$ durch Integration der Gleichung 3.3 berechnet. Außerdem werden die neuen Positionen der Kontaktpunkte für diesen Zeitpunkt benötigt. Diese werden durch die Integration der Gleichung 3.3 für die Ortsvektoren $\mathbf{r}_a = \mathbf{a} - \mathbf{s}_1$ und $\mathbf{r}_b = \mathbf{b} - \mathbf{s}_2$ und die anschließende Integration der beiden Schwerpunkte bestimmt. Die neuen Positionen ergeben sich dann durch $\mathbf{a}(t_0+h) = \mathbf{r}_a(t_0+h) + \mathbf{s}_1(t_0+h)$ und $\mathbf{b}(t_0+h) = \mathbf{r}_b(t_0+h) + \mathbf{s}_2(t_0+h)$.

Wenn der Abstand $\mathbf{d} \cdot \mathbf{n}$ der Kontaktpunkte negativ ist, dann durchdringen sich die beiden zugehörigen Körper und der negative Abstand gibt die Eindringtiefe an. Um eine Durchdringung zum Zeitpunkt $t_0 + h$ zu korrigieren, wird für den Zeitpunkt t_0 ein Impuls in Richtung der Kontaktnormalen berechnet. Dieser Impuls muss die Geschwindigkeiten der beiden Punkte so verändern, dass sie zum Zeitpunkt $t_0 + h$ den Abstand Null haben. Analog zur Simulation der Basisgelenke wird für die Berechnung des Impulses zunächst die nötige Geschwindigkeitsänderung durch die Vorschau der Eindringtiefe approximiert:

$$\triangle \mathbf{u}_{rel,n} = -\frac{1}{h} \left(\mathbf{d}(t_0 + h)\, \mathbf{n}(t_0 + h) \right) \cdot \mathbf{n}(t_0).$$

Für den Fall, dass sich die beiden Kontaktpunkte relativ zueinander auf einer linearen Bahn bewegen, handelt es sich sogar um die exakte Geschwindigkeitsänderung, die bei der Behandlung des Kontakts benötigt wird. Der Impuls, der diese Geschwindigkeitsänderung in Richtung der Kontaktnormalen bewirkt, wird mit Hilfe von Gleichung 3.16 bestimmt. Da die Geschwindigkeitsänderung $\triangle \mathbf{u}_{rel,n}$ bei einem bleibenden Kontakt im Allgemeinen nur eine Approximation ist, muss der gesuchte Impuls iterativ berechnet werden. Der Iterationsprozess endet, wenn

$$|\mathbf{d}(t_0 + h)\, \mathbf{n}(t_0 + h)| \le \varepsilon_d \qquad (3.19)$$

für den Toleranzwert ε_d der Kontaktbehandlung gilt. Bei mehreren permanenten Kontakten zu einem Zeitpunkt wird der Iterationsprozess auf alle Kontakte ausgeweitet. Das bedeutet, dass in einem Iterationsschritt für jeden Kontakt, für den die Bedingung 3.19 nicht erfüllt ist, genau ein Impuls mit Gleichung 3.16 berechnet und angewendet wird. Die Iterationsschleife endet, wenn alle Kontakte die Abbruchbedingung 3.19 erfüllen. Dadurch werden auch die Abhängigkeiten zwischen den verschiedenen Kontakten aufgelöst. Wenn Körper mit einem bleibenden Kontakt durch Gelenke mit anderen Körpern verbunden sind, müssen die Impulse der Kontaktbehandlung bei der Bestimmung der Gelenkimpulse berücksichtigt werden und umgekehrt. Diese Abhängigkeit wird aufgelöst, indem die Positionsbedingungen der Gelenke parallel zu den bleibenden Kontakten im gleichen iterativen Prozess berechnet werden.

Für einen bleibenden Kontakt muss, wie auch bei einer Kollision, die Bedingung gelten, dass der Gesamtimpuls in Richtung der Kontaktnormalen die Körper voneinander abstößt. Daher muss für einen Impuls $\mathbf{p}_n$, der während der iterativen Kontaktbehandlung für einen permanenten

Kontakt bestimmt wird, die Bedingung 3.17 erfüllt sein. Wenn dies nicht der Fall ist, dann wird mit Hilfe von Gleichung 3.18 ein neuer Impuls berechnet, so dass die Bedingung erfüllt ist. Durch diese Vorgehensweise wird verhindert, dass zwei Körper aufeinander kleben bleiben und sich nicht mehr lösen können. Dies muss auch bei der Abbruchbedingung des iterativen Prozesses berücksichtigt werden. Daher endet der Prozess genau dann, wenn für jeden Kontakt entweder die Bedingung 3.19 erfüllt ist oder der Gesamtimpuls Null wird und die zugehörigen Kontaktpunkte einen positiven Abstand in Normalenrichtung haben.

3.4.2.3. Reibung

Bei der Auflösung einer Kollision oder der Behandlung eines bleibenden Kontakts muss die Reibung, die zwischen den Körpern auftritt, ebenfalls simuliert werden. Die Simulation von Reibung basiert in dieser Arbeit auf dem Reibungsgesetz von Coulomb. Das Gesetz beschreibt den Zusammenhang zwischen den Kräften in Normalenrichtung $\mathbf{F}_n$ und den Reibungskräften in Tangentialrichtung $\mathbf{F}_t$, die bei einer Kollision oder einem permanenten Kontakt wirken:

$$|\mathbf{u}_{rel,t}| \neq 0 \quad \Rightarrow \quad \mathbf{F}_t = -\mu_d \cdot |\mathbf{F}_n| \cdot \frac{\mathbf{u}_{rel,t}}{|\mathbf{u}_{rel,t}|}$$
$$|\mathbf{u}_{rel,t}| = 0 \quad \Rightarrow \quad |\mathbf{F}_t| \leq \mu_s \cdot |\mathbf{F}_n|.$$

Dabei bezeichnet $\mathbf{u}_{rel,t}$ die relative Geschwindigkeit der beiden Kontaktpunkte in der Tangentialebene, die senkrecht zur Kontaktnormale steht. Diese Geschwindigkeit berechnet sich wie folgt:

$$\mathbf{u}_{rel,t} = \mathbf{u}_{rel} - \mathbf{u}_{rel,n}.$$

Die Werte μ_d und μ_s geben die Reibungskoeffizienten für dynamische und statische Reibung an. Durch diese Koeffizienten werden die Eigenschaften der Oberfläche eines Körpers beschrieben. Das Reibungsgesetz von Coulomb sagt folgendes aus. Wenn zwei Körper Kontakt haben und sich die zugehörigen Kontaktpunkte in der Tangentialebene relativ zueinander bewegen, dann tritt dynamische Reibung auf. Dynamische Reibung wirkt entgegen der Bewegungsrichtung der Kontaktpunkte. Ihre Stärke hängt von dem Reibungskoeffizienten μ_d ab und von der Kraft in Normalenrichtung, die benötigt wird, um eine Durchdringung der Körper zu verhindern. Wenn die Bedingung $|\mathbf{u}_{rel,t}| = 0$ erfüllt ist, muss überprüft werden, ob die Tangentialkraft im Reibungskegel für statische Reibung liegt. Dafür muss die Bedingung $|\mathbf{F}_t| \leq \mu_s \cdot |\mathbf{F}_n|$ erfüllt sein. Solange diese Bedingung erfüllt ist, tritt statische Reibung auf und die relative Tangentialgeschwindigkeit der beiden Kontaktpunkte muss Null bleiben. Ist die Bedingung nicht mehr erfüllt, dann ist die statische Reibung nicht mehr stark genug, um eine Tangentialbewegung der Punkte zu verhindern. In diesem Fall fangen die Körper an zu rutschen und die dynamische Reibung löst die statische ab.

Bei der impulsbasierten Simulation wird die Reibung mit Hilfe von Impulsen simuliert. Im Allgemeinen beeinflussen diese Reibungsimpulse die Impulse in Richtung der Kontaktnormalen, die für die Behandlung von Kollisionen und bleibenden Kontakten bestimmt werden. Daher werden die Reibungsimpulse und die Impulse in Normalenrichtung im gleichen iterativen Prozess berechnet. Dadurch werden die Abhängigkeiten zwischen den Impulsen berücksichtigt.

Damit im Folgenden nicht mehr zwischen Kollisionen und bleibenden Kontakten unterschieden werden muss, wird folgendes festgelegt. Wenn zwei Körper einen bleibenden Kontakt mit den Kontaktpunkten $\mathbf{a}$ und $\mathbf{b}$ haben, wird die relative Tangentialgeschwindigkeit der Punkte, die für die Berechnung der Reibung benötigt wird, wie folgt bestimmt:

$$\mathbf{u}_{rel,t} = \frac{1}{h}\,\mathbf{d}_t(t_0 + h).$$

Analog zu den Positionsbedingungen der Gelenke beschreibt dabei der Vektor $\mathbf{d}_t(t_0 + h)$ die Vorschau der Distanz der beiden Kontaktpunkte in Tangentialrichtung. Dieser Distanzvektor berechnet sich wie folgt:

$$\mathbf{d}_t(t_0 + h) = \mathbf{d}(t_0 + h) - \mathbf{d}(t_0 + h)\,\mathbf{n}(t_0 + h).$$

Durch die Vorschau wird garantiert, dass die beiden Kontaktpunkte bei statischer Reibung nur innerhalb des vorgegebenen Toleranzwertes voneinander abweichen können.

Im i-ten Iterationsschritt wird zunächst überprüft, ob statische Reibung auftritt. Analog zum Reibungsgesetz von Coulomb muss dafür $|\mathbf{u}_{rel,t}| = 0$ gelten und die folgende Bedingung erfüllt sein:

$$|\mathbf{p}_t| \leq \mu_s |\mathbf{p}_n|. \tag{3.20}$$

Dabei ist $\mathbf{p}_t = \sum_{j=1}^{i} \mathbf{p}_{t,i}$ die Summe aller bisher berechneten Impulse in Tangentialrichtung und $\mathbf{p}_n = \sum_{j=1}^{i} \mathbf{p}_{n,i}$ die Summe aller Impulse in Richtung der Kontaktnormalen. Wenn die Bedingung für statische Reibung nicht erfüllt ist, tritt dynamische Reibung auf. In diesem Fall wird analog zum Reibungsgesetz von Coulomb ein Impuls mit der folgenden Gleichung bestimmt:

$$\mathbf{p}'_{t,i} = -\mu_d \left(\mathbf{p}_{n,i} \cdot \mathbf{n} \right) \mathbf{t},$$

wobei $\mathbf{t} = \mathbf{u}_{rel,t} / |\mathbf{u}_{rel,t}|$ die Tangentialrichtung ist. Der Impuls $\mathbf{p}'_{t,i}$ beschreibt die dynamische Reibung, die durch den Impuls $\mathbf{p}_{n,i}$ der i-ten Iteration verursacht wird. Im Gegensatz zum Reibungsgesetz von Coulomb wird hier nicht der Betrag des Normalenimpulses verwendet, sondern das Produkt des Impulses mit der Kontaktnormalen. Dadurch geht das Vorzeichen des Normalenimpulses mit in die Berechnung ein. Aufgrund der iterativen Vorgehensweise kann ein Impuls $\mathbf{p}_{n,i}$ in die Gegenrichtung der Kontaktnormalen wirken. Daher muss der Gesamtimpuls für die Reibung $\mathbf{p}_t$ entsprechend kleiner werden. Dies wird durch die Berücksichtigung des Vorzeichens realisiert.

Der Reibungsimpuls $\mathbf{p}_t$ darf die relative Tangentialgeschwindigkeit der Kontaktpunkte auf Null reduzieren, aber diese nicht in entgegengesetzte Richtungen beschleunigen. Der maximal zulässige Impuls, der für die aktuelle Tangentialgeschwindigkeit $\mathbf{u}_{rel,t}$ in einem Iterationsschritt wirken kann, wird daher wie folgt berechnet:

$$\mathbf{p}_{t,max} = -\frac{1}{\mathbf{t}^T \mathbf{K} \mathbf{t}} \, \mathbf{u}_{rel,t}. \tag{3.21}$$

Wenn man den maximal zulässigen Impuls bei der Berechnung der dynamischen Reibung berücksichtigt, wird der Reibungsimpuls $\mathbf{p}_{t,i}$ der i-ten Iteration durch die folgende Fallunterscheidung bestimmt:

$$\mathbf{p}_{t,i} = \begin{cases} \mathbf{p}'_{t,i} & \text{falls } \mathbf{t} \cdot \mathbf{p}_{t,max} < \mathbf{t} \cdot \mathbf{p}'_{t,i} \\ \mathbf{p}_{t,max} & \text{sonst.} \end{cases}$$

Wird $\mathbf{p}_{t,max}$ auf die Kontaktpunkte angewendet, dann wird ihre relative Geschwindigkeit in Tangentialrichtung Null. Im nächsten Iterationsschritt muss daher überprüft werden, ob die Bedingung 3.20 für statische Reibung erfüllt ist. Ist dies der Fall, tritt statische Reibung auf. Solange die Bedingung 3.20 erfüllt bleibt, müssen die Reibungsimpulse dafür sorgen, dass $|\mathbf{u}_{rel,t}| = 0$ gilt. Daher wird in jedem der folgenden Iterationsschritte ein Reibungsimpuls mit Gleichung 3.21 bestimmt. Dieser Impuls eliminiert die relative Tangentialgeschwindigkeit der Kontaktpunkte. Wenn die Bedingung für statische Reibung nicht mehr erfüllt ist, fangen die Körper an zu rutschen und es müssen wieder Impulse für die dynamische Reibung berechnet werden.

Für alle Kollisionen und bleibende Kontakte, bei denen statische Reibung
auftritt, muss garantiert werden, dass sich die Kontaktpunkte am Ende des
iterativen Prozesses nicht relativ zueinander in Tangentialrichtung bewegen.
Daher muss dies in der Abbruchbedingung für die Iterationsschleife mit
berücksichtigt werden. Der Prozess kann nur dann enden, wenn für alle
Kontakte mit statischer Reibung die Bedingung $|\mathbf{u}_{rel,t}| = 0$ innerhalb einer
vorgegebenen Toleranz erfüllt ist.

3.5. Optimierung

In diesem Abschnitt sollen zwei Möglichkeiten zur Optimierung der vorgestellten Verfahren präsentiert werden. Zunächst wird gezeigt, wie die
Stabilität der impulsbasierten Methode erhöht werden kann. Dadurch
können auch Situationen stabil simuliert werden, in denen extreme Kräfte
wirken. Außerdem können die iterativen Prozesse in der Simulation durch
das Ausnutzen der zeitlichen Kohärenz beschleunigt werden.

3.5.1. Erhöhung der Stabilität

Die Simulation eines Modells kann schneller durchgeführt werden, wenn
eine größere Zeitschrittweite verwendet wird. Allerdings bedeutet dies, dass
die benötigten internen Kräfte bzw. Impulse für die Gelenke auch größer
werden. Dies wirkt sich wiederum direkt auf die Stabilität des Verfahrens
aus. Simuliert man zum Beispiel eine Kette und zieht an beiden Enden,
dann treten in dem Moment, wo die Kette vollständig ausgestreckt ist,
sehr große Kräfte auf.

Eine solche Situation kann zu Stabilitätsproblemen führen, wenn eine
zu große Zeitschrittweite verwendet wird. Durch die Verwendung einer
adaptiven Zeitschrittweite kann dieses Problem gelöst werden. Dabei wird
die Schrittweite automatisch reduziert, wenn die benötigten Impulse zu
groß werden.

Eine weitere Möglichkeit, die Stabilität der Simulation zu erhöhen, ist eine
Begrenzung des Korrekturimpulses für jedes Gelenk. Die Impulse bzw.
Drehimpulse, die für die Auflösung der Zwangsbedingungen berechnet werden, werden für einen Simulationsschritt aufsummiert. Überschreitet der
Betrag des resultierenden Gesamtimpulses einen vorgegebenen Grenzwert
für dessen Stärke, dann wird der Impuls des aktuellen Iterationsschrittes
verkleinert, so dass der Gesamtimpuls die maximale Stärke hat. Diese Be-

grenzung verhindert, dass die Simulation in Ausnahmesituationen, in denen extrem große Kräfte wirken, instabil wird. Da in einer solchen Situation nicht der gesamte Korrekturimpuls für eine Zwangsbedingung angewendet wird, kann sie im Allgemeinen in diesem Simulationsschritt nicht innerhalb der vorgegebenen Toleranz erfüllt werden. Im nächsten Schritt, wenn die kritische Situation vorbei ist, wird die Zwangsbedingung dann wieder wie vorgegeben erfüllt. Dadurch ergibt sich zwar eine temporäre Ungenauigkeit in der Simulation, diese tritt aber nur in den beschriebenen Ausnahmesituationen auf und ermöglicht eine stabile Simulation ohne eine Reduktion der Zeitschrittweite. Das bedeutet, dass die Simulation auch in diesen Situationen mit der gleichen Geschwindigkeit fortgeführt werden kann. Diese Eigenschaft ist besonders für Anwendungen der virtuellen Realität und in Computerspielen von großem Interesse. In diesen Anwendungen kann eine Benutzerinteraktion zu den beschriebenen Ausnahmesituationen führen. Allerdings darf sich dabei die Geschwindigkeit der Simulation nicht reduzieren, da es sich um Echtzeitanwendungen handelt.

Die Begrenzung des Gesamtimpulses erhöht die Stabilität so sehr, dass sogar völlig zerstörte Mehrkörpersysteme wieder zusammengesetzt werden können. Dies kann z. B. beim Modellieren ausgenutzt werden. Man muss an zwei Körpern nur jeweils einen Gelenkpunkt definieren und die Simulation sorgt dafür, dass die Körper an den gewünschten Punkten zusammengesetzt werden.

3.5.2. Ausnutzen der zeitlichen Kohärenz

Das iterative Verfahren lässt sich beschleunigen, indem man die zeitliche Kohärenz des Systems ausnutzt. Die Zeitschrittweite eines Simulationsschrittes ist im Allgemeinen ein sehr kurzer Zeitraum. In dieser kurzen Zeit verändert sich das simulierte Mehrkörpersystem nur geringfügig. Daher unterscheiden sich auch die Korrekturimpulse des nächsten Simulationsschrittes nur wenig von den aktuellen. Diese Kohärenz kann wie folgt ausgenutzt werden. Alle Korrekturimpulse, die in einem Simulationsschritt während des Iterationsprozesses für eine Bedingung berechnet werden, werden aufsummiert und das Resultat wird für die Bedingung gespeichert. Anstatt im nächsten Simulationsschritt alle Impulse komplett neu zu bestimmen, wird im ersten Iterationsschritt für jedes Gelenk der gespeicherte Korrekturimpuls angewendet. Aufgrund der zeitlichen Kohärenz handelt es sich dabei um eine gute Approximation des gesuchten Impulses. Die folgenden Iterationsschritte werden wie gehabt durchgeführt. Durch die

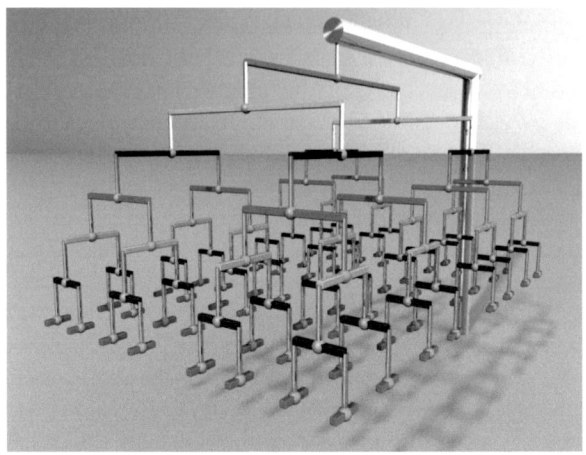

Abbildung 3.13.: Baum-Modell mit 127 Kugelgelenken, die 128 Körper miteinander verbinden

Approximation werden jedoch im Allgemeinen deutlich weniger Schritte benötigt, um eine Lösung zu finden. Dadurch kann die Simulation schneller durchgeführt werden.

3.6. Ergebnisse

In diesem Abschnitt werden die drei vorgestellten Verfahren für die Simulation von Gelenken miteinander verglichen. Außerdem werden Ergebnisse für das Verfahren zur Behandlung von Kollisionen und bleibenden Kontakten mit Reibung diskutiert. Im Folgenden werden zunächst Messwerte für die verschiedenen Verfahren präsentiert. Anschließend folgt ein ausführlicher Vergleich der Eigenschaften dieser Verfahren.

3.6.1. Messungen

Baummodell Die ersten Messungen werden mit einem Baummodell (siehe Abbildung 3.13) durchgeführt. Ein ähnliches Modell wurde von David Baraff in seiner Veröffentlichung über das $O(n)$-Verfahren mit Lagrange-Multiplikatoren verwendet. Anhand dieses Modells sollen die impulsbasierten Verfahren und die Verfahren mit Lagrange-Multiplikatoren miteinander verglichen werden. Dafür wurde die Standardmethode für Lagrange-Multiplikatoren implementiert. Das lineare Gleichungssystem für die Multiplikatoren wird dabei mit Hilfe einer **LU**-Zerlegung gelöst. Außerdem wurde das optimierte Verfahren von David Baraff mit linearem Zeit- und Speicheraufwand für den Vergleich implementiert.

Das Baummodell für die Messungen ist wie folgt aufgebaut. Die Körper im Modell sind mit Hilfe von Kugelgelenken miteinander verbunden. Diese definieren jeweils eine dreidimensionale Positions- und Geschwindigkeitsbedingung. Die Länge der Körper variiert mit der Tiefe im Baum und wird nach der folgenden Formel berechnet:

$$ l = 1{,}5^{(\text{Maximale Tiefe}-\text{Aktuelle Tiefe})} \cdot 0{,}1\,\text{m}. $$

Die Körper im Baum mit 127 Gelenken haben damit eine Länge zwischen 10 cm und 1,14 m. Die Höhe und Breite der Körper beträgt jeweils 4 cm. Außerdem wird davon ausgegangen, dass die Körper eine konstante Dichte von $\rho = 600\,\frac{\text{kg}}{\text{m}^3}$ haben. Dadurch haben die Massen der Körper im Baummodell der Abbildung Werte zwischen 9,6 g und 1094,4 g.

Alle Messungen werden auf einem PC mit 3.4 GHz Intel Pentium 4 Prozessor und 2 GB Hauptspeicher durchgeführt. Für die numerische Integration während der Simulation wird ein Runge-Kutta-Verfahren vierter Ordnung eingesetzt. Dieses ermöglicht eine Integration mit einem maximalen Fehler der Ordnung $O(h^5)$, wobei h die Zeitschrittweite der Simulation ist. Die Zeitschrittweite wird auf $h = \frac{1}{30}$ s gesetzt, um eine Bildwiederholrate von 30 Bildern pro Sekunde zu erhalten. Mit dieser Bildwiederholrate nimmt das menschliche Auge eine flüssige Bewegung wahr. Für eine repräsentative Messung muss das Baummodell in Bewegung gesetzt werden. Dafür wirkt im ersten Simulationsschritt ein Drehmoment von $\tau_{\text{ext}} = 10\,\text{Nm}$ auf den obersten Körper. Die Rotation überträgt sich anschließend auf seine Kinder, bis der gesamte Baum rotiert.

Abbildung 3.14 zeigt die durchschnittliche Rechenzeit je Simulationsschritt, die für die verschiedenen Verfahren gemessen wurde. Für die Messungen wurden Baummodelle mit verschiedenen Größen verwendet. Das kleinste Modell hatte 32 Körper und 31 Kugelgelenke und das größte 256 Körper und 255 Kugelgelenke.

Die Standardmethode für Lagrange-Multiplikatoren (in der Abbildung mit LM bezeichnet) war bei den Messungen das langsamste Verfahren. Dies liegt daran, dass die **LU**-Zerlegung für die Bestimmung der Multiplikatoren den hohen Aufwand von $O(n^3)$ hat. Beim kleinsten Baummodell wurde mit diesem Verfahren eine durchschnittliche Rechenzeit von 212,12 ms für

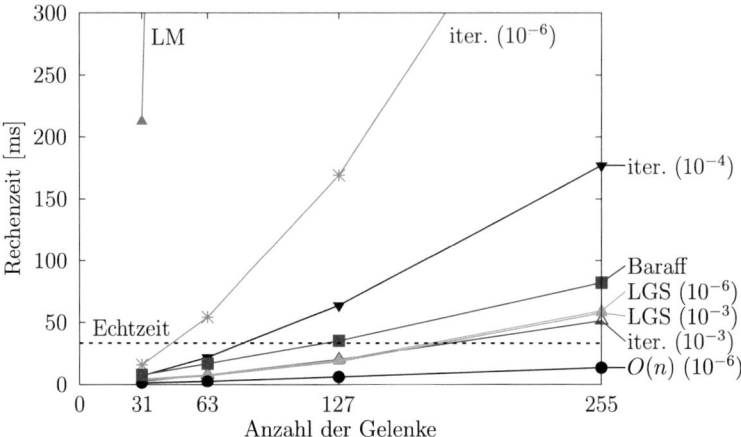

Abbildung 3.14.: Durchschnittliche Rechenzeit für einen Simulationsschritt. Es wurden Baum-Modelle unterschiedlicher Größen mit verschiedenen Verfahren simuliert.

jeden Simulationsschritt benötigt. Das ist mehr als sechsmal langsamer als Echtzeit. Die Methode von David Baraff (in der Abbildung mit *Baraff* bezeichnet) schneidet deutlich besser ab, da hier die Multiplikatoren mit einem linearem Zeitaufwand berechnet werden. Das Modell mit 63 Kugelgelenken konnte mit dieser Methode schneller als Echtzeit simuliert werden und das nächstgrößere Modell mit 127 Gelenken war mit einer durchschnittlichen Rechenzeit von 35,29 ms nur sehr wenig langsamer als Echtzeit.

Bei den impulsbasierten Verfahren wurde zunächst die iterative Methode (in der Abbildung mit *iter.* bezeichnet) simuliert. Da hier die Laufzeit stark von den verwendeten Toleranzwerten abhängt, wurde die Simulation mit verschiedenen Werten durchgeführt. Die verwendeten Toleranzwerte sind in der Abbildung in Klammern angegeben. Die angegebenen Werte wurden dabei jeweils als maximal zulässiger Abstand ε_d in Metern für die Positionsbedingungen verwendet und für die Geschwindigkeitsbedingungen als maximal zulässige Differenzgeschwindigkeit ε_v in Metern pro Sekunde. Das iterative Verfahren konvergiert bei komplexen Modellen für die sehr kleinen Toleranzwerte von $\varepsilon_d = 10^{-6}$ m und $\varepsilon_v = 10^{-6} \frac{m}{s}$ sehr langsam. Daher ist dieses Verfahren für eine genaue Simulation von Modellen mit vielen Zwangsbedingungen nicht geeignet. Für das Modell mit 63 Gelenken wurde schon eine Rechenzeit von 54,25 ms benötigt. Werden die größeren Toleranzwerte von 10^{-4} oder 10^{-3} verwendet, dann wird das Verfahren deutlich schneller. Mit dem größten Toleranzwert ist das Verfahren für alle Modelle schneller als das optimierte Verfahren mit Lagrange-Multiplikatoren von David Baraff. In diesem Fall kann sogar das Modell mit 127 Gelenken mit einer durchschnittlichen Rechenzeit von 20,35 ms simuliert werden und ist damit schneller als Echtzeit.

Die Simulation mit dem LGS-Verfahren (in der Abbildung mit *LGS* bezeichnet) wurde ebenfalls mit verschiedenen Toleranzwerten durchgeführt. An den Ergebnissen lässt sich erkennen, dass sich bei diesem Verfahren die Toleranzen fast gar nicht auf die Geschwindigkeit der Simulation auswirken. Dies hat verschiedene Gründe. Zum einen werden die Impulse für die Geschwindigkeitsbedingungen bei diesem Verfahren nicht iterativ bestimmt, sondern können exakt berechnet werden. Daher wird hier keine Toleranz verwendet. Zum anderen sind auch für die Positionsbedingungen nur noch sehr wenige Iterationsschritte notwendig, da alle Abhängigkeiten in der Gelenkstruktur im linearen Gleichungssystem berücksichtigt werden und dadurch schon in der ersten Iteration eine hohe Genauigkeit erreicht wird. Außerdem ist der Zeitaufwand für die Faktorisierung der Matrix deutlich höher als für die anschließende Lösung des Gleichungssystems. Bei einer Messung mit dem Baummodell mit 127 Gelenken wurde festgestellt, dass über 90 Prozent der Rechenzeit für die Faktorisierung benötigt wurde. Die Faktorisierung der Matrix muss allerdings nur einmal je Simulationsschritt durchgeführt werden. Dagegen wird das System in jedem Iterationsschritt einmal mit Hilfe der Faktorisierung gelöst. Dies wirkt sich nur geringfügig auf die Rechenzeit aus, da nur wenige Iterationsschritte nötig sind. Mit dem LGS-Verfahren können auch komplexe Modelle mit hoher Genauigkeit in Echtzeit simuliert werden. Bei den Messungen konnte das Verfahren bei einem sehr kleinen Toleranzwert von $\varepsilon_d = 10^{-6}$ m das Baummodell mit 127 Gelenken deutlich schneller als Echtzeit simulieren. Für einen Simulationsschritt wurden durchschnittlich 19,66 ms gerechnet. Das größte Modell benötigte eine Rechenzeit von 59,48 ms. Bei dem größeren Toleranzwert von $\varepsilon_d = 10^{-3}$ m war die Rechenzeit für das gleiche Modell 57,72 ms. Anhand dieses Messwertes kann man erkennen, dass die Änderung des Toleranzwertes bei diesem Verfahren kaum Auswirkungen auf die Rechenzeit hat. Insgesamt war das LGS-Verfahren im Versuch schneller als die schnellste Methode mit Lagrange-Multiplikatoren.

Das $O(n)$-Verfahren (in der Abbildung mit $O(n)$ bezeichnet) ist das schnellste impulsbasierte Verfahren und auch das schnellste Verfahren im Vergleich. Da dieses Verfahren eine Optimierung des LGS-Verfahrens

Abbildung 3.15.: Das Modell einer Kette mit 25 Kugelgelenken

darstellt, hat es die gleichen Eigenschaften bezüglich der Toleranzwerte. Daher wurde hier nur eine Messung mit sehr hoher Genauigkeit durchgeführt. Dafür wurde der Toleranzwert $\varepsilon_d = 10^{-6}$ m verwendet. Das $O(n)$-Verfahren benötigte bei den Messungen für das größte Baummodell mit 255 Kugelgelenken eine durchschnittliche Rechenzeit von 13,7 ms pro Simulationsschritt. Damit war das Verfahren fast dreimal schneller als Echtzeit und ungefähr sechsmal schneller als die Lagrange-Multiplikatoren Methode von David Baraff mit dem optimalen Aufwand.

Kette Für weitere Messungen mit den impulsbasierten Verfahren wird das Modell einer Kette verwendet (siehe Abbildung 3.15). Die Messungen mit diesem Modell werden auf einem PC mit 2.4 GHz Intel Core 2 Quad Prozessor und 2 GB Hauptspeicher durchgeführt. Die simulierte Kette besteht aus Starrkörpern, die an ihren Enden durch Kugelgelenke miteinander verbunden sind. Die Starrkörper haben jeweils eine Masse von 1 kg und sind 1 m lang, 0,1 m breit und 0,1 m tief. Die Kette ist am ersten Körper fest aufgehängt. Für jedes Verfahren werden 60 Simulationen durchgeführt, wobei mit jeder Simulation die Länge der Kette um ein Glied wächst. Das erste Modell beinhaltet ein Kugelgelenk und das letzte 60 Gelenke. Die Zeitschrittweite der Simulation wird auf 0,01 s gesetzt. Außerdem werden die Toleranzwerte $\varepsilon_d = 10^{-6}$ m und $\varepsilon_v = 10^{-3}$ m für die Positions- bzw. die Geschwindigkeitsbedingungen verwendet.

Am Anfang jeder Simulation befindet sich die Kette parallel zum Boden. Dann schwingt sie nach unten. Außerdem werden die Anfangsgeschwindigkeiten der Körper auf unterschiedliche Werte gesetzt, um eine gleichmäßige Bewegung der Kette zu verhindern. Dadurch können die Messungen unter realistischen Bedingungen durchgeführt werden. Jede Simulation läuft fünf Sekunden lang. Anschließend wird die durchschnittliche Rechenzeit für einen Simulationsschritt bestimmt.

Die Messungen werden zunächst mit dem iterativen Verfahren durchgeführt. Abbildung 3.16 zeigt die benötigten Zeiten für die simulierten Modelle. Die Werte des iterativen Verfahrens zeigen, dass die durchschnittliche

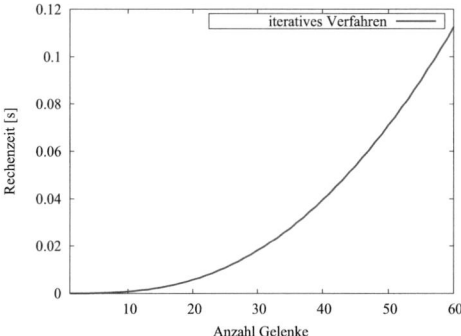

Abbildung 3.16.: Durchschnittliche Rechenzeiten pro Simulationsschritt mit dem iterativen Verfahren. Es wurden Ketten mit bis zu 60 Gelenken simuliert.

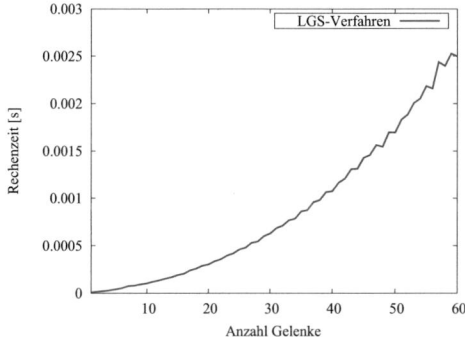

Abbildung 3.17.: Durchschnittliche Rechenzeiten pro Simulationsschritt mit dem LGS-Verfahren. Es wurden Ketten mit bis zu 60 Gelenken simuliert.

Rechenzeit sehr schnell ansteigt, wenn das Modell komplexer wird. Das Modell mit 25 Kugelgelenken ist das letzte, das noch in Echtzeit simuliert werden kann. Für Modelle mit mehr Zwangsbedingungen müssen größere Toleranzwerte verwendet werden, um eine echtzeitfähige Simulation zu ermöglichen.

Das LGS-Verfahren ist deutlich schneller als die iterative Methode. Dies zeigen die Messwerte in Abbildung 3.17. Für die Faktorisierung und Lösung des Gleichungssystems wurde die Bibliothek LAPACK [ABD$^+$90] verwendet. Der Toleranzwert ε_v wird bei dem LGS-Verfahren nicht benötigt, da dieses Verfahren immer eine exakte Lösung für die Geschwindigkeitsbe-

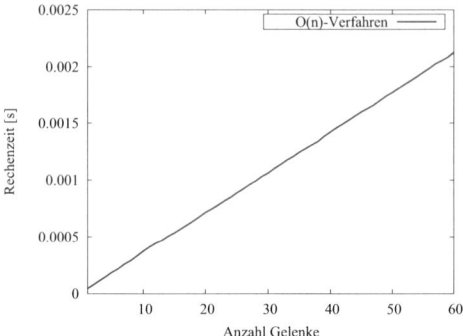

Abbildung 3.18.: Durchschnittliche Rechenzeiten pro Simulationsschritt mit dem $O(n)$-Verfahren. Es wurden Ketten mit bis zu 60 Gelenken simuliert.

dingungen liefert. Die zeitaufwendige Faktorisierung der Matrix muss nur einmal pro Simulationsschritt durchgeführt werden, da die Matrix für einen Zeitpunkt t konstant ist. Da das Verfahren außerdem alle Abhängigkeiten zwischen den Gelenken im Modell berücksichtigt, kann eine genaue Simulation komplexer Modelle sehr schnell durchgeführt werden. Anhand der Kurve kann man erkennen, dass auch die durchschnittliche Rechenzeit nicht so schnell ansteigt, wie beim iterativen Verfahren. Das größte Modell mit 60 Gelenken kann ungefähr viermal schneller als Echtzeit simuliert werden.

Abbildung 3.18 zeigt die Messwerte des impulsbasierten Verfahrens mit linearem Zeit- und Speicheraufwand. In der Abbildung kann man deutlich den linearen Anstieg der durchschnittlichen Rechenzeiten erkennen. Bei den einfachen Ketten mit wenigen Gelenken sind die anderen beiden Verfahren schneller als das $O(n)$-Verfahren. Allerdings steigt die Rechenzeit bei diesem Verfahren nur linear an und daher ist es am besten geeignet für die Simulation komplexer Modelle. Die Kette mit 60 Gelenken kann mit dem $O(n)$-Verfahren ca. fünfmal schneller als Echtzeit simuliert werden.

Kollisionen und bleibende Kontakte　　Mit den letzten Messungen in diesem Abschnitt soll das vorgestellte Verfahren zur Behandlung von Kollisionen und bleibenden Kontakten mit Reibung mit bekannten Ansätzen verglichen werden. Dafür werden zwei verschiedene Modelle auf einem PC mit 2.4 GHz Intel Core 2 Quad Prozessor und 2 GB Hauptspeicher simuliert.

Abbildung 3.19.: 1000 Würfel fallen durch einen Trichter in einen Behälter

In der ersten Simulation fallen 1000 Würfel durch einen Trichter in einen Behälter (siehe Abbildung 3.19). Ein äquivalentes Modell wurde 2004 von Harald Schmidl und Victor J. Milenkovic in [SM04] vorgestellt. Diese Arbeit beschreibt ein analytisches Verfahren für die Behandlung von Kollisionen und Kontakten mit Reibung. Bei dem Verfahren werden Optimierungsmethoden eingesetzt, um Impulse für die Auflösung von Kontaktsituationen zu berechnen. Die Ergebnisse in [SM04] zeigen, dass die Simulation des Trichter-Modells mit diesem Verfahren ca. 10 Tage auf einem Pentium III PC mit 450 MHz benötigen würde. Durch einen Trick konnte die Laufzeit deutlich verbessert werden. Körper, die sich gar nicht oder nur wenig bewegen, werden so lange „eingefroren", bis sie von einem anderen Körper wieder angestoßen werden. In dem eingefrorenen Zustand werden sie bei der Kollisionsbehandlung nicht mehr berücksichtigt, wodurch Rechenzeit eingespart wird. Das Einfrieren von Körpern beschleunigt die Simulation deutlich, allerdings geht dabei Genauigkeit verloren. Durch das Einfrieren konnte die Simulation des Modells in 9,5 Stunden durchgeführt werden.

Die Würfel im Modell aus Abbildung 3.19 haben eine Kantenlänge von 10 cm. Dieses Modell wurde mit dem vorgestellten Verfahren aus Abschnitt 3.4 simuliert. Um genaue Ergebnisse zu erzielen, wurden die folgenden Parameter verwendet. Die Zeitschrittweite wurde auf einen Wert von $h = 5\,$ms gesetzt, der maximale Toleranzabstand der bleibenden Kontakte war $\varepsilon_d = 0{,}0001\,$m und die maximale Geschwindigkeitsdifferenz der Kollisionen $\varepsilon_v = 0{,}001\,\frac{m}{s}$. Mit diesen Parametern dauerte die Simulation ca. 220 Sekunden bis sich kein Würfel mehr bewegte. Durch das Verfahren der Schockfortpflanzung [Gue06, Ben07a] kann die Simulation auf Kosten der Genauigkeit deutlich beschleunigt werden. Mit diesem Verfahren wird die Anzahl der Iterationen reduziert, die benötigt wird, um die Kollisionen und bleibenden Kontakte in einem Stapel von Körpern aufzulösen. Nach einer festgelegten Anzahl von Iterationsschritten wird ein Stapel von unten nach oben eingefroren, um zu verhindern, dass die oberen Körper die unteren in den Boden drücken (siehe auch Abschnitt 3.1.2.1). Das vorgestellte Modell wurde noch einmal mit Schockfortpflanzung simuliert. Nach jeweils zehn Iterationsschritten wurde dabei mit dem Einfrieren der Stapel begonnen. Durch diese Vorgehensweise wurde die Simulation beschleunigt und benötigte nur noch ca. 40 Sekunden.

Die Messungen von Schmidl und Milenkovic können nicht direkt mit denen in dieser Arbeit verglichen werden. Zum einen konnte das Modell aufgrund fehlender Informationen nicht exakt nachgebaut werden und zum anderen wurden die Simulationen auf verschiedenen Rechnern und mit unterschiedlichen Implementierungen durchgeführt. Allerdings war die Anzahl der Kollisionen und bleibenden Kontakte im Verlauf der beiden Simulationen ungefähr gleich groß. Daher kann man den extrem hohen Geschwindigkeitsgewinn des neuen Verfahrens nicht allein auf die kleinen Unterschiede im Modell und die unterschiedlichen Rechner und Implementierungen zurückführen.

Mit dem zweiten Modell wird ein Fahrzeug simuliert, das eine Mauer von Steinen durchbricht (siehe Abbildung 3.20). Das Fahrzeug besteht aus Starrkörpern, die durch verschiedene Gelenke zusammen gehalten werden. An jedem Rad wurden ein Stoßdämpfer, der aus einem Schiebegelenk und einer gedämpften Feder besteht, und ein Motor eingebaut. Außerdem wurde ein Servomotor für die Lenkung verwendet. Die Mauer im Modell besteht aus 252 Steinen. Für die Kollisionsauflösung ist dies ein sehr komplexes Modell, da jeder Stein in der Mauer mit allen seinen benachbarten Steinen mehrere Kontaktpunkte hat. Wenn alle Steine in der Mauer exakt ausgerichtet sind, hat jeder Stein mit jedem benachbarten vier Kontaktpunkte. In der Praxis treten allerdings leichte Ungenauigkeiten auf, wodurch die Steine im Allgemeinen leicht verdreht aufeinander liegen. In diesem Fall haben zwei benachbarte Steine bis zu acht Kontaktpunkte. In einer Simulation wurden bis zu dem Zeitpunkt, an dem das Fahrzeug die Mauer durchbrochen hat, deutlich mehr als 2000 Kontaktpunkte pro Zeitschritt gemessen.

Abbildung 3.20.: Fahrzeug, das durch eine Mauer fährt

Die stabile Simulation von gestapelten Körpern mit vielen Kontaktpunkten ist eine große Herausforderung für die Kollisionsauflösung. Bei dem ursprünglichen impulsbasierten Ansatz zur Kollisionsbehandlung (siehe Abschnitt 3.1.2.1) wird eine Kollision zwischen zwei Körpern in maximal einem Kontaktpunkt aufgelöst. Wenn mehrere Kontakte gleichzeitig existieren, dann werden diese nacheinander behandelt. Diese Vorgehensweise führt zu unerwünschten Vibrationen zwischen den Körpern. Bei einer Simulation mit diesem Ansatz bringen die Vibrationen die Mauer des Modells zum Einsturz bevor das Fahrzeug die Mauer erreicht.

Das Verfahren, das in dieser Arbeit vorgestellt wird, verwendet Zwangsbedingungen für die Behandlung von Kollisionen und bleibenden Kontakten. Solche Bedingungen werden für alle Kontaktpunkte zwischen zwei Körpern definiert. Das bedeutet, dass alle Kollisionen bzw. bleibenden Kontakte zwischen zwei Körpern gleichzeitig aufgelöst werden. Dadurch gibt es bei diesem Verfahren keine Probleme mit Vibrationen. In der Simulation des oben beschriebenen Modells blieb die Mauer bis zur Kollision mit dem Fahrzeug stabil stehen. Außerdem zeigt diese Simulation, dass das Verfahren die Behandlung von Kollisionen und bleibenden Kontakten bei komplexen Modellen mit Gelenken beherrscht.

Zusammenfassend lässt sich sagen, dass die in dieser Arbeit vorgestellte Behandlung von Kollisionen und bleibenden Kontakten auch bei einer genauen Simulation sehr schnell ist. Wenn die Genauigkeit der Ergebnisse nicht so wichtig ist, kann das Verfahren mit Hilfe von Schockfortpflanzung sogar noch weiter beschleunigt werden. Mit diesem Verfahren können komplexe Mehrkörpersysteme mit vielen Kollisionen und bleibenden Kontakten stabil simuliert werden.

3.6.2. Vergleich

Nachdem die Geschwindigkeiten der verschiedenen Verfahren anhand von Messungen verglichen wurden, sollen hier auch die anderen Eigenschaften gegenübergestellt werden.

Mit der impulsbasierten Methode können die holonomen Positionsbedingungen der Gelenke, Geschwindigkeitsbedingungen und Zwangsbedingungen in Form einer Ungleichung simuliert werden. Die letzte Art von Bedingungen wird für die Behandlung von Kollisionen und bleibenden Kontakten eingesetzt. Alle Arten von Bedingungen werden auf die gleiche Weise simuliert. Dadurch ergibt sich eine einheitliche Vorgehensweise für alle Bedingungen, was viele Vorteile hat. Dies ermöglicht z. B. eine einfache Simulation der Wechselwirkungen zwischen Gelenken und Kollisionen bzw. permanenten Kontakten. Außerdem vereinfacht es die Implementierung deutlich. Im Gegensatz zur impulsbasierten Methode unterstützen die vorgestellten Verfahren mit Lagrange-Multiplikatoren keine Zwangsbedingungen in Form einer Ungleichung, da die zugehörigen Multiplikatoren nicht mit einem linearen Gleichungssystem bestimmt werden können. Die Methode der reduzierten Koordinaten basiert auf der Ausnutzung der Eigenschaften von holonomen Bedingungen. Daher werden von diesem Verfahren weder Geschwindigkeitsbedingungen noch Bedingungen in Form einer Ungleichung direkt unterstützt.

Einer der größten Vorteile der impulsbasierten Verfahren ist deren Stabilität. Da die Impulse für die Positionsbedingungen mit Hilfe einer Vorschau bestimmt werden, wird ein zulässiger Zustand aus jeder Situation direkt angesteuert. Daher können auch Modelle, die sich in einem unzulässigen Zustand befinden, wieder korrigiert werden. Dies ist eine sehr wichtige Eigenschaft der impulsbasierten Methode, denn sie ermöglicht die Verwendung von größeren Zeitschrittweiten, ohne dass die Simulation dabei instabil wird. Die Methode der Lagrange-Multiplikatoren hat dagegen ein Stabilitätsproblem, das nur durch ein zusätzliches Stabilisierungsverfahren gelöst werden kann (siehe Abschnitt 3.1.1.2). In [SBP05a, SB05] wird gezeigt, dass die impulsbasierte Methode ein geeignetes Stabilisierungsverfahren für die Lagrange-Multiplikatoren-Methode ist und bessere Ergebnisse liefert als das oft verwendete Verfahren von Joachim Baumgarte [Bau72]. Wenn die Summe der Impulse, die während eines Simulationsschrittes auf die Körper eines Gelenks einwirken, beschränkt ist, kann mit dem impulsbasierten Verfahren sogar ein völlig zerstörtes Modell wieder zusammengesetzt werden. Dies funktioniert, da jeder Impuls den Abstand zwischen den Gelenkpunkten verkleinert (Beweis in [Ben07a]). Die Beschränkung der Impulse wird benötigt, da das Verfahren ansonsten versucht, das Modell in einem einzigen Zeitschritt zusammenzusetzen. Dies würde zu numerischen Problemen führen, wenn zwei zusammengehörige Gelenkpunkte sehr weit auseinander liegen, da in diesem Fall der resultierende Korrekturimpuls sehr groß wird.

In Echtzeitanwendungen muss die Simulation eines Zeitschrittes nach einer vorgegebenen Zeit abgeschlossen sein. Die benötigte Dauer der Berechnungen kann beim iterativen Verfahren allerdings nicht garantiert werden. Wenn z. B. in einem Zeitschritt sehr große Kräfte auftreten, dann kann die Berechnung der Impulse länger benötigen als die vorgegebene Maximaldauer. Durch die Stabilitätseigenschaften der impulsbasierten Methode kann die Berechnung der Impulse jedoch in einem Zeitschritt jederzeit abgebrochen werden. Bei einem vorzeitigen Abbruch werden die vorgegebenen Toleranzwerte zwar nicht erreicht, aber dieser Fehler wird im folgenden Simulationsschritt wieder korrigiert. Dadurch kann die Echtzeitbedingung erfüllt werden, auch wenn temporär große Kräfte auf die Körper einwirken. In Versuchen konnte gezeigt werden, dass die Simulation selbst dann stabil bleibt, wenn für jeden Zeitschritt nur eine einzige Iteration durchgeführt wird.

Eine weitere Möglichkeit zur Steigerung der Geschwindigkeit der impulsbasierten Verfahren besteht in der Vernachlässigung der Geschwindigkeitsbedingungen der Gelenke. Diese sind für eine stabile Simulation nicht essentiell. Allerdings wird durch sie eine höhere Genauigkeit erreicht. Wenn man diese Bedingungen bei der Simulation nicht berücksichtigt, wird die Simulation auf Kosten der Genauigkeit schneller.

Die Methode mit reduzierten Koordinaten ermöglicht sehr genaue Simulationen. Die Genauigkeit hängt hier direkt vom numerischen Fehler des verwendeten Integrationsverfahrens ab. Für das Verfahren mit Lagrange-Multiplikatoren wird ein zusätzliches Stabilisierungsverfahren benötigt, um zu vermeiden, dass die beiden Körper eines Gelenks in Folge numerischer Fehler auseinander driften. Daher hängt die Genauigkeit dieses Verfahrens nicht nur vom numerischen Integrationsverfahren, sondern auch von der Genauigkeit des verwendeten Stabilisierungsverfahrens ab. Bei den impulsbasierten Verfahren werden die Zwangsbedingungen durch die Bestimmung von Korrekturimpulsen aufgelöst. Für die Positionsbedingungen wird dabei ein Toleranzwert verwendet, der definiert, wie groß der Abstand der Gelenkpunkte maximal sein darf. Durch diesen Toleranzwert wird der maximal zulässige Fehler der Bedingungen festgelegt. Die neuen Positionen und Geschwindigkeiten der Körper werden durch Integration bestimmt. Dabei werden nur externe Kräfte berücksichtigt, da die internen Kräfte durch die Impulse simuliert werden. Wenn die externen Kräfte über die Länge eines Zeitschrittes konstant sind, dann können die Gleichungen für die translatorischen Bewegungsparameter sogar exakt gelöst werden. Bei der Bestimmung der neuen Werte der rotatorischen Parameter muss im Allgemeinen ein numerisches Integrationsverfahren eingesetzt werden. Daher hängt die Genauigkeit der impulsbasierten Verfahren von den Toleranzwerten für die Zwangsbedingungen und von dem numerischen Integrationsverfahren ab.

4. Simulation deformierbarer Körper

Dieses Kapitel beschreibt, wie die impulsbasierten Verfahren für die Simulation deformierbarer Körper erweitert werden. Deformierbare Körper haben die Eigenschaft, dass sie während der Simulation ihre Form verändern können. Dadurch haben diese Körper gegenüber Starrkörpern zusätzliche Freiheitsgrade.

Es wird zwischen verschiedenen Arten von deformierbaren Körpern unterschieden. Mit eindimensionalen verformbaren Körpern lassen sich Seile und Haare simulieren. Die zweidimensionalen Körper werden z. B. für die Simulation von Textilien verwendet. Schließlich gibt es noch die dreidimensionalen deformierbaren Körper, die von der Simulation von Gummi bis hin zur Simulation von Organen in medizinischen Anwendungen zum Einsatz kommen. Diese Arbeit konzentriert sich auf die letzten beiden Arten von deformierbaren Körpern. Die Simulation eindimensionaler deformierbarer Körper wird ebenfalls in den folgenden Abschnitten gezeigt. Allerdings ist die Simulation von Haaren inzwischen ein eigenes Forschungsgebiet, bei dem nicht die Simulation deformierbarer Körper im Vordergrund steht. Die physikalische Genauigkeit ist hier nur nebensächlich, solange ein visuell plausibles Ergebnis erzielt wird. Viel wichtiger ist die Geschwindigkeit der Haarsimulation, weshalb oft nur einige Referenzhaare simuliert werden, an denen sich dann ganze Haarsträhnen orientieren (siehe z. B. [SLF08]). Solche Simulationen kommen inzwischen oft in Computeranimationen und Spielen zum Einsatz. Die Simulation von Seilen ist zwar kein großes Anwendungsgebiet für die physikalische Simulation, trotzdem existieren auch hier bereits Forschungsarbeiten, die sich aber hauptsächlich auf spezielle Probleme konzentrieren. Die Arbeit von Jonas Spillmann beschreibt z. B. ein adaptives Kontaktmodell für die Simulation von Knoten [ST08].

Für die Simulation werden verformbare Körper durch ein vereinfachtes Modell angenähert. Dieses Modell besteht aus Partikeln, die durch ein Netz von Zwangsbedingungen verbunden sind. Die Bedingungen müssen dabei so gewählt werden, dass die gewünschten Verformungen nicht eingeschränkt werden. Zusätzliche Zwangsbedingungen ergeben sich, wenn deformierbare Körper durch Gelenke miteinander verbunden werden sollen. Insgesamt entsteht ein Mehrkörpersystem, das mit Hilfe von Impulsen simuliert werden kann.

In diesem Kapitel steht die Simulation mit Partikeln im Vordergrund, da die Modelle der deformierbaren Körper aus Partikeln bestehen. Wenn ein deformierbarer Körper sehr gut durch ein Partikelmodell angenähert werden soll, entsteht ein sehr komplexes Mehrkörpersystem mit sehr vielen Partikeln und Zwangsbedingungen. Allerdings können solche Mehrkörpersysteme schneller simuliert werden als die bereits vorgestellten Systeme mit Starrkörpern, da Partikel wesentlich einfacher zu handhaben sind. Im Folgenden wird gezeigt, dass deformierbare Körper mit der gleichen Vorgehensweise simuliert werden können wie Starrkörpersysteme. Diese einheitliche Vorgehensweise hat verschiedene Vorteile. Die bereits vorgestellten Verfahren für Mehrkörpersysteme können für die Simulation von verformbaren Körpern erweitert werden. Die Verbindung zwischen deformierbaren Körpern und Starrkörpern durch Zwangsbedingungen lässt sich daher sehr einfach umsetzen. Dadurch können die verschiedenen Körperarten durch Gelenke miteinander verbunden werden oder miteinander kollidieren.

Im nächsten Abschnitt werden die wichtigsten verwandten Arbeiten präsentiert. Der darauf folgende Abschnitt stellt einige Grundlagen vor, die für die Simulation von deformierbaren Körpern benötigt werden. Anschließend wird gezeigt, wie das impulsbasierte Verfahren für die Simulation von Textilien erweitert wird. Für die Textilsimulation werden verschiedene Methoden zur Berechnung der benötigten Impulse vorgestellt. Diese Methoden werden am Ende des Abschnitts anhand von Messwerten miteinander verglichen. Im Anschluss wird die Simulation von Weichkörpern mit impulsbasierten Verfahren beschrieben. Durch Zwangsbedingungen wird dabei das Volumen der Weichkörper erhalten. Die Volumenerhaltung ist eine Eigenschaft, die von vielen bereits bekannten Verfahren für die Simulation von Weichkörpern nicht garantiert werden kann.

4.1. Verwandte Arbeiten

4.1.1. Simulation deformierbarer Körper

Ein Masse-Feder-System ist ein sehr einfaches Modell für die Simulation deformierbarer Körper [Mil88, CHP89]. Bei diesem Modell werden Partikel mit Hilfe von Federn bzw. gedämpften Federn verbunden. Dadurch entsteht ein Netz von Partikeln, das den deformierbaren Körper in der Simulation repräsentiert. Zwei verbundene Partikel können dabei frei umeinander rotieren, während die Feder dazu dient, den Abstand der Partikel möglichst beizubehalten. Die Länge der Feder gibt den Abstand vor, der erhalten werden soll. Wenn sich der Abstand zweier verbundener Partikel ändert und dadurch die vorgegebene Distanz nicht erreicht wird, dann wirkt eine Federkraft auf die Partikel, die proportional zum entstandenen Fehler ist. Durch die Federn werden die simulierten Modelle elastisch. Die Simulation mit Masse-Feder-Systemen ist sehr einfach zu implementieren und kann auch parallel durchgeführt werden. Joachim Georgii und Rüdiger Westermann haben dies z. B. auf einem Graphikprozessor umgesetzt [GW05]. Der Nachteil von Masse-Feder-Systemen liegt darin, dass eine maximale Ausdehnung des simulierten Materials nicht garantiert werden kann. Außerdem können Eigenschaften, wie die Volumenerhaltung, nicht realisiert werden.

Das Ziel bei der Simulation eines deformierbaren Körpers ist eine realistische Nachahmung seiner Eigenschaften. Terzopoulos et al. haben in [TPBF87] das erste allgemeine Modell für die physikalische Simulation von zwei- und dreidimensionalen deformierbaren Körpern in der Computergraphik vorgestellt. Seitdem hat sich die Forschung auf dem Gebiet der verformbaren Körper stark weiterentwickelt. In ihrer Arbeit verwenden Terzopoulos et al. Energiefunktionen, um den natürlichen Zustand eines Körpers wiederherzustellen. Die Energie ist nur dann ungleich Null, wenn sich der simulierte Körper verformt hat. Außerdem werden externe Kräfte, die z. B. durch Gravitation oder Kollisionen entstehen, berücksichtigt. Mit Hilfe einer Diskretisierung wird die Bewegung durch ein System von Differentialgleichungen beschrieben. Terzopoulos et al. haben in ihrer Arbeit sowohl direkte Lösungsverfahren als auch Relaxationsverfahren eingesetzt, um die anschließende semi-implizite Integration über die Zeit durchzuführen. Diese Technik ist allerdings nicht für die Simulation komplexer Modelle geeignet.

4.1.2. Simulation von Textilien

Einen Überblick über die Forschung im Bereich der Textilsimulation findet man in den Arbeiten von Donald H. House et al. [HB00], von Robert E. Bridson [Bri03] sowie von Nadia Magnenat-Thalmann und Pascal Volino [MTV05]. Aktuelle Probleme in diesem Forschungsgebiet werden in [CK05] diskutiert. Für die Simulation von Textilien wird meistens ein Netz von Partikeln als Modell verwendet. Durch ein solches Netz wird die kontinuierliche Verformung des simulierten Materials diskretisiert. Ein höher aufgelöstes Netz führt daher zu einer natürlicheren Bewegung. Allerdings kostet dies mehr Rechenzeit.

Die Simulation von Textilien wird bereits seit über 20 Jahren erforscht. 1986 stellte Jerry Weil in [Wei86] Techniken vor, um realistische Bilder von hängenden Textilien zu erzeugen, die an festen Punkten aufgehängt sind. Die ersten Arbeiten in der Computergraphik für eine Simulation von Textilien wurden von Terzopoulos et al. präsentiert [TPBF87, TF88]. Später wurde die Genauigkeit der Textilsimulation verbessert, indem Kollisionen mit einem Körpermodell und mit dem Textilmodell selbst bei der Simulation berücksichtigt wurden [LMTT91, YMT93]. Terzopoulos et al. verwenden in ihrer Arbeit ein semi-implizites Integrationsverfahren. In den folgenden Jahren wurden dagegen meistens explizite Integrationsverfahren verwendet, wie das Euler- oder das Runge-Kutta-Verfahren (siehe z. B. [BHW94, CYTT92]), da diese deutlich schneller sind. Diese Verfahren haben allerdings den Nachteil, dass große Federkonstanten im Modell zu steifen Differentialgleichungen führen können [HES03]. Solche Federkonstanten werden in Masse-Feder-Modellen benötigt, wenn die Eigenschaften von relativ unelastischen Materialien in der Simulation möglichst exakt abgebildet werden sollen. Absolut unelastische verformbare Materialien können mit diesen Modellen nicht simuliert werden, da bei solchen Materialien unendlich große Federkonstanten benötigt würden.

Xavier Provot verwendet in [Pro95] einen iterativen Nachbearbeitungsschritt, um die maximale Ausdehnung eines Masse-Feder-Modells zu beschränken. In diesem Schritt wird die aktuelle Distanz der verbundenen Partikel im Modell betrachtet. Wenn die Distanz zweier Partikel mit einer Verbindung die Länge der ursprünglichen Verbindung um eine vorgegebene Toleranz überschreitet, werden die Positionen der Partikel verändert, bis die Distanz den maximalen Toleranzwert erreicht. Es wurde gezeigt, dass diese Vorgehensweise deutlich effizienter ist, als eine Erhöhung der Federkonstanten, wenn die Toleranz überschritten wird. Allerdings hat die Verschiebung der Partikel den Nachteil, dass dadurch Selbstdurchdringungen des Textilmodells entstehen können. Robert E. Bridson et al. lösen dieses Problem in [BFA02] durch die folgende Vorgehensweise. Zunächst wird ein Simulationsschritt für das Textilmodell ohne Kollisionen durchgeführt. Dann werden mit Hilfe der durchschnittlichen Geschwindigkeiten der Partikel die Kollisionen mit Reibung aufgelöst. Dabei werden die Geschwindigkeiten durch Impulse verändert. Durch eine lineare Bewegung der ursprünglichen Partikelpositionen mit den berechneten Geschwindigkeiten ergeben sich die endgültigen Positionen, wenn keine weiteren Kollisionen auftreten. Die Kollisionen werden in einer Schleife aufgelöst, die endet, wenn das Modell durchdringungsfrei ist. Um den Rechenaufwand dieser Schleife zu reduzieren, schlagen Bridson et al. vor, die Schleife nach wenigen Iterationen abzubrechen und eine Sonderbehandlung durchzuführen. Bei dieser Sonderbehandlung werden Partikel, die zu einer Durchdringung führen würden, zu einem Starrkörper zusammengefasst und gemeinsam bewegt, so dass sich die Partikel relativ zueinander nicht bewegen können und damit auch keine Durchdringung möglich ist.

Besonders bei sehr unelastischen Modellen treten mit den expliziten Integrationsverfahren Probleme auf. Aus diesem Grund wurden von einigen Forschungsgruppen die impliziten Verfahren wiederentdeckt. David Baraff und Andrew Witkin veröffentlichten in [BW98] ein Verfahren, das auf impliziter Integration basiert. Es konnte gezeigt werden, dass die Verwendung einer impliziten Methode die Stabilität der Simulation verbessert. Dadurch können größere Zeitschritte durchgeführt werden, was die Geschwindigkeit der Simulation deutlich erhöht. Allerdings muss bei dieser Methode in jedem Simulationsschritt ein System von im Allgemeinen nichtlinearen gewöhnlichen Differentialgleichungen gelöst werden. Die Arbeit von David Baraff und Andrew Witkin gab den Ausschlag dafür, dass weitere Gruppen den Einsatz von impliziten Verfahren erforschten [HE01, VT00, VMT01].

In den folgenden Jahren gab es dann einige Arbeiten, die durch eine Mischung von impliziten und expliziten Verfahren die Geschwindigkeit der Simulation erhöhten [EEH00, BMF03]. Diese gemischten Verfahren werden auch als IMEX-Methoden bezeichnet. Explizite Verfahren sind bei der Simulation von unelastischen Modellen ungeeignet, während implizite Verfahren den Nachteil haben, dass ein System von nichtlinearen Differentialgleichungen gelöst werden muss. Die grundsätzliche Idee bei den gemischten Verfahren ist die Aufspaltung der Differentialgleichungssysteme bei Modellen, die teilweise unelastisch sind. Die unelastischen Teile werden dann mit Hilfe eines impliziten Verfahrens gelöst und die elastischen Teile durch ein explizites Verfahren. Durch diese Vorgehensweise müssen elastische Teile nicht mit der zeitaufwendigen impliziten Methode behandelt werden, sondern ein schnelles explizites Verfahren kommt zum Einsatz. Insgesamt wird die Simulation durch diese Aufteilung erheblich beschleunigt.

Min Hong et al. verwenden in [HCJ$^+$05] ein Partikelmodell, wobei die Partikel mit Hilfe von Federkräften zusammengehalten werden. Wenn die

Ausdehnung des Modells 10% überschreitet, werden Zwangsbedingungen für den Abstand der Partikel definiert, um eine weitere Ausdehnung zu verhindern. Diese Zwangsbedingungen werden mit Hilfe der Berechnung von Lagrange-Multiplikatoren behandelt. Da nur die überdehnten Federn im linearen Gleichungssystem der Multiplikatoren berücksichtigt werden, ist das System relativ klein und kann daher schnell gelöst werden.

In [GHF+07] stellen Rony Goldenthal et al. eine schnelle Projektionsmethode vor, mit der die Ausdehnung des Textilmodells verhindert wird. Dabei werden die Lagrange-Multiplikatoren für die Zwangsbedingungen im Modell bestimmt. Um die Methode einfach in ein bestehendes Simulationsverfahren einzubinden, wird eine Implementierung als Geschwindigkeitsfilter vorgeschlagen. Dadurch ist eine Zusammenarbeit mit anderen Teilen der Simulation, die die Geschwindigkeiten der Körper verändern (wie z.B. die Kollisionsauflösung), einfach möglich.

Bei der Verwendung mehrerer Geschwindigkeitsfilter oder mehrerer Vor- bzw. Nachbearbeitungsschritte ergibt sich das folgende Problem. Wenn die einzelnen Schritte unabhängig voneinander arbeiten, kann eine Bedingung, die bereits erfüllt wurde, von einem späteren Schritt wieder verletzt werden. Eine genaue Simulation mit Zwangsbedingungen kann daher nur dann durchgeführt werden, wenn die Abhängigkeiten zwischen den einzelnen Schritten berücksichtigt werden.

Matthias Müller et al. präsentieren in [MHHR07] einen Ansatz, der mit geometrischen Zwangsbedingungen arbeitet. Die meisten Simulationsmethoden definieren Bedingungen für die Beschleunigungen oder die Geschwindigkeiten der Körper bzw. Partikel. Anschließend werden die Beschleunigungen oder Geschwindigkeiten so verändert, dass die Bedingungen erfüllt werden. Die neuen Positionen werden dann mit Hilfe numerischer Integration bestimmt. Das Verfahren von Matthias Müller et al. arbeitet dagegen direkt mit den Positionen. In jedem Simulationsschritt wird zunächst mit Hilfe einer expliziten Euler-Integration eine Vorschau der Positionen bestimmt. Anschließend werden die Zwangsbedingungen in einem iterativen Prozess erfüllt. Die Geschwindigkeit eines Körpers wird am Ende des Simulationsschritts durch die Veränderung seiner Position approximiert. Durch die direkte Manipulation der Positionen ist die Simulation besser steuerbar. Allerdings können mit dem Verfahren keine physikalisch korrekten Ergebnisse erzielt werden.

Viele Arbeiten haben das Ziel, visuell plausible Ergebnisse möglichst schnell zu erreichen. Die Genauigkeit der Simulation ist dabei nebensächlich.

Mit diesem Ziel können verschiedene Vereinfachungen bei der Simulation vorgenommen werden, die den Berechnungsaufwand verringern.

Mark Meyer et al. verwenden einen Filter für die auftretenden Kräfte, um die Stabilität der Simulation zu erhöhen [MDDB01]. Außerdem wird die implizite Integration durch eine explizite Methode angenähert. Dadurch wird eine höhere Geschwindigkeit bei der Berechnung erreicht. Die auftretenden Fehler werden nach der Integration korrigiert, um plausible Ergebnisse zu erzielen.

Young-Min Kang et al. präsentieren in [KCC$^+$00] eine Methode, um die implizite Integration eines Masse-Feder-Modells zu approximieren. Durch diese Approximation kann die Integration wesentlich schneller durchgeführt werden und bleibt trotzdem stabil. In [KC02] wird dieser Ansatz erweitert. Für eine schnellere Simulation wird das Textilmodell in zwei Schichten unterteilt. Eine Schicht beinhaltet das hoch aufgelöste Netz, das simuliert werden soll, und eine weitere eine gering aufgelöste Version des Modells. Das grobe Netz wird für die Simulation der globalen Bewegung verwendet, während das feine Netz dazu dient, realistische Falten und Details des Textilmodells abzubilden.

Um die Simulation zu beschleunigen, verwenden einige Arbeiten adaptive Methoden, wie z.B. in [ST08]. Dabei wird eine hohe Auflösung des Modells nur dann verwendet, wenn dies auch notwendig ist. An Stellen, an denen das Modell wenig verformt wird, wird nur eine grobe Auflösung benötigt. Dadurch wird das Gesamtmodell vereinfacht und die Simulation beschleunigt. Eitan Grinspun et al. stellen in [GKS02] sogar ein Framework für die Simulation mit adaptiven Algorithmen vor.

Bei der Simulation nicht dehnbarer Textilien kann es zu einer Verklemmung des Modells kommen [LTJ07]. In Abschnitt 4.3.5 wird gezeigt, wie dieses Problem für die Kleidungssimulation mit der impulsbasierten Simulationsmethode gelöst wird. Verklemmungen können auch bei der Simulation dreidimensionaler elastischer Körper auftreten. Zum Beispiel bei der Simulation mit einer linearen Finite-Elemente-Methode kann eine sehr große Poissonzahl zu diesem Problem führen. Eine große Poissonzahl wird benötigt, wenn das Volumen des Modells erhalten werden soll. Irving et al. [ISF07] zeigen in ihrer Arbeit, dass eine Volumenerhaltung ohne Verklemmung möglich ist, wenn das Volumen nicht für jedes Tetraederelement einzeln, sondern für alle direkt benachbarten Elemente gleichzeitig korrigiert wird. Im Gegensatz dazu verwenden Kaufmann et al. [KMBG09] eine Galerkin Finite-Elemente-Methode, die auf nicht-konformen oder diskontinuierlichen Ansatzfunktionen basiert, um das Problem zu lösen. English und Bridson [EB08] lösen das Verklemmungsproblem für nicht dehnbare Textilien durch die Verwendung eines nicht-konformen Simulationsmodells.

4.1.3. Simulation von deformierbaren Volumenkörpern

In den letzten Jahren gab es im Bereich der Computergraphik viele Arbeiten, die sich mit der dynamischen Simulation deformierbarer Körper beschäftigen. Allerdings produzieren die meisten dieser Arbeiten nur visuell plausible Ergebnisse. Die Genauigkeit wird oft zugunsten der Geschwindigkeit vernachlässigt. Für eine genaue Simulation eines deformierbaren Volumenkörpers, der nicht komprimierbar ist, muss das Volumen des Körpers in jedem Simulationsschritt erhalten bleiben. Die Umsetzung dieser Eigenschaft der Körper ist allerdings schwer und kostet einen hohen Rechenaufwand. Da das Ziel vieler Arbeiten eine interaktive Simulation ist, wird die Volumenerhaltung dabei meistens nicht gewährleistet.

In einer der ersten Arbeiten über deformierbare Objekte in der Computergraphik [TPBF87] wurde die Finite-Differenzen-Methode für die Simulation verwendet. Später wurden weitere Verfahren untersucht, wie die Finite-Elemente-Methode [OH99], die Finite-Volumen-Methode [TBHF03], die Randelementmethode [JP99] und Masse-Feder-Systeme [DSB99]. Einen Überblick über die physikalisch basierte Simulation deformierbarer Körper in der Computergraphik geben die Arbeiten von Gibson und Mirtich [GM97] und Nealen et al. [NMK$^+$05].

Matthias Teschner et al. stellen in [THMG04] eine Methode für die dynamische Simulation von deformierbaren Körpern vor. Ein deformierbarer Körper wird in der Simulation durch ein Netz von Partikeln repräsentiert, die durch Kräfte zusammengehalten werden. Diese Kräfte werden aus einer Energiefunktion abgeleitet, die die Energie der Deformation beschreibt. Mit dieser Methode ist die interaktive Simulation von Tetraeder- und Dreiecksnetzen mit mehreren Tausend Primitiven möglich. Außerdem können plastische und elastische Verformungen simuliert werden. Allerdings wird dabei die Volumenerhaltung der Körper nicht garantiert.

Matthias Müller et al. präsentieren in [MHTG05] das geometrisch motivierte *Shape-Matching-Verfahren* für deformierbare Körper. Ein deformierbarer Körper ist dabei durch eine Menge von Partikeln gegeben. Für die Simulation werden keine Informationen über die Verbindungen zwischen den Partikeln benötigt. Die ursprüngliche Form des Körpers wird zu Beginn der Simulation gespeichert. In jedem Simulationsschritt wird diese Form dann möglichst passend über die aktuellen Positionen der Partikel gelegt. Dadurch werden die Zielpositionen der Partikel bestimmt. Mit Hilfe dieser Zielpositionen werden die Geschwindigkeiten der Partikel verändert. Die endgültigen Positionen werden dann mit Hilfe eines expliziten Integrationsverfahrens berechnet. Die Volumenerhaltung des simulierten Körpers kann mit diesem Verfahren nicht gewährleistet werden. Große Deformationen können mit dem Shape-Matching-Verfahren mit Hilfe von überlappenden Regionen simuliert werden, für die jeweils eigene Zielpositionen berechnet werden. Rivers und James [RJ07] stellen eine schnelle Summationstechnik für reguläre Gitter vor, mit der die Zielpositionen der überlappenden Regionen in linearer Zeit bestimmt werden können. Fierz et al. [FSAH12] verwenden das Shape-Matching-Verfahren zur Stabilisierung von Finite-Elemente-Simulationen mit einem expliziten Integrationsverfahren und können dadurch größere Zeitschrittweiten verwenden.

Im Bereich der Simulation mit der Finite-Elemente-Methode wird von Geoffrey Irving et al. in [ISF07] ein Ansatz für die Simulation von deformierbaren Modellen vorgestellt. Dieser Ansatz wird von einem Verfahren für die Simulation von Flüssigkeiten abgeleitet. Das simulierte Modell wird mit dem Verfahren von Joseph Teran et al. [TMFB05] in Tetraeder zerlegt. Für das resultierende Tetraedermodell soll das Volumen erhalten werden. Allerdings wird nicht das Volumen von jedem einzelnen Tetraeder erhalten, da es im Allgemeinen mehr Tetraeder als Freiheitsgrade im Modell gibt und es daher zu einer Blockierung des Modells kommen würde. Stattdessen werden die Tetraeder, die sich in einer direkten Nachbarschaft zu einem Partikel befinden, zusammen betrachtet.

Das Thema einiger Arbeiten ist die Beschleunigung existierender Simulationsverfahren. Wu et al. [WDGT01] stellen beispielsweise einen adaptiven Ansatz für nichtlineare finite Elemente vor, der auf der Verwendung von progressiven Netzen basiert [Hop96]. Debunne et al. [DDCB01] zeigen eine Technik für kontinuierliche Modelle mit einer automatischen Anpassung des Detailgrads von Raum und Zeit. Diese Technik verwendet eine adaptive Zeitschrittweite und eine Hierarchie von Tetraedernetzen für die Simulation. In der Arbeit von Capell et al. [CGC+02] wird eine hierarchische Basis auf dem Kontrollgitter definiert, um eine adaptive Anpassung des Detailgrads und damit eine interaktive Simulation zu ermöglichen. Grinspun et al. [GKS02] ändern nicht den Detailgrad der Elemente, sondern den der Basisfunktionen, um auf diese Weise den Rechenaufwand zu reduzieren. Eine adaptive Variante des Shape-Matching-Verfahrens wird von

Steinemann et al. [SOG08] vorgestellt, die das Verfahren von Rivers und James [RJ07] um eine Octree-Repräsentation des Modells erweitern. Adaptive Verfahren verbessern die Geschwindigkeit der Simulation, allerdings auf Kosten der Genauigkeit. Eine Alternative zu adaptiven Methoden sind Modellreduktionstechniken. Barbič und James [BJ05] verwenden eine Integrationsmethode für einen vorberechneten Unterraum, um die Simulation von deformierbaren Körpern zu beschleunigen. Wenn der Unterraum nicht optimal gewählt ist, kann dies jedoch zu einer deutlichen Einschränkung der Deformationen führen.

Ein weiteres interessantes Thema, das von vielen Autoren aufgegriffen wurde, ist die numerische Stabilität. Das Verfahren von Terzopoulos et al. [TPBF87] ist für Modelle mit einer hohen Steifigkeit numerisch schlecht konditioniert. Dieses Problem wurde in [TW88] mit Hilfe eines hybriden Modells gelöst, das aus einer starren und einer deformierbaren Komponente besteht. Baraff und Witkin [BW98] erreichen eine stabile Simulation steifer Modelle mit großen Zeitschrittweiten durch die Verwendung eines bedingungslos stabilen, impliziten Integrationsverfahrens. Müller et al. [MDM$^+$02] lösen numerische Probleme und reduzieren gleichzeitig den Rechenaufwand beim Einsatz eines nichtlinearen Verzerrungstensors durch eine vorberechnete Steifigkeitsmatrix in Kombination mit einem Tensorfeld für lokale Rotationen. Numerische Probleme bei Finite-Elemente-Simulationen werden von Irving et al. [ITF04] durch die Einführung von invertierbaren Elementen gelöst. Dadurch werden robuste Simulationen mit großen Zeitschritten möglich.

Ein Volumenverlust bei großen Deformationen kann sehr unrealistisch wirken. Daher wurden bereits verschiedene Ansätze zur Erhaltung des Volumens bei deformierbaren Körpern untersucht. Müller et al. [MKN$^+$04] stellen ein netzfreies Simulationsmodell vor, das sich aus der Kontinuumsmechanik ableitet. Dadurch können Materialeigenschaften, wie das Elastizitätsmodul oder die Poissonzahl, spezifiziert werden. Allerdings kann die Moving-Least-Squares-Methode, die bei diesem Modell verwendet wird, keine genaue Volumenerhaltung garantieren. Um realistische plastische Deformationen zu simulieren, zeigen Bargteil et al. [BWHT07] ein Plastizitätsmodell, das die Konservierung des Volumens berücksichtigt. Dieses Modell ist allerdings aufgrund des hohen Rechenaufwands nicht für interaktive Simulationen geeignet. Nedel und Thalmann [NT98] erweitern Masse-Feder-Systeme um spezielle Federn, mit denen bestimmte Winkel eingehalten werden sollen. Dadurch wird einer Verformung eines Muskels entgegen gewirkt. Allerdings kann das Volumen des Muskels nicht genau eingehalten werden. Eine approximative Volumenerhaltung wird von Teschner et al. [THMG04] vorgestellt. Durch die Definition einer Energiefunktion für Tetraederelemente werden Kräfte berechnet, die einem Volumenverlust entgegenwirken. Eine rein lokale Volumenerhaltung wird in [ISF07] präsentiert. In dieser Arbeit wird das Problem gelöst, dass es bei einer linearen Finite-Elemente-Simulation mit einer großen Poissonzahl zu einer Blockierung des Modells kommen kann. Dieser Ansatz ist allerdings nicht für eine interaktive Simulation mit komplexen Körpern geeignet. Globale Volumenerhaltung wird nicht nur in der Simulation, sondern auch bei sogenannten *Skinning*-Techniken [vFTS08] verwendet.

4.2. Grundlagen

Die Simulation deformierbarer Körper wird mit Hilfe von Partikelmodellen durchgeführt. Partikel sind Körper, die eine Masse haben, aber keine Ausdehnung (siehe Abschnitt 2.1). Aus diesem Grund haben sie nur drei translatorische Freiheitsgrade und sind wesentlich einfacher zu simulieren als Starrkörper. Ein Partikelmodell besteht aus Partikeln, die durch Zwangsbedingungen miteinander verbunden sind. Dadurch entsteht ein Netz, dessen Knoten Partikel und dessen Kanten Bedingungen sind. Ein solches Netz beschreibt einen deformierbaren Körper in der Simulation.

Das einfachste Modell für die Simulation deformierbarer Körper ist ein Masse-Feder-System (siehe Abschnitt 4.1.1). Die resultierenden Körper sind aufgrund der Verbindungen mit Federn sehr elastisch. Diese Elastizität ist aber nicht immer gewünscht. Ein Seil ist z. B. biegsam aber nicht sehr elastisch. Wenn ein Seil mit Hilfe eines Masse-Feder-Systems simuliert werden soll, dann wird eine Reihe von Partikeln mit Hilfe von Federn zu einer Kette verbunden. Ein unelastisches Seil lässt sich mit diesem Modell allerdings nur sehr schlecht simulieren. Um die Elastizität des Modells sehr klein zu halten, müssen sehr große Federkonstanten verwendet werden. Dies führt zu steifen Differentialgleichungen, welche die Stabilität der Simulation negativ beeinflussen [HES03]. Steife Differentialgleichungen können nur mit Hilfe von speziellen Integrationsmethoden oder durch das Reduzieren der Zeitschrittweite stabil gelöst werden. In beiden Fällen verringert sich die Geschwindigkeit der Simulation erheblich. Allerdings kann selbst durch eine Erhöhung der Federkonstanten ein vollständig unelastisches Materialverhalten nicht garantiert werden. Masse-Feder-Systeme sind daher nicht für die Simulation von unelastischen Modellen geeignet. Aus diesem Grund

werden für solche Modelle andere Verbindungen zwischen den Partikeln
benötigt.

4.2.1. Distanzbedingung

Eine nicht elastische Verbindung zwischen zwei Partikeln a und b kann
durch eine Distanzbedingung realisiert werden. Diese Zwangsbedingung
sorgt dafür, dass der Abstand zwischen zwei Partikeln im Modell während
der Simulation konstant bleibt. Im Folgenden wird beschrieben, wie eine
Distanzbedingung mit Hilfe von Impulsen exakt erfüllt werden kann.

Die Distanzbedingung definiert eine Zwangsbedingung für die Positionen
der verbundenen Partikel $\mathbf{s}_a$ und $\mathbf{s}_b$ und für ihre Geschwindigkeiten. Der
Abstand der Partikel zu einem Zeitpunkt t wird bestimmt durch:

$$d(t) = |\mathbf{s}_a(t) - \mathbf{s}_b(t)|.$$

Während der Simulation muss dieser Abstand konstant bleiben. Dadurch
wird die folgende Positionsbedingung für die Partikel definiert:

$$d(t) - d_0 = 0,$$

wobei d_0 die Distanz der Partikel am Anfang der Simulation ist. Die
Richtung des Distanzvektors wird im Folgenden bei der Berechnung eines
Korrekturimpulses benötigt und wie folgt berechnet:

$$\hat{\mathbf{d}}(t) = \frac{\mathbf{s}_a(t) - \mathbf{s}_b(t)}{d(t)}.$$

In der Simulation wird durch die Einwirkung von Impulsen dafür gesorgt,
dass die Distanzbedingung erfüllt wird. Die Impulse werden, wie bei den
Positionsbedingungen der Gelenke, mit Hilfe einer Vorschau bestimmt. Die
Distanz $d(t+h)$ nach einem Simulationsschritt der Länge h muss durch Integration berechnet werden. Dafür werden die Positionen der entsprechenden
Partikel mit Hilfe der Gleichung 2.2 integriert. Die Differenz der Abstände
$e_{\text{pos}} = d(t + h) - d_0$ beschreibt genau den Fehler, der auftritt, wenn der
Simulationsschritt ohne Berücksichtigung der Distanzbedingung durchgeführt wird (siehe Abbildung 4.1(a)). Um diesen Fehler zu verhindern,
müssen sich die Geschwindigkeiten der verbundenen Partikel verändern.
Für diese Geschwindigkeitsänderung wird ein Impuls $\mathbf{p}$ berechnet. Der gleiche Impuls muss am Anfang des Simulationsschrittes in entgegengesetzte

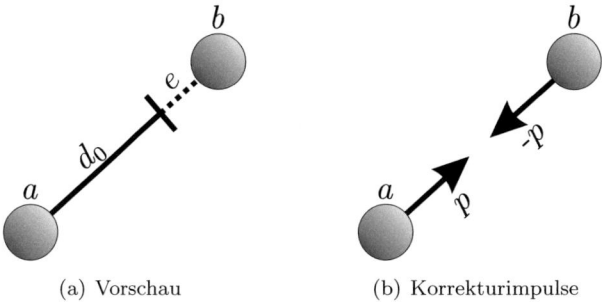

(a) Vorschau   (b) Korrekturimpulse

Abbildung 4.1.: Korrektur einer Distanzbedingung mit Hilfe von Impulsen

Richtungen auf die beiden Partikel einwirken (siehe Abbildung 4.1(b)). Dadurch wird die Impulserhaltung des Systems gewährleistet.

Die relative Bewegung von zwei Partikeln ist linear, solange keine kontinuierlichen Kräfte auf die Partikel einwirken. Da die Zwangsbedingungen im System mit Hilfe von Impulsen aufgelöst werden, treten dabei keine kontinuierlichen Kräfte auf. Wenn die externen Kräfte, die auf die verbundenen Partikel wirken, während eines Simulationsschrittes konstant sind, ist die Bedingung für eine lineare Bewegung erfüllt. Dies ist z. B. bei Simulationen gegeben, in denen Gravitation die einzige externe Kraft ist. Die relative Bewegung der Partikel auf einer linearen Bahn ist keine zwingende Voraussetzung für die Simulation der Distanzbedingung mit Impulsen, aber sie hat den Vorteil, dass die Bedingung in einem Schritt exakt aufgelöst werden kann. Dies wird im Folgenden gezeigt.

Wenn die relative Bewegung der verbundenen Partikel linear ist, beschreibt e_{pos}/h exakt die Geschwindigkeitsänderung, die nötig ist, um den Positionsfehler e_{pos} innerhalb eines Zeitschrittes der Länge h zu korrigieren. Für den Fall, dass eine lineare Bewegung nicht gegeben ist, kann die notwendige Geschwindigkeitsänderung durch e_{pos}/h approximiert werden. Dies ist eine sehr gute Approximation, da ein Zeitschritt sehr kurz und die Bewegung in diesem Zeitraum im Allgemeinen annähernd linear ist. Der gesuchte Impuls, der die benötigte Geschwindigkeitsänderung bewirkt, wird durch die folgende Gleichung bestimmt:

$$\triangle \mathbf{v}_a(\mathbf{p}) - \triangle \mathbf{v}_b(-\mathbf{p}) = \hat{\mathbf{d}}(t)\,\frac{e_{\text{pos}}}{h}.$$

Dabei ist $\triangle \mathbf{v}_a(\mathbf{p})$ die Geschwindigkeitsänderung des Partikels a, die durch die Einwirkung des Impulses $\mathbf{p}$ auf das Partikel verursacht wird. Die Geschwindigkeitsänderung wird mit Hilfe der Gleichung

$$\triangle \mathbf{v}_a(\mathbf{p}) = k_a \, \mathbf{p}$$

berechnet, wobei k_a wie folgt definiert ist:

$$k_a = \begin{cases} \frac{1}{m_a} & \text{wenn das Partikel } a \text{ dynamisch ist} \\ 0 & \text{sonst.} \end{cases} \tag{4.1}$$

Durch diese Fallunterscheidung muss im Folgenden nicht mehr zwischen statischen und dynamischen Partikeln unterschieden werden. Die resultierende Gleichung für die Berechnung des gesuchten Impulses ist

$$(k_a + k_b)\,\mathbf{p} = \hat{\mathbf{d}}(t)\,\frac{e_{\text{pos}}}{h}. \tag{4.2}$$

Diese Gleichung hat genau dann eine eindeutige Lösung, wenn mindestens eines der Partikel dynamisch ist. Da eine Zwangsbedingung zwischen zwei statischen Partikeln keinen Einfluss auf die Simulation hat, ist sie überflüssig und kann entfernt werden. Daher kann die Gleichung für den Impuls der Distanzbedingung immer gelöst werden. Allerdings ist der Impuls immer Null, wenn die Partikel zum Zeitpunkt t die gleiche Position haben. Dieser Fall kann jedoch vernachlässigt werden, da davon ausgegangen wird, dass alle Positionsbedingungen am Anfang des Simulationsschrittes erfüllt sind und eine Distanzbedingung für den Abstand Null in der Simulation keinen Sinn macht.

Der Impuls, der durch Lösen der Gleichung 4.2 bestimmt wird, muss am Anfang des Simulationsschrittes positiv auf das Partikel a und negativ auf das Partikel b einwirken. Wenn die relative Bewegung der Partikel linear ist, wird die Positionsbedingung zum Zeitpunkt $t + h$ durch den berechneten Impuls exakt erfüllt. Andernfalls müssen weitere Impulse in einem iterativen Prozess bestimmt werden, bis die Bedingung innerhalb einer vorgegebenen Toleranz ε_d erfüllt wird. Diese Vorgehensweise entspricht der bei der Simulation eines Gelenks zwischen zwei Starrkörpern (siehe Abschnitt 3.2).

Durch eine Distanzbedingung wird außer der beschriebenen Zwangsbedingung für die Positionen der Partikel eine Bedingung für ihre Geschwindigkeiten definiert. Diese hat die folgende Form:

$$(\mathbf{v}_b(t) - \mathbf{v}_a(t))\,\hat{\mathbf{d}}(t) = 0.$$

Diese Bedingung sorgt dafür, dass die relative Geschwindigkeit der Partikel in Richtung des Distanzvektors $(\mathbf{s}_b - \mathbf{s}_a)$ konstant bleibt. Im Allgemeinen ist die Geschwindigkeitsbedingung nach einem Simulationsschritt nicht erfüllt. Die Impulse, die zur Erfüllung der Positionsbedingung auf die Partikel einwirken, haben zur Folge, dass sich die relative Geschwindigkeit der Partikel verändert. Daher muss ein weiterer Impuls berechnet werden, um die Geschwindigkeitsbedingung aufzulösen. Bei der Berechnung dieses Impulses wird keine Vorschau benötigt, da sich die Geschwindigkeit eines Körpers sofort verändert, wenn ein Impuls auf den Körper einwirkt.

Der Fehler, der durch den Impuls korrigiert werden muss, wird durch die Geschwindigkeitsbedingung bestimmt:

$$e_{\text{vel}} = (\mathbf{v}_b(t) - \mathbf{v}_a(t))\,\hat{\mathbf{d}}(t).$$

Dadurch ist die Geschwindigkeitsänderung, die der gesuchte Impuls bewirken muss, bekannt. Der Impuls für die Geschwindigkeitsbedingung kann analog zum Impuls der Positionsbedingung bestimmt werden. Die Gleichung, die der Impuls erfüllen muss, ist gegeben durch:

$$(k_a + k_b)\,\mathbf{p} = \hat{\mathbf{d}}(t)\,e_{\text{vel}}. \tag{4.3}$$

Da die Positionsbedingung zu diesem Zeitpunkt bereits erfüllt ist, muss der Abstand der Partikel größer als Null sein. Außerdem wird bei der Simulation eine Distanzbedingung nur dann berücksichtigt, wenn mindestens eines ihrer Partikel dynamisch ist. Daher kann die Gleichung für den Impuls immer eindeutig gelöst werden und der Impuls wird nur dann Null, wenn auch der Fehler e_{vel} Null ist. Wenn der berechnete Impuls positiv auf das erste Partikel und negativ auf das zweite Partikel einwirkt, wird die Geschwindigkeitsbedingung sofort exakt erfüllt.

Eine Distanzbedingung entfernt einen translatorischen Freiheitsgrad zwischen den verbundenen Partikeln. Dadurch entsteht eine starre Verbindung. Starre Verbindungen können verwendet werden, um einen Starrkörper in ein Partikelmodell zu zerlegen. Dies soll am Beispiel eines Tetraeders veranschaulicht werden. Wenn man in jedem Eckpunkt eines Tetraeders ein Partikel positioniert und für jede Kante eine Distanzbedingung definiert, dann bekommt man einen starren Körper. Die vier Partikel haben zusammen zwölf Freiheitsgrade. Durch die sechs Distanzbedingungen werden sechs Freiheitsgrade aus dem entstandenen Modell entfernt. Der resultierende Körper hat sechs Freiheitsgrade: drei translatorische und drei rotatorische. Dies entspricht genau einem Starrkörper. Für jeden Starrkörper existiert ein äquivalentes Partikelmodell. Dies wurde in [SBP05b] gezeigt. Werden aus dem Partikelmodell eines starren Körpers Distanzbedingungen entfernt oder durch Federn ersetzt, dann bekommt der Körper zusätzliche Freiheitsgrade und wird dadurch deformierbar.

4.3. Simulation von Textilien

Die dynamische Simulation von Textilien ist ein wichtiges Forschungsthema im Bereich der Computergraphik. Solche Simulationen werden z. B. in Computerspielen und -animationen eingesetzt, um diese realistischer zu gestalten. Ein anderes Anwendungsgebiet ist der virtuelle Entwurf von Prototypen in der Bekleidungsindustrie [VMT05].

Die meisten Simulationsverfahren gehen von der Annahme aus, dass Textilien elastisch sind. Durch diese Annahme kann eine Simulation sehr effizient mit einem Partikelmodell durchgeführt werden. Die Partikel werden durch Kräfte (wie z. B. beim Masse-Feder-Modell) zusammengehalten. Allerdings wird kein fester oder maximaler Abstand zwischen zwei verbundenen Partikeln durch eine Bedingung erzwungen.

Die meisten Textilien verformen sich nicht unter ihrem eigenen Gewicht. Diese Eigenschaft kann mit dem beschriebenen Modell nicht umgesetzt werden. Außerdem ist es ungeeignet für die Simulation von Materialien, die vollständig unelastisch sind. Aus diesem Grund wurden in den letzten Jahren neue Verfahren für die Simulation von nicht dehnbaren Textilien entwickelt [BB08a, BB08b, GHF$^+$07]. In diesem Abschnitt wird eine impulsbasierte Methode für eine solche Simulation vorgestellt.

Im Folgenden wird zunächst das Modell vorgestellt, das für die impulsbasierte Simulation von Textilien verwendet wird. Für die Simulation nicht dehnbarer Materialien werden im Modell Zwangsbedingungen definiert. Die Behandlung dieser Bedingungen geschieht mit Hilfe von Impulsen. Für die Berechnung dieser Impulse werden drei verschiedene Verfahren vorgestellt. Das erste Verfahren arbeitet iterativ. Die zweite Methode beschreibt die Abhängigkeiten der Zwangsbedingungen im Modell mit Hilfe eines linearen Gleichungssystems. Durch Lösen dieses Systems können alle Impulse gleichzeitig bestimmt werden. Das letzte Verfahren nutzt die Tatsache aus, dass die Impulse für Modelle mit einer azyklischen Struktur mit linearem Zeit- und Speicheraufwand berechnet werden können. Da das Modell für die Simulation von Textilien nicht zyklenfrei ist, muss es zunächst in azyklische Teile zerlegt werden. Die Impulse für die einzelnen Teile können dann mit linearem Aufwand bestimmt werden.

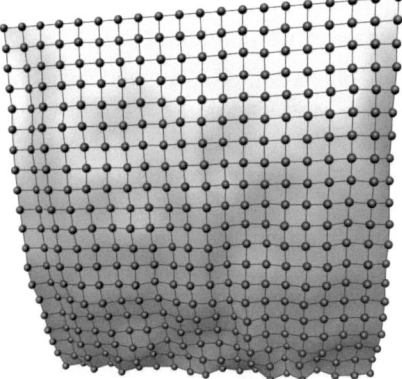

Abbildung 4.2.: Partikelmodell mit Distanzbedingungen für die Simulation eines quadratischen Tuchs

4.3.1. Modell

Für die impulsbasierte Simulation von nicht elastischen Textilien wird ein Partikelmodell verwendet. Die Partikel werden durch Distanzbedingungen (siehe Abschnitt 4.2.1) zu einem Netz verbunden. Dieses Netz repräsentiert den Stoff in der Simulation.

Die Struktur des Netzes für die Simulation von Textilien kann nicht beliebig gewählt werden, da man berücksichtigen muss, welche Freiheitsgrade des resultierenden Modells beschränkt werden. Ein Dreiecksnetz, bei dem auf allen Kanten Distanzbedingungen definiert werden, ist z. B. kein geeignetes Modell für die Simulation von nicht elastischen Textilien. Durch die Distanzbedingungen werden zu viele Freiheitsgrade entfernt, so dass sich das zweidimensionale Modell nicht frei verformen kann. In dieser Arbeit wird daher zunächst ein Partikelmodell verwendet, bei dem die Partikel mit Distanzbedingungen zu Quadraten verbunden werden. Abbildung 4.2 zeigt ein Beispiel für ein solches Modell. Dieses Modell hat den Vorteil, dass die entfernten Freiheitsgrade die Verformung des simulierten Tuchs nicht einschränken. Außerdem kann die maximale Ausdehnung des Textilmodells exakt beschränkt werden, indem ein maximal zulässiger Toleranzwert für die Einhaltung der Positionsbedingungen definiert wird (siehe auch Abschnitt 4.3.2). In Abschnitt 4.3.5 wird gezeigt, wie die Simulationsmethoden, die im Folgenden für Kleidungsmodelle vorgestellt werden, durch die Verwendung eines nicht-konformen Netzes auch für Modelle mit Dreiecksnetzen angewendet werden können.

Die Verformung des Modells soll allerdings nicht ganz frei geschehen. Die einzelnen Quadrate des Modells können als Maschen angesehen werden. Mit Hilfe von Kräften soll einer Scherung der Maschen entgegengewirkt werden. Dadurch soll zum einen verhindert werden, dass eine Masche zu einer Linie degeneriert und zum anderen soll das Modell mit einer gewissen Kraft versuchen, seine ursprüngliche Form wieder herzustellen. Für die Herstellung der ursprünglichen Form des Modells müssen außerdem Kräfte einer Krümmung entgegenwirken.

Diese Kräfte werden durch gedämpfte Federn realisiert. Die Kraft einer Feder wird durch die folgende Gleichung beschrieben:

$$\mathbf{F}_{\text{Feder}} = D\left(|\mathbf{d}| - l\right)\hat{\mathbf{d}}.$$

Dabei bezeichnet D die Federkonstante, $\mathbf{d}$ ist der Distanzvektor zwischen den beiden verbundenen Partikeln, $\hat{\mathbf{d}}$ ist der zugehörige Einheitsvektor, der die Richtung der Feder angibt, und l ist die ursprüngliche Länge der Feder. Die Reibungskraft der Feder wird wie folgt berechnet:

$$\mathbf{F}_{\text{Reibung}} = -\mu_F(\mathbf{u}_b - \mathbf{u}_a),$$

wobei μ_F der Reibungskoeffizient der Feder ist und $\mathbf{u}_a$ sowie $\mathbf{u}_b$ die Punktgeschwindigkeiten der beiden Partikel. Insgesamt ergibt sich dadurch eine Kraft von $\mathbf{F}_{\text{Gesamt}} = \mathbf{F}_{\text{Feder}} + \mathbf{F}_{\text{Reibung}}$ für eine gedämpfte Feder.

Abbildung 4.3 zeigt die Federn für ein Partikel im Modell, die die oben beschriebenen Kräfte bewirken. Das Partikel in der Mitte der Abbildung ist mit seinen diagonalen Nachbarn durch die roten Federn verbunden. Diese wirken einer Scherung entgegen. Die Stärke dieser Federn ist abhängig vom Material. Daher werden die Federkonstanten und die Reibungskoeffizienten durch das jeweilige Modell bestimmt. Das Partikel wird außerdem auf der Horizontalen und Vertikalen mit seinen jeweils übernächsten Nachbarn durch die gelben Federn verbunden. Die Kräfte dieser Verbindungen wirken einer Krümmung der simulierten Textilie entgegen. Die Eigenschaften der gelben Federn werden ebenfalls vom Modell festgelegt.

In Abschnitt 4.2.1 wird beschrieben, dass die Positionsbedingung einer Distanzbedingung in einem Schritt exakt gelöst werden kann, wenn die externen Kräfte, die auf die verbundenen Partikel wirken, während des Simulationsschrittes konstant sind. Wenn die Federn des Modells als externe Kräfte in die Berechnung mit eingehen, dann ist diese Voraussetzung

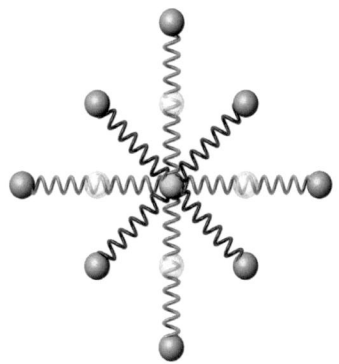

Abbildung 4.3.: Federkräfte, die auf ein Partikel im Textilmodell wirken. Die diagonalen Federn sollen einer Scherung der Maschen entgegenwirken, während die horizontalen und vertikalen Federkräfte versuchen, die Verbiegung des Modells rückgängig zu machen.

nicht mehr erfüllt. In diesem Fall muss, wie bei den Positionsbedingungen der Starrkörper, iteriert werden. Dadurch verlangsamt sich die Simulation abhängig von der Zeitschrittweite. Alternativ können die Federkräfte am Anfang des Simulationsschrittes durch ein explizites Euler-Verfahren integriert werden. Dadurch erhält man für jede Feder einen Impuls. Die Einwirkung dieses Impulses auf die beiden zugehörigen Partikel verändert deren Geschwindigkeiten sofort. Anschließend kann ein Simulationsschritt mit konstanten externen Kräften durchgeführt werden. Die Simulation kann auf diese Weise schneller durchgeführt werden, allerdings ergibt sich ein Fehler von $O(h^2)$. Da das Ziel der Textilsimulation im Allgemeinen visuell plausible Ergebnisse sind, stellt dies kein Problem dar.

4.3.2. Iteratives Verfahren

4.3.2.1. Beschreibung des Verfahrens

Das iterative Verfahren bestimmt die Impulse für die Distanzbedingungen in zwei iterativen Prozessen [BB08a]. Zunächst werden die Impulse für die Positionsbedingungen berechnet. Diese Impulse müssen sicherstellen, dass die Positionsbedingungen nach einem Simulationsschritt der Länge h erfüllt werden. In jedem Iterationsschritt wird dabei für jede Bedingung zunächst eine Vorschau der Positionen der verbundenen Partikel bestimmt. Die

Vorschau zeigt, wo sich ein Partikel nach dem Simulationsschritt befinden würde, wenn seine Bewegung durch keine Bedingung eingeschränkt wäre. Anschließend kann durch das Lösen von Gleichung 4.2 ein Impuls berechnet werden, der dafür sorgt, dass die Positionsbedingung zum Zeitpunkt $t + h$ erfüllt wird. Dieser Impuls muss zum Zeitpunkt t auf die beiden Partikel in entgegengesetzte Richtungen einwirken. Auf diese Weise wird in einem Iterationsschritt für jede Bedingung, die in der Vorschau nicht erfüllt ist, ein Impuls bestimmt.

Wenn ein Partikel durch mehrere Positionsbedingungen mit anderen Partikeln verbunden ist, beeinflussen sich die Impulse, die für die verschiedenen Bedingungen berechnet werden, gegenseitig. Diese Abhängigkeiten zwischen den Bedingungen werden durch den iterativen Prozess aufgelöst. Der Prozess endet, wenn alle Positionsbedingungen innerhalb einer vorgegebenen Toleranz erfüllt werden. Diese iterative Vorgehensweise konvergiert zu der physikalisch korrekten Lösung (Beweis in [SBP05b]).

Nachdem im iterativen Prozess alle Impulse für die Positionsbedingungen bestimmt wurden, kann für alle Partikel ein Zeitschritt von t nach $t + h$ durchgeführt werden. Die neuen Geschwindigkeiten und Positionen der Partikel werden dabei mit Hilfe der Gleichungen 2.1 und 2.2 bestimmt. Durch die berechneten Impulse werden alle Positionsbedingungen nach diesem Zeitschritt erfüllt.

Nach dem Zeitschritt der Partikel werden die Geschwindigkeitsbedingungen im Allgemeinen nicht erfüllt. Dies wird durch den zweiten iterativen Prozess korrigiert. Dabei wird in einem Iterationsschritt für jede Geschwindigkeitsbedingung, die nicht erfüllt ist, durch Lösen von Gleichung 4.3 ein Impuls bestimmt. Nachdem der berechnete Impuls auf die beiden verbundenen Partikel in entgegengesetzte Richtungen gewirkt hat, wird die zugehörige Bedingung erfüllt. Wie bei den Positionsbedingungen kommt es zu Abhängigkeiten zwischen den einzelnen Bedingungen, wenn ein Partikel durch mehrere Geschwindigkeitsbedingungen mit anderen Partikeln verbunden ist. In dem iterativen Prozess werden diese Abhängigkeiten aufgelöst. Wenn alle Geschwindigkeitsbedingungen des Modells innerhalb einer vorgegebenen Toleranz erfüllt sind, endet die Iterationsschleife.

Die Korrektur einer Geschwindigkeitsbedingung wird für eine stabile Simulation der zugehörigen Distanzbedingung nicht zwingend benötigt, da allein durch die Positionsbedingung der Abstand der Partikel beibehalten wird. Daher können die Geschwindigkeitsbedingungen vernachlässigt werden, um die Simulation zu beschleunigen. Allerdings wird durch die Berücksichtigung dieser Bedingungen eine höhere Genauigkeit bei der Simulation erreicht.

4.3.2.2. Eigenschaften des Verfahrens

Das vorgestellte Verfahren unterscheidet sich nur geringfügig vom iterativen Verfahren für Mehrkörpersysteme aus Abschnitt 3.3.1. Für die Genauigkeit, die Stabilität und die Simulation in Echtzeitanwendungen haben die Verfahren die gleichen Eigenschaften. Unterschiede gibt es bei der Geschwindigkeit und der Implementierung.

Bei den Modellen mit Starrkörpern konnte durch einen Impuls, der für eine Positionsbedingung berechnet wurde, der Positionsfehler nur reduziert werden. Da im verwendeten Partikelmodell für die Simulation von Textilien keine kontinuierlichen Kräfte auftreten, wird hier die Positionsbedingung durch einen Impuls exakt erfüllt. Dadurch konvergiert das iterative Verfahren für das Textilmodell schneller. Außerdem ist die Berechnung der Impulse für eine Distanzbedingung einfacher, da nicht die Inverse einer Matrix bestimmt werden muss, sondern eine einfache Division ausreicht. Aus dem gleichen Grund ist dieses Verfahren auch einfacher zu implementieren.

Mit den Toleranzwerten, die für die Abbruchbedingungen des iterativen Verfahrens verwendet werden, kann die Elastizität des simulierten Materials gesteuert werden. Je größer der Toleranzwert, um so mehr Dehnung wird zugelassen, wenn große Kräfte auf das Modell einwirken. Im Gegensatz zum Masse-Feder-Modell wird allerdings die maximale Ausdehnung durch die Zwangsbedingungen beschränkt. Dadurch kann die maximale Dehnbarkeit des simulierten Materials exakt festgelegt werden.

Das iterative Verfahren kann Zyklen im Modell ohne zusätzlichen Aufwand simulieren. Da das Modell für die Simulation von Textilien sehr viele Zyklen enthält, ist dies ein wichtiger Vorteil des Verfahrens. Allerdings konvergiert das Verfahren nur langsam, wenn ein komplexes Modell mit sehr kleinen Toleranzwerten simuliert wird. Bei Textilmodellen handelt es sich im Allgemeinen um komplexe Modelle mit mehreren hundert Distanzbedingungen. Eine schnelle Simulation mit diesem Verfahren ist daher nur möglich, wenn die Toleranzwerte entsprechend groß sind. Das bedeutet, dass das Verfahren für Textilien geeignet ist, die nicht extrem unelastisch sind. Geschwindigkeitsmessungen mit verschiedenen Toleranzwerten werden in Abschnitt 4.3.6 vorgestellt.

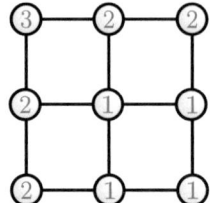

Abbildung 4.4.: Freiheitsgrade der Partikel in einem Textilmodell

4.3.3. LGS-Verfahren

Die Abhängigkeiten zwischen den Distanzbedingungen im Modell können mit Hilfe eines linearen Gleichungssystems beschrieben werden [BBD09b]. Dies funktioniert analog zu dem LGS-Verfahren, das für Mehrkörpersysteme mit Starrkörpern vorgestellt wurde (siehe Abschnitt 3.3.2). Durch die Lösung des Gleichungssystems können alle Impulse für die Positions- bzw. die Geschwindigkeitsbedingungen auf einmal bestimmt werden. Im Gegensatz zum Verfahren für Starrkörper ist hier bei den Positionsbedingungen kein iterativer Prozess notwendig, da im gewählten Modell keine kontinuierlichen Kräfte auftreten. Dadurch ist die relative Bewegung der Partikel einer Distanzbedingung linear und die benötigte Geschwindigkeitsänderung kann exakt bestimmt werden. Für Starrkörper konnte im Allgemeinen für eine Bedingung nur eine Approximation der Geschwindigkeitsänderung verwendet werden.

Da das lineare Gleichungssystem die Struktur des Modells widerspiegelt, dürfen die Bedingungen keine Redundanz aufweisen. Andernfalls ist das zugehörige Gleichungssystem überbestimmt, was zu einer instabilen Simulation führen kann. Abbildung 4.4 zeigt die Freiheitsgrade der Partikel in einem kleinen Ausschnitt eines Textilmodells. Dabei werden die Partikel von links oben nach rechts unten betrachtet. Das erste Partikel kann seine Position frei wählen und hat daher drei Freiheitsgrade. Die direkten Nachbarn nach rechts und nach unten bewegen sich um das erste Partikel auf einer Kugeloberfläche. Damit haben sie zwei Freiheitsgrade. Das gleiche gilt auch für alle weiteren Partikel auf dem linken und dem oberen Rand des Modells. Die restlichen Partikel können sich nur noch auf einer Kreisbahn bewegen, da sie nach links und oben jeweils mit einer Distanzbedingung verbunden sind. Wenn man alle Freiheitsgrade zusammenzählt, bekommt man die Freiheitsgrade des Modells. Im Beispiel der Abbildung sind das 15 Freiheitsgrade. Betrachtet man die Partikel als freie Körper, dann haben sie

27 Freiheitsgrade. Das bedeutet, dass die Bedingungen zwölf Freiheitsgrade entfernen. Ein nicht überbestimmtes Gleichungssystem muss demnach die Dimension zwölf haben. Da es im Modell genau zwölf eindimensionale Zwangsbedingungen gibt, ist diese Bedingung erfüllt. Allerdings ist dies nicht immer der Fall. Wenn vier Partikel, die mit Distanzbedingungen zu einem Viereck verbunden sind, während der Simulation alle auf einer Geraden liegen, verliert das Modell einen weiteren Freiheitsgrad. In einer solchen Situation ist das lineare Gleichungssystem überbestimmt. Dieses Problem ist in der Praxis aufgrund der Federkräfte im Modell bisher noch nie aufgetreten. Allerdings kann man ohne zusätzlichen Aufwand eine Überbestimmtheit des Gleichungssystems nicht absolut ausschließen. Es existieren verschiedene Lösungsmöglichkeiten für dieses Problem. Die erste Möglichkeit besteht darin, dass in jedem Simulationsschritt überprüft wird, ob die Partikel eines Vierecks auf einer Geraden liegen. Wenn dies der Fall ist, kann eine der redundanten Gleichungen aus dem Gleichungssystem entfernt werden. Eine weitere Möglichkeit ist, durch Impulse zu verhindern, dass die Vierecke zusammenfallen. Um dies zu erreichen, wird für eine Diagonale von jedem Viereck ein Impuls bestimmt, wenn sich die zugehörigen Partikel zu nahe kommen. Dieser Impuls muss nur dafür sorgen, dass sich die Partikel aus dem kritischen Bereich bewegen.

4.3.3.1. Beschreibung des Verfahrens

Alle Bedingungen im Modell zur Simulation von Textilien sind Distanzbedingungen. Im Folgenden wird gezeigt, wie die Abhängigkeiten zwischen den einzelnen Zwangsbedingungen in einem linearen Gleichungssystem der Form

$$\mathbf{A}\,\mathbf{p} = \triangle\mathbf{v}$$

beschrieben werden. Für ein Modell mit n Distanzbedingungen ergibt sich ein n-dimensionales Gleichungssystem. Der Vektor $\triangle\mathbf{v} \in \mathbb{R}^n$ enthält die nötigen Geschwindigkeitsänderungen, die durch die Impulse im Vektor $\mathbf{p} \in \mathbb{R}^n$ bewirkt werden sollen. Die Geschwindigkeitsänderungen und die Impulse in den Vektoren sind eindimensional. Das bedeutet, dass der jeweilige Vektor nur einen Eintrag für ihren Betrag enthält. Die Richtung ist durch die Position der Partikel der zugehörigen Distanzbedingung gegeben. Die Matrix $\mathbf{A} \in \mathbb{R}^{n \times n}$ des Systems definiert, wie die Impulse auf die verbundenen Partikel des Modells einwirken.

Für die Korrektur der Positionsbedingungen und der Geschwindigkeitsbedingungen soll das gleiche lineare Gleichungssystem verwendet werden.

Daher wird das i-te Element des Vektors für die Geschwindigkeitsänderungen $\triangle\mathbf{v}$ wie folgt definiert:

$$\triangle v_i = \begin{cases} \frac{e_{\text{pos},i}}{h} & \text{im Fall einer Positionsbedingung} \\ e_{\text{vel},i} & \text{im Fall einer Geschwindigkeitsbedingung.} \end{cases}$$

Die Werte $e_{\text{pos},i}$ und $e_{\text{vel},i}$ bezeichnen dabei den Positions- bzw. Geschwindigkeitsfehler der i-ten Distanzbedingung.

Jede Zeile und Spalte in der Matrix $\mathbf{A}$ gehört zu einer bestimmten Distanzbedingung. Ein Wert $A_{i,j}$ der Matrix beschreibt, wie die i-te Bedingung von der j-ten Bedingung abhängt. Dieser Wert ist genau dann ungleich Null, wenn die beiden Bedingungen ein gemeinsames Partikel haben. Andernfalls besteht zwischen ihnen keine direkte Abhängigkeit. Bei der Berechnung der Matrixelemente muss berücksichtigt werden, ob das gemeinsame Partikel das erste oder das zweite Partikel der jeweiligen Bedingung ist. Dies wirkt sich auf das Vorzeichen der Elemente aus. Die folgende Fallunterscheidung beschreibt diesen Zusammenhang:

$$B_{i,j} = \begin{cases} k_{i_1} & \text{wenn } i_1 = j_1 \wedge i_2 \neq j_2 \\ k_{i_2} & \text{wenn } i_2 = j_2 \wedge i_1 \neq j_1 \\ -k_{i_1} & \text{wenn } i_1 = j_2 \wedge i_2 \neq j_1 \\ -k_{i_2} & \text{wenn } i_2 = j_1 \wedge i_1 \neq j_2 \\ k_{i_1} + k_{i_2} & \text{wenn } i = j \\ 0 & \text{sonst.} \end{cases} \tag{4.4}$$

Dabei sind i_1 und i_2 Bezeichner für das erste bzw. zweite Partikel der i-ten Distanzbedingung und die Werte k_i werden mit der Gleichung 4.1 bestimmt. Bei den Elementen auf der Diagonalen gibt es zwei gemeinsame Partikel, da es sich bei i und j um dieselbe Bedingung handelt. Daher müssen die Werte k_{i_1} und k_{i_2} addiert werden.

Wenn zwischen zwei Zwangsbedingungen eine Abhängigkeit existiert, dann beeinflussen die Korrekturimpulse beider Bedingungen ihren gemeinsamen Körper. Aus diesem Grund werden bei der Berechnung eines Korrekturimpulses die Auswirkungen aller Impulse der abhängigen Bedingungen berücksichtigt. Dafür müssen die Impulse der abhängigen Distanzbedingungen in den Raum der Bedingung projiziert werden, deren Impuls aktuell berechnet wird. Die Projektionsmatrix der i-ten Zwangsbedingung ist dabei wie folgt definiert:

$$\mathbf{P}_i = \left(\frac{\mathbf{s}_{i_2}(t) - \mathbf{s}_{i_1}(t)}{|\mathbf{s}_{i_2}(t) - \mathbf{s}_{i_1}(t)|} \right)^T \in \mathbb{R}^{1 \times 3}. \tag{4.5}$$

Die Matrix $\mathbf{A}$ des linearen Gleichungssystems wird durch die Projektion der Matrizen $B_{i,j}$ mit den Projektionsmatrizen der Distanzbedingungen bestimmt:

$$\begin{pmatrix} B_{1,1}^P & \cdots & B_{1,n}^P \\ \vdots & \ddots & \vdots \\ B_{n,1}^P & \cdots & B_{n,n}^P \end{pmatrix} \begin{pmatrix} \tilde{p}_1 \\ \vdots \\ \tilde{p}_n \end{pmatrix} = \begin{pmatrix} \triangle v_1 \\ \vdots \\ \triangle v_n \end{pmatrix}.$$

Dabei ist $B_{i,j}^P = \mathbf{P}_i B_{i,j} \mathbf{P}_j^T$ und $\tilde{p}_i$ bezeichnet den Betrag des i-ten Korrekturimpulses. Damit dieser Impuls auf die beiden zugehörigen Partikel in entgegengesetzte Richtungen einwirken kann, muss er in den dreidimensionalen Raum transformiert werden. Dies geschieht mit der Projektionsmatrix der entsprechenden Distanzbedingung:

$$\mathbf{p}_i = \tilde{p}_i \mathbf{P}_i^T.$$

Bei den Diagonalelementen der Matrix $\mathbf{A}$ kann auf die Projektionsmatrizen verzichtet werden. Bei einem solchen Element sind die beiden Projektionsmatrizen gleich und ihre Multiplikation ergibt genau Eins.

Das vorgestellte lineare Gleichungssystem berücksichtigt alle Abhängigkeiten im Textilmodell. Daher können die Korrekturimpulse für alle Distanzbedingungen in einem einzigen Schritt exakt bestimmt werden. Dafür muss das Gleichungssystem zunächst faktorisiert und dann gelöst werden. Die Faktorisierung kann z. B. mit Hilfe der Bibliothek LAPACK [ABD+90, ABB+99] durchgeführt werden. Diese Bibliothek enthält eine stabile Implementierung einer **LU**-Faktorisierung. Allerdings hat die **LU**-Faktorisierung einen Zeitaufwand von $O(n^3)$. Jede Distanzbedingung verbindet zwei Partikel. Im Inneren des Textilnetzes sind beide Partikel mit jeweils drei weiteren Bedingungen verbunden. Daher ist jede Zwangsbedingung im Netz von maximal sechs anderen Bedingungen abhängig. Im Allgemeinen ergibt sich daraus ein dünnbesetztes Gleichungssystem für die Berechnung der Korrekturimpulse. Aus diesem Grund wird für die Lösung des Gleichungssystems die Bibliothek PARDISO eingesetzt, die optimierte Methoden für dünnbesetzte Systeme enthält. Außerdem ermöglicht diese Bibliothek die parallele Faktorisierung und Lösung eines Gleichungssystems auf mehreren Prozessoren. Dadurch erhöht sich die Geschwindigkeit der Simulation deutlich. Alternativ kann eine effiziente GPU-basierte Methode zum Lösen des Gleichungssystems verwendet werden (siehe Abschnitt 5.3).

Die Faktorisierung der Matrix des Gleichungssystems nimmt in jedem Simulationsschritt mit Abstand die meiste Zeit in Anspruch. Allerdings muss diese Faktorisierung für jeden Simulationsschritt nur einmal bestimmt werden. Da die Korrektur der Geschwindigkeitsbedingungen und die Korrektur der Positionsbedingungen im nächsten Simulationsschritt zum gleichen Zeitpunkt stattfindet, sind die beiden Matrizen der zugehörigen Gleichungssysteme identisch. Daher kann die Faktorisierung der ersten Matrix wiederverwendet werden.

4.3.3.2. Eigenschaften des Verfahrens

Geschwindigkeit Die Korrekturimpulse für die Positions- und Geschwindigkeitsbedingungen können jeweils durch das Lösen des Gleichungssystems exakt bestimmt werden. Im Gegensatz zum LGS-Verfahren für Starrkörper wird für die Positionsbedingungen kein iterativer Prozess benötigt. Die zeitaufwendige Faktorisierung der Matrix muss nur einmal pro Simulationsschritt durchgeführt werden und kann anschließend sowohl für die Geschwindigkeitsbedingungen als auch für die Positionsbedingungen des darauffolgenden Zeitschritts verwendet werden. In jedem Simulationsschritt wird die Matrix einmal faktorisiert, das Gleichungssystem zweimal gelöst und die Geschwindigkeiten und Positionen der Partikel integriert. Da der letzte Teil nicht viel Rechenzeit beansprucht, hängt die Geschwindigkeit der Simulation maßgeblich von dem verwendeten Verfahren zur Lösung des Gleichungssystems ab. Es ist sinnvoll, spezielle Lösungsverfahren für dünnbesetzte Systeme einzusetzen, da diese die Simulation deutlich beschleunigen. Durch solche Verfahren können auch sehr komplexe Modelle noch in Echtzeit simuliert werden. Genaue Messwerte werden in Abschnitt 4.3.6 vorgestellt.

Im Gegensatz zum iterativen Verfahren wird für jeden Simulationsschritt die gleiche Rechenzeit benötigt. Beim iterativen Verfahren schwankt die Rechenzeit abhängig von den Kräften, die auf das simulierte Netz einwirken. Dies ist hier nicht der Fall, da alle Abhängigkeiten im Modell beim Berechnen der Impulse berücksichtigt werden.

Genauigkeit Da die Korrekturimpulse bei dem LGS-Verfahren exakt bestimmt werden und keine Toleranzen nötig sind, wird jede Distanzbedingung genau erfüllt. Dadurch lässt das simulierte Material absolut keine Dehnung zu. Trotzdem ist das Modell frei verformbar. Aus diesem Grund kann das LGS-Verfahren eingesetzt werden, wenn das Textilmodell keine Elastizität aufweisen soll. Für unelastische Modelle ist das Verfahren sehr gut geeignet, da sehr genaue Ergebnisse in einer vorhersehbaren Rechenzeit erzielt werden.

Stabilität Die Stabilität des LGS-Verfahrens ist, wie bei allen bisher vorgestellten impulsbasierten Verfahren, sehr hoch. Das liegt daran, dass für jede Zwangsbedingung ein gültiger Zustand direkt angesteuert wird. Aus diesem Grund können auch zerstörte Modelle wieder zusammengesetzt werden. Dies sollte allerdings nicht in einem einzigen Simulationsschritt geschehen, sondern auf mehrere Schritte verteilt werden. Wenn ein Modell in einem Schritt zusammengesetzt wird, werden die Korrekturimpulse im Allgemeinen sehr groß, da große Distanzen in einem sehr kurzen Zeitraum zurückgelegt werden müssen. Dies führt zu sehr hohen Geschwindigkeiten im Modell, wodurch numerische Probleme auftreten, durch die die Simulation unter Umständen instabil wird. Daher ist es sinnvoll, die Korrekturimpulse für jeden Simulationsschritt zu beschränken. Ein zerstörtes Modell wird dann über mehrere Schritte wieder zusammengesetzt. Dadurch vergrößert sich der Zeitraum, in dem das Modell repariert wird und die Distanzen können mit geringeren Geschwindigkeiten überwunden werden. Dies führt zu einer stabilen Simulation.

Simulation in Echtzeitanwendungen Beim LGS-Verfahren ist der Rechenaufwand in jedem Simulationsschritt gleich. Daher wird im Gegensatz zum iterativen Verfahren für die exakte Berechnung der Korrekturimpulse immer die gleiche Zeit benötigt. Allerdings besteht beim LGS-Verfahren keine Möglichkeit, die Berechnung vorzeitig abzubrechen und trotzdem ein Ergebnis zu bekommen. Für Echtzeitanwendungen ist dieses Verfahren genau dann geeignet, wenn die benötigte Rechenzeit für einen Simulationsschritt kleiner gleich der Zeitschrittweite ist. Ist diese Bedingung erfüllt, können alle Schritte schnell genug durchgeführt werden. Da das LGS-Verfahren insgesamt sehr schnell ist, können damit auch sehr komplexe Modelle in Echtzeit simuliert werden (siehe auch Abschnitt 5.3).

Implementierung Die Implementierung der LGS-Methode ist komplizierter als die des iterativen Verfahrens, da ein Lösungsverfahren für ein lineares Gleichungssystem benötigt wird. Allerdings existieren für solche Lösungsverfahren bereits verschiedene Bibliotheken. Darunter sind auch frei verfügbare Bibliotheken, wie z. B. ATLAS[1] [WD99], eine hochoptimierte Variante von LAPACK. Durch den Einsatz solcher Bibliotheken ist der Implementierungsaufwand des Verfahrens relativ gering.

4.3.4. Parallele Simulation nicht dehnbarer Textilien

In diesem Abschnitt soll ein Verfahren vorgestellt werden, das die parallele Simulation von Textilien erlaubt [BB08b]. Dafür wird das Textilmodell zunächst in azyklische Teile zerlegt. Anschließend wird ein Verfahren vorgestellt, mit dem die Korrekturimpulse für ein azyklisches Modell mit linearem Zeit- und Speicheraufwand bestimmt werden können. Die Korrekturimpulse der einzelnen Teile können mit Hilfe dieses Verfahrens sehr schnell berechnet werden. Außerdem können die Impulse für alle azyklischen Teile, zwischen denen keine direkte Abhängigkeit besteht, parallel berechnet werden. Die direkten Abhängigkeiten werden mit Hilfe eines iterativen Verfahrens aufgelöst. Am Ende des Abschnittes werden die Eigenschaften dieses Verfahrens diskutiert.

4.3.4.1. Simulation azyklischer Modelle mit linearem Aufwand

Ein Modell, dessen Bedingungen keine zyklischen Strukturen aufweisen, kann mit einem Zeit- und Speicheraufwand von $O(n)$ simuliert werden. Es wurde bereits für Starrkörpermodelle gezeigt, wie dieser optimale Aufwand erreicht wird (siehe Abschnitt 3.3.3). Die Berechnung der Korrekturimpulse für ein Partikelmodell funktioniert sehr ähnlich. Das Verfahren mit linearem Aufwand basiert auf dem LGS-Verfahren. Durch eine geeignete Umformung des linearen Gleichungssystems kann es mit dem optimalen Aufwand gelöst werden. Dafür muss die Matrix des Systems zunächst folgendermaßen zerlegt werden:

$$\mathbf{CM}^{-1}\mathbf{C}^T\,\mathbf{p} = \triangle\mathbf{v}. \tag{4.6}$$

Dabei ist $\mathbf{C}$ eine Blockmatrix, die die Distanzbedingungen im Modell repräsentiert. Die Matrix $\mathbf{M}$ beschreibt die Masseneigenschaften aller Partikel im System, die Teil einer Distanzbedingung sind. Diese Matrix ist ebenfalls eine Blockmatrix, die auf der Diagonalen eine Massenmatrix für

---

[1] Die Abkürzung ATLAS steht für *Automatically Tuned Linear Algebra Software*.

jedes Partikel enthält. Die Massenmatrix $\mathbf{M}_i$ des i-ten Partikels ist wie folgt definiert:

$$\mathbf{M}_i = \begin{pmatrix} m_i & 0 & 0 \\ 0 & m_i & 0 \\ 0 & 0 & m_i \end{pmatrix}. \tag{4.7}$$

Jede Zeile in der Bedingungsmatrix $\mathbf{C}$ repräsentiert eine Distanzbedingung des Modells und jeder dreidimensionale Spaltenblock ein Partikel. Daher hat die Matrix $\mathbf{C}$ für ein Modell mit n_D Distanzbedingungen und n_P Partikeln die Dimension $n_D \times 3n_P$. Ein einzelner Block $\mathbf{C}_{i,j}$ der Matrix hat die Dimension 1×3 und ist genau dann ungleich Null, wenn das j-te Partikel dynamisch und Teil der Distanzbedingung mit dem Index i ist. Wenn das lineare Gleichungssystem für die Korrekturimpulse in die Form von Gleichung 4.6 gebracht werden kann, dann hat das folgende System exakt die gleiche Lösung:

$$\underbrace{\begin{pmatrix} \mathbf{M} & -\mathbf{C}^T \\ -\mathbf{C} & 0 \end{pmatrix}}_{\mathbf{H}} \begin{pmatrix} \mathbf{y} \\ \mathbf{p} \end{pmatrix} = \underbrace{\begin{pmatrix} 0 \\ -\triangle\mathbf{v} \end{pmatrix}}_{\mathbf{b}}.$$

Ein System dieser Form wurde bereits in Abschnitt 3.3.3 vorgestellt. Es ist zwar größer als das ursprüngliche Gleichungssystem, hat aber den Vorteil, dass die Matrix $\mathbf{H}$ immer dünnbesetzt ist. Um dieses neue Gleichungssystem mit linearem Aufwand zu lösen, müssen zunächst die Zeilen neu sortiert werden. Dafür wird ein Graph aufgestellt, der die Verbindungen zwischen den Partikeln im Modell widerspiegelt. Alle Partikel und Bedingungen werden im Graph als Knoten repräsentiert. Wenn ein Partikel Teil einer Distanzbedingung ist, existiert eine Kante zwischen dem Partikel und der Bedingung (siehe auch Abbildung 3.7). Durch eine Tiefensuche in diesem Graphen werden die Knoten so indiziert, dass der Index jedes Elternknotens größer ist als die Indizes seiner Kinder. Anhand dieser Indizes werden die Zeilen des Gleichungssystems neu sortiert. Dabei gibt der Index eines Knotens die Position der zugehörigen Zeile im System an. Das resultierende System hat bei einer $\mathbf{LDL}^T$-Faktorisierung die Eigenschaft, dass die untere Dreiecksmatrix $\mathbf{L}$ genauso dünnbesetzt ist, wie die ursprüngliche Matrix $\mathbf{H}$. Das bedeutet, dass in der Matrix $\mathbf{L}$ genau die gleichen Elemente von Null verschieden sind, wie bei $\mathbf{H}$. In Abschnitt 3.3.3 wurden die zwei Algorithmen 3.3 und 3.4 vorgestellt, die unter Berücksichtigung dieser Eigenschaft das Gleichungssystem für Starrkörper mit linearem Aufwand faktorisieren und lösen. Mit diesen Algorithmen kann auch das hier vorgestellte Gleichungssystem für ein Textilmodell mit dem optimalen Aufwand von $O(n)$ gelöst werden.

Nachdem das Gleichungssystem gelöst wurde, enthält der Vektor $\mathbf{p}$ den Betrag von jedem Korrekturimpuls. Ein Wert p_i des Lösungsvektors muss mit der Richtung der zugehörigen Distanzbedingung multipliziert werden, um einen dreidimensionalen Impuls zu bekommen:

$$\mathbf{p}_i = p_i\,\mathbf{P}_i^T.$$

Durch die resultierenden Impulse werden alle Zwangsbedingungen des Systems sofort erfüllt.

Die Korrekturimpulse können nur dann in linearer Zeit bestimmt werden, wenn eine Zerlegung $\mathbf{A} = \mathbf{C}\mathbf{M}^{-1}\mathbf{C}^T$ für die Matrix des Gleichungssystems existiert. Die Massenmatrix $\mathbf{M}$ in dieser Zerlegung ist bereits bekannt. Da es sich dabei um eine Diagonalmatrix handelt, ist auch ihre Inverse $\mathbf{M}^{-1}$ eine Diagonalmatrix. Außerdem ist die Matrix $\mathbf{M}$ eine Blockmatrix, die für jedes dynamische Partikel einen Block $\mathbf{M}_i$ (siehe Gleichung 4.7) auf der Diagonalen enthält. Daher ist die inverse Matrix ebenfalls eine Blockmatrix und ihre Blöcke sind wie folgt bestimmt:

$$\mathbf{M}_i^{-1} = \begin{pmatrix} \frac{1}{m_i} & 0 & 0 \\ 0 & \frac{1}{m_i} & 0 \\ 0 & 0 & \frac{1}{m_i} \end{pmatrix} = \begin{pmatrix} k_i & 0 & 0 \\ 0 & k_i & 0 \\ 0 & 0 & k_i \end{pmatrix}.$$

Damit ist die Matrix $\mathbf{M}^{-1}$ bekannt und es muss nur noch die Blockmatrix $\mathbf{C}$ für die Bedingungen bestimmt werden.

Ein Element der Matrix $\mathbf{A}$ für zwei Zwangsbedingungen mit einem gemeinsamen Partikel wird durch die folgende Gleichung bestimmt:

$$A_{i,j} = \mathbf{P}_i\,B_{i,j}\,\mathbf{P}_j^T.$$

Dabei ist $B_{i,j}$ durch die Gleichung 4.4 bestimmt und $\mathbf{P}_i$ ist die Projektionsmatrix der i-ten Distanzbedingung (siehe Gleichung 4.5). Das Element $A_{i,j}$ beschreibt die Geschwindigkeitsänderung in der Bedingung i, wenn ein Korrekturimpuls für die Bedingung j auf das gemeinsame Partikel einwirkt. Der Index des gemeinsamen Partikels der beiden Bedingungen wird im Folgenden mit l bezeichnet. Für die gesuchte Zerlegung der Matrix $\mathbf{A}$ muss die folgende Gleichung für das Element $A_{i,j}$, die Bedingungsmatrizen $\mathbf{C}_{i,l}$ und $\mathbf{C}_{j,l}$ und die inverse Massenmatrix des Partikels l gelten:

$$\mathbf{P}_i\,B_{i,j}\,\mathbf{P}_j^T = \mathbf{C}_{i,l}\,\mathbf{M}_l^{-1}\,\mathbf{C}_{j,l}^T. \tag{4.8}$$

Beide Seiten der Gleichung sehen sich bereits ziemlich ähnlich. Der Wert $B_{i,j}$ beschreibt die inverse Masse des gemeinsamen Partikels der beiden Bedingungen, genauso wie die Matrix $\mathbf{M}_l^{-1}$. Allerdings wird bei der Berechnung von $B_{i,j}$ eine Fallunterscheidung für das Vorzeichen gemacht (siehe Gleichung 4.4). Da die Matrix $\mathbf{M}_l^{-1}$ fest definiert ist, kann ein Vorzeichenwechsel hier nicht umgesetzt werden. Aus diesem Grund muss die Fallunterscheidung für die Bedingungsmatrizen durchgeführt werden:

$$\mathbf{C}_{i,l} = \begin{cases} \tilde{\mathbf{C}}_{i,l} & \text{wenn } l = i_1 \\ -\tilde{\mathbf{C}}_{i,l} & \text{wenn } l = i_2 \\ \mathbf{0} & \text{sonst.} \end{cases}$$

Dabei sind i_1 und i_2 die Indizes des ersten bzw. zweiten Partikels der i-ten Distanzbedingung. Der Block $\tilde{\mathbf{C}}_{i,l}$ muss gleich der Projektionsmatrix $\mathbf{P}_i$ sein, damit die Gleichung 4.8 erfüllt ist:

$$\tilde{\mathbf{C}}_{i,l} = \mathbf{P}_i = \frac{\mathbf{s}_{i_2}(t) - \mathbf{s}_{i_1}(t)}{|\mathbf{s}_{i_2}(t) - \mathbf{s}_{i_1}(t)|}.$$

Damit ist die Zerlegung der Matrix $\mathbf{A}$ vollständig bestimmt und das lineare Gleichungssystem für die Korrekturimpulse kann in die Form von Gleichung 4.6 gebracht werden. Da diese Voraussetzung erfüllt ist, kann das Gleichungssystem mit linearem Zeit- und Speicheraufwand faktorisiert und gelöst werden.

4.3.4.2. Beschreibung des Verfahrens

Bisher wurde ein Verfahren mit optimalem Aufwand für die Simulation von azyklische Modellen vorgestellt. Das vorgestellte Textilmodell beinhaltet allerdings sehr viele Zyklen. In diesem Abschnitt wird gezeigt, wie das vorgestellte Verfahren bei der parallelen Simulation des Textilmodells zum Einsatz kommt. Dafür muss das Textilmodell zunächst in azyklische Teile zerlegt werden. Diese Zerlegung kann auf verschiedene Weisen geschehen. In dieser Arbeit wurde das Modell in horizontale und vertikale Streifen zerlegt (siehe Abbildung 4.5). Diese Art der Zerlegung hat mehrere Vorteile. Alle resultierenden azyklischen Teile haben dabei die gleiche Anzahl an Distanzbedingungen. Dies ist wichtig, da die Korrekturimpulse für diese Teile im weiteren Verlauf parallel berechnet werden sollen. Außerdem entsteht durch die Zerlegung keine Redundanz im Modell. Es sind allerdings durchaus Zerlegungen denkbar, bei denen eine Distanzbedingung in mehreren Teilen verwendet wird.

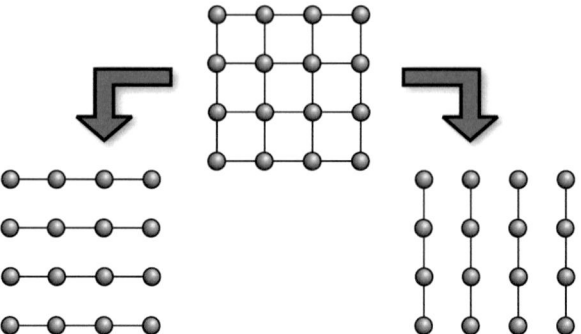

Abbildung 4.5.: Beispiel eines einfachen Textilmodells, das in acht azyklische Teile zerlegt wird

Durch die Zerlegung des Modells entstehen azyklische Teilmodelle, für die die Korrekturimpulse mit dem im letzten Abschnitt vorgestellten Verfahren mit linearem Aufwand berechnet werden können. Bei der Simulation muss allerdings berücksichtigt werden, dass zwischen zwei Teilmodellen, die ein gemeinsames Partikel haben, eine Abhängigkeit besteht. Die Abhängigkeit ergibt sich, da durch beide Teile Impulse auf das gleiche Partikel einwirken und dadurch die Berechnung des jeweils anderen Impulses beeinflusst wird. Diese Abhängigkeiten im Modell können eine zyklische Struktur aufweisen, was bei der Auflösung berücksichtigt werden muss. Teilmodelle, die kein gemeinsames Partikel haben, sind unabhängig voneinander. Daher beeinflussen sie sich nicht gegenseitig und ihre Korrekturimpulse können parallel berechnet werden.

In Abschnitt 4.3.2 wurde ein iteratives Verfahren für die Berechnung der Korrekturimpulse bei einem Textilmodell vorgestellt. Dieses Verfahren hat den Vorteil, dass es zyklische Abhängigkeiten ohne zusätzlichen Aufwand auflösen kann. Allerdings konvergiert es bei sehr komplexen Modellen nur langsam, besonders wenn das Textilmodell sehr unelastisch ist. Durch die Kombination der optimierten Methode für azyklische Modelle mit dem iterativen Verfahren können die zyklischen Abhängigkeiten im Modell aufgelöst werden. In einem Iterationsschritt werden die Korrekturimpulse für jedes azyklische Teilmodell mit Hilfe des Verfahrens mit linearem Aufwand berechnet. Die Faktorisierung eines Teilmodells muss dabei nur einmal pro Simulationsschritt bestimmt werden, da sie für einen Zeitpunkt konstant bleibt. Der iterative Prozess endet, wenn alle Distanzbedingungen innerhalb einer vorgegebenen Toleranz erfüllt sind. Mit diesem Toleranzwert wird die Elastizität des Modells beschränkt. Im Gegensatz zum iterativen Verfahren aus Abschnitt 4.3.2 wird hier nicht über alle Bedingungen, sondern nur über alle Teilmodelle iteriert. Dadurch konvergiert der Prozess wesentlich schneller zu einer Lösung.

Die horizontalen und vertikalen Streifen bilden zwei Gruppen von unabhängigen azyklischen Teilmodellen. Das bedeutet, dass kein Streifen einer Gruppe eine Abhängigkeit mit einem anderen Streifen der gleichen Gruppe hat. Daher können die Impulse aller Teile einer Gruppe parallel berechnet werden. Dabei kommt das Verfahren mit linearem Aufwand zum Einsatz, um eine hohe Geschwindigkeit zu erreichen. Die Abhängigkeiten zwischen den Gruppen werden durch den iterativen Prozess aufgelöst, der die Berechnungen für die beiden Gruppen immer abwechselnd durchführt.

4.3.4.3. Eigenschaften des Verfahrens

Geschwindigkeit Die Impulse für ein azyklisches Teilmodell können mit dem optimalen Aufwand von $O(n)$ exakt bestimmt werden. Ein solches Teilmodell ist nicht sehr komplex, da seine Struktur linear ist und es nur einen Bruchteil der Bedingungen des Gesamtmodells beinhaltet. Dadurch ist die Berechnung der Impulse für ein Teilmodell sehr schnell.

Die horizontalen und vertikalen Streifen bilden jeweils eine Gruppe von Teilen, die unabhängig voneinander sind, während zwischen den Gruppen sehr viele Abhängigkeiten existieren. Diese Abhängigkeiten werden durch einen iterativen Prozess aufgelöst, bei dem in jedem Schritt erst alle Impulse der ersten Gruppe und dann alle Impulse der zweiten Gruppe bestimmt werden. Da hier über die Teilmodelle iteriert wird und nicht über alle Distanzbedingungen, konvergiert der Prozess wesentlich schneller als das iterative Verfahren (siehe Abschnitt 4.3.2). Durch den iterativen Prozess muss das lineare Gleichungssystem für die Impulse eines Teilmodells mehrmals gelöst werden. Allerdings ändert sich während dem gesamten Prozess die Faktorisierung nicht. Da außerdem die Gleichungssysteme für die Geschwindigkeitsbedingungen und für die Positionsbedingungen des nächsten Simulationsschritts die gleiche Matrix haben, muss die Faktorisierung nur einmal pro Simulationsschritt bestimmt werden. Die Gleichungssysteme innerhalb einer Gruppe können parallel gelöst werden, da sie unabhängig voneinander sind. Dadurch kann die Simulation auf Rechnern mit mehreren Prozessoren deutlich beschleunigt werden.

Mit dem vorgestellten Verfahren können sehr komplexe Modelle in Echtzeit simuliert werden. Die Geschwindigkeit der Simulation hängt zum einen vom

Toleranzwert ab, der bei der Abbruchbedingung des iterativen Prozesses verwendet wird, und zum anderen von der Anzahl der Prozessoren, die zur Verfügung stehen. Genaue Messergebnisse werden in Abschnitt 4.3.6 vorgestellt.

Genauigkeit Die Genauigkeit, mit der die Distanzbedingungen erfüllt werden, hängt direkt von dem Toleranzwert ab, der beim iterativen Prozess verwendet wird. Je kleiner der Wert ist, um so länger benötigt der Prozess bis er konvergiert. Mit dem Toleranzwert wird direkt die maximal zulässige Ausdehnung des Textilmodells beschränkt. Damit kann die Elastizität des Modells sehr genau kontrolliert werden. Eine solche Beschränkung ist mit einem Masse-Feder-Modell nicht möglich.

Stabilität Die Stabilität des Verfahrens ist sehr hoch, da sowohl das Verfahren für azyklische Modelle als auch das iterative Verfahren sehr stabil sind. Die Kombination der beiden Verfahren ändert an dieser Eigenschaft nichts. Das vorgestellte Verfahren kann, wie die anderen impulsbasierten Verfahren, zerstörte Modelle wieder zusammensetzen. Dafür muss der Impuls für jede Distanzbedingung jedes Simulationsschrittes auf ein Maximum beschränkt werden. Andernfalls werden die Impulse bei stark zerstörten Modellen sehr groß und die Simulation instabil.

Simulation in Echtzeitanwendungen Die Rechenzeit, die für einen Simulationsschritt benötigt wird, hängt stark vom verwendeten Toleranzwert beim iterativen Prozess ab. Wenn in einer Echtzeitanwendung die maximale Rechenzeit für einen Simulationsschritt verbraucht ist, bevor die Abbruchbedingung des iterativen Prozesses erfüllt wird, kann der Prozess vorzeitig abgebrochen werden. Dadurch erhält man nur ein vorläufiges Ergebnis, das den vorgegebenen Toleranzwert nicht erreicht. Dafür wird die Echtzeitbedingung der Anwendung eingehalten. Der Toleranzwert kann im nächsten Simulationsschritt wieder erreicht werden.

In Echtzeitanwendungen sollte genug Rechenzeit eingeplant werden, um das gewünschte Modell ohne Probleme simulieren zu können. Ein vorzeitiger Abbruch des iterativen Prozesses ist dann nur in Ausnahmesituationen nötig, in denen sehr große Kräfte auf das Modell einwirken.

Implementierung Für die Simulation der azyklischen Teilmodelle müssen nur die Algorithmen 3.3 und 3.4 implementiert werden. Im Gegensatz zum $O(n)$-Verfahren für Starrkörpersysteme wird hier kein Graph für die Gelenkstruktur benötigt, da die Teilmodelle alle eine vorgegebene lineare Struktur haben. Die Umsetzung der beiden Algorithmen ist relativ einfach. Die Implementierung des iterativen Prozesses ist ebenfalls unkompliziert. Für die parallele Berechnung der Impulse aller Teilmodelle in einer Gruppe wurde OpenMP [CJP07] verwendet. Die Abkürzung OpenMP steht für *Open Multi-Processing*. OpenMP erlaubt die Parallelisierung des Verfahrens mit Hilfe von einfachen Compiler-Direktiven. Der Compiler erzeugt daraus dann ein paralleles Programm. Insgesamt ergibt sich daraus, dass das Verfahren einfach zu implementieren ist.

4.3.5. Erweiterung für Dreiecksnetze

In den vorherigen Abschnitten wurde die Simulation nicht dehnbarer Textilien mit der impulsbasierten Methode beschrieben. Dabei wurde ausschließlich ein Partikelmodell verwendet, bei dem die Partikel durch ein regelmäßiges Gitter von Distanzbedingungen verbunden werden. Die Modellierung von Kleidungsstücken mit solchen regelmäßigen Gittern ist allerdings schwer. Daher wurde eine Erweiterung des Simulationsverfahrens entwickelt, mit der beliebige Dreiecksnetze unterstützt werden [BDB11]. Dabei wurde das Verklemmungsproblem, das bei solchen Modellen auftritt, gelöst. Diese Erweiterung wird im Folgenden vorgestellt.

4.3.5.1. Simulationsmodell

Die Distanzbedingungen, die in den vorherigen Abschnitten beschrieben wurden, werden mit Hilfe der impulsbasierten Methode annähernd exakt eingehalten. Verwendet man als Simulationsmodell ein Dreiecksnetz, bei dem sich in jedem Eckpunkt ein Partikel befindet und auf jeder Kante eine Distanzbedingung definiert ist, kommt es in der Simulation zu einer Verklemmung. Der Grund dafür ist, dass durch die Bedingungen zu viele Freiheitsgrade entfernt werden und damit keine vollständige Deformation mehr möglich ist. Im Folgenden wird eine Lösung für dieses Problem präsentiert, die auf einer Idee von English und Bridson [EB08] basiert.

Anstatt die Partikel auf den Eckpunkten eines Dreiecksnetzes zu definieren, werden die Partikel auf den Mittelpunkten der Kanten positioniert (siehe Abbildung 4.6). Auf diese Weise wird die Anzahl der Freiheitsgrade im Modell erhöht, da zwei benachbarte Dreiecke nur noch einen anstatt zwei gemeinsame Partikel haben. Die Partikel werden dann, wie in Abbildung 4.6

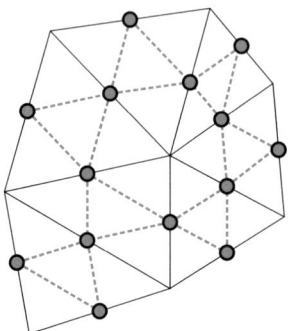

Abbildung 4.6.: Die Partikel des nicht-konformen Simulationsnetzes (rot) befinden sich auf den Mittelpunkten der Kanten des ursprünglichen Dreiecksnetzes (schwarz). Distanzbedingungen werden zwischen diesen Partikeln definiert.

gezeigt, mit Distanzbedingungen miteinander verbunden. Das resultierende Netz ist mit dem ursprünglichen Dreiecksnetz nicht-konform. Allerdings hat das resultierende Simulationsmodell mehr Freiheitsgrade und das Verklemmungsproblem wird dadurch gelöst.

Bei einem Simulationsmodell, bei dem die Partikel nicht in einem regulären Gitter angeordnet sind, müssen die Massen der Partikel so angepasst werden, dass sich eine gleichmäßige Massenverteilung ergibt. Wenn man von einer konstanten Dichte ρ über die Fläche ausgeht, kann die Masse eines Partikels durch

$$m = \rho \cdot A \tag{4.9}$$

bestimmt werden, wobei A die Fläche ist, die ein Partikel repräsentiert. Diese Fläche wird durch die anliegenden Dreiecke im ursprünglichen Dreiecksnetz des Modells bestimmt. Jeder Partikel liegt auf dem Mittelpunkt einer Kante im ursprünglichen Netz (siehe Abbildung 4.6). Im Inneren des Netzes hat jede dieser Kanten zwei und auf dem Rand ein anliegendes Dreieck. Die Fläche, die ein Partikel repräsentiert, wird in dieser Arbeit durch ein Drittel der Summe der anliegenden Dreiecksflächen berechnet. Mit Gleichung 4.9 kann dann die Masse jedes Partikels bestimmt werden.

Das Simulationsmodell, das bis jetzt beschrieben wurde, hat zu viele Freiheitsgrade auf dem Rand. Die Randdreiecke des nicht-konformen Netzes haben nur ein oder zwei gemeinsame Partikel mit inneren Dreiecken. Daher können Dreiecke am Rand frei um die gemeinsamen Partikel rotieren ohne von den benachbarten Dreiecken abhängig zu sein. Dieses Problem kann

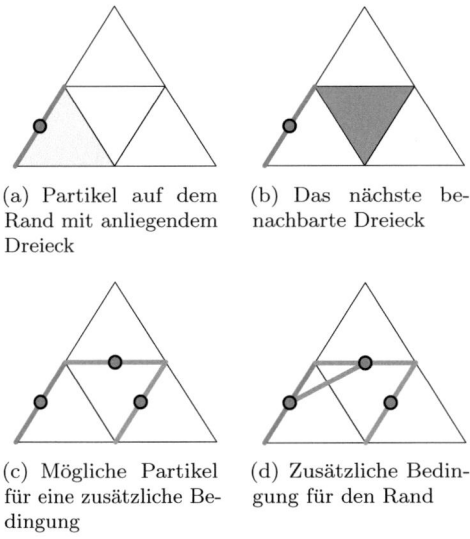

(a) Partikel auf dem Rand mit anliegendem Dreieck

(b) Das nächste benachbarte Dreieck

(c) Mögliche Partikel für eine zusätzliche Bedingung

(d) Zusätzliche Bedingung für den Rand

Abbildung 4.7.: Definition einer zusätzlichen Distanzbedingung für ein Partikel auf dem Rand

gelöst werden, indem am Rand zusätzliche Distanzbedingungen definiert werden.

Um zusätzliche Bedingungen auf dem Rand zu definieren, müssen zunächst alle Kanten auf dem Rand des ursprünglichen Dreiecksnetzes bestimmt werden. Diese Kanten haben nur ein anliegendes Dreieck (siehe Abbildung 4.7(a)). Solche Randdreiecke haben maximal zwei benachbarte Dreiecke, die im nächsten Schritt bestimmt werden (siehe Abbildung 4.7(b)). Jedes der Nachbardreiecke hat wiederum zwei nicht gemeinsame Kanten mit dem Randdreieck. Die Partikel auf den Mittelpunkten dieser Kanten sind mögliche Kandidaten für die Definition einer zusätzlichen Distanzbedingung (siehe Abbildung 4.7(c)). Für die endgültige Bedingung wird von den beiden Kandidaten der Partikel ausgewählt, der am nächsten zu dem Partikel auf der Randkante liegt (siehe Abbildung 4.7(d)). Alle zusätzlichen Distanzbedingungen, die auf diese Weise für das Beispiel aus Abbildung 4.6 erzeugt werden, werden in Abbildung 4.8 gezeigt.

Das Problem bei einer Simulation mit dem nicht-konformen Netz ist, dass abseits der Partikel auf den Mittelpunkten diskontinuierliche Übergänge im Simulationsmodell auftreten (siehe Abbildung 4.9). Aus diesem Grund

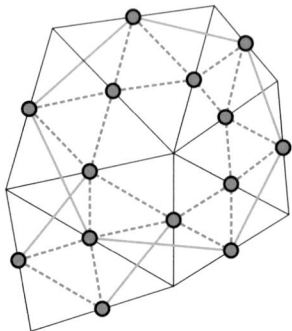

Abbildung 4.8.: Zusätzliche Distanzbedingungen für ein nicht-konformes Dreiecksnetz

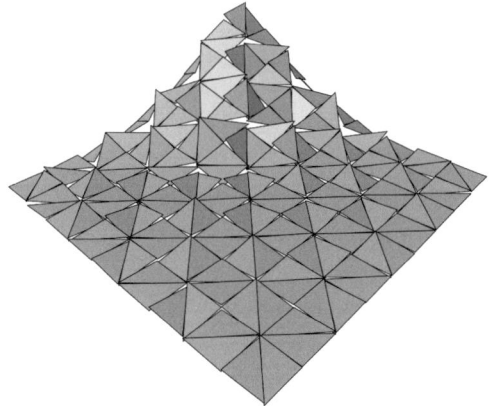

Abbildung 4.9.: Benachbarte Dreiecke im nicht-konformen Netz haben nur einen gemeinsamen Punkt. Wenn man das ursprüngliche Dreiecksnetz direkt mit dem nicht-konformen Netz verbindet, entstehen daher Löcher.

kann die Kollisionserkennung und die Visualisierung nicht direkt mit dem Modell durchgeführt werden. Um ein kontinuierliches Netz zu erhalten, wird das ursprüngliche Dreiecksnetz mit dem nicht-konformen Netz gekoppelt. Dieses wird im Folgenden auch als das konforme Netz bezeichnet.

Zunächst müssen für das ursprüngliche Netz die Positionen der Punkte bestimmt werden. Betrachtet man nur ein Dreieck des nicht-konformen

Modells, dann können die zugehörigen Positionen $\overline{\mathbf{x}}^c$ des ursprünglichen Dreiecks durch

$$\overline{\mathbf{x}}_1^c = \mathbf{x}_2^{nc} + \mathbf{x}_3^{nc} - \mathbf{x}_1^{nc}$$
$$\overline{\mathbf{x}}_2^c = \mathbf{x}_3^{nc} + \mathbf{x}_1^{nc} - \mathbf{x}_2^{nc}$$
$$\overline{\mathbf{x}}_3^c = \mathbf{x}_1^{nc} + \mathbf{x}_2^{nc} - \mathbf{x}_3^{nc}$$

berechnet werden. Dabei bezeichnet $\mathbf{x}_i^{nc}$ den Mittelpunkt der Kante, die dem Punkt i im ursprünglichen Netz gegenüber liegt. Die Positionen $\overline{\mathbf{x}}_j^c$ können allerdings nicht direkt für das konforme Dreiecksnetz verwendet werden (siehe Abbildung 4.9). Im Allgemeinen wird für einen Punkt im konformen Netz für jedes zugehörige nicht-konforme Dreieck eine andere Position $\overline{\mathbf{x}}^c$ bestimmt. Für die Bestimmung der endgültigen Position $\mathbf{x}^c$ des Punktes werden daher alle zugehörigen Positionen $\overline{\mathbf{x}}^c$ gemittelt. Die Umrechnung der Positionen und der Geschwindigkeiten zwischen dem nicht-konformen und dem konformen Dreiecksnetz kann auch mit einer Matrix $\mathbf{B}$ durchgeführt werden:

$$\mathbf{x}^c = \mathbf{B}\,\mathbf{x}^{nc}$$
$$\mathbf{v}^c = \mathbf{B}\,\mathbf{v}^{nc}.$$

Die Positionen der Punkte im konformen Netz müssen nach jedem Simulationsschritt neu bestimmt werden. Dann kann dieses Dreiecksnetz für die Kollisionserkennung und auch für die Visualisierung verwendet werden. Die Kollisionsbehandlung kann mit jedem Verfahren durchgeführt werden, das für Dreiecksnetze geeignet ist. Für die Experimente in dieser Arbeit wurde das Verfahren von David Baraff [BWK03] eingesetzt, um einen durchdringungsfreien Zustand für das konforme Netz herzustellen. Nachdem alle Durchdringungen aufgelöst sind, kann das resultierende Netz für die Visualisierung verwendet werden. Da die Kollisionsbehandlung nur auf dem konformen Dreiecksnetz durchgeführt wird, müssen die daraus resultierenden Positionsänderungen $\triangle\mathbf{x}^c$ der Punkte auf das nicht-konforme Netz übertragen werden. Die endgültigen Positionen $\mathbf{x}_f^{nc}$ der Partikel im nicht-konformen Modell können mit Hilfe von Lagrange-Multiplikatoren bestimmt werden [EB08]:

$$\mathbf{x}_f^{nc} = \mathbf{x}^{nc} + \mathbf{B}^T\,\boldsymbol{\lambda}.$$

Der Vektor der Lagrange-Multiplikatoren $\boldsymbol{\lambda}$ wird durch das Lösen eines symmetrischen, positiv definiten linearen Gleichungssystems berechnet:

$$\mathbf{B}\,\mathbf{B}^T\,\boldsymbol{\lambda} = \triangle\mathbf{x}^c.$$

Dieses Gleichungssystem garantiert, dass die Interpolation der endgültigen Positionen $\mathbf{x}_f^{nc}$ durch die Matrix $\mathbf{B}$ genau die gewünschten Positionsänderungen $\triangle \mathbf{x}^c$ im konformen Netz bewirkt:

$$\mathbf{B}\mathbf{x}_f^{nc} = \mathbf{x}^c + \triangle \mathbf{x}^c.$$

Da die Matrix $\mathbf{B}\,\mathbf{B}^T$ des Gleichungssystems während der Simulation konstant ist, kann eine Faktorisierung vorberechnet werden. Dadurch kann die Berechnung der Lagrange-Multiplikatoren $\boldsymbol{\lambda}$ während der Simulation sehr effizient durchgeführt werden.

Zum Schluss müssen auch die Geschwindigkeiten des nicht-konformen Simulationsmodells aktualisiert werden. Diese werden durch die Positionsänderungen wie folgt angenähert:

$$\mathbf{v}_f^{nc} = \mathbf{v}^{nc} + \frac{\mathbf{x}_f^{nc} - \mathbf{x}^{nc}}{h}.$$

Dabei ist zu beachten, dass sowohl die Positionen als auch die Geschwindigkeiten nur dann aktualisiert werden müssen, wenn durch die Kollisionsbehandlung die Positionen des konformen Netzes verändert werden.

Für eine realistische Simulation von Textilien werden Kräfte benötigt, die einer Krümmung des Modells entgegenwirken. Diese Kräfte müssen für das nicht-konforme Simulationsmodell bestimmt werden. Dafür kann das Modell für Krümmungen von unelastische Textilien von Wardetzky et al. [WBH+07] angepasst werden.

4.3.6. Ergebnisse

In diesem Abschnitt werden verschiedene Ergebnisse mit den vorgestellten Verfahren präsentiert. Alle Geschwindigkeitsmessungen wurden auf einem PC mit einem 2,4 GHz Intel Core 2 Quad Prozessor durchgeführt.

Die maximale Ausdehnung des simulierten Textilmodells kann mit Hilfe des verwendeten Toleranzwertes kontrolliert werden. Abbildung 4.10 zeigt ein solches Modell, das aus einem regulären Netz von 41×41 Partikeln besteht. Diese sind durch 3280 Distanzbedingungen miteinander verbunden. Die Partikel im Modell haben einen Abstand von $10\,\text{cm}$. Dadurch ergibt sich eine Gesamtgröße von $4\,\text{m} \times 4\,\text{m}$ für das Modell. An zwei Ecken des Modells wurden statische Partikel verwendet, um das Modell aufzuhängen. Dadurch kann beobachtet werden, wie stark sich das Modell unter der Einwirkung von Gravitation verformt. Für die Positionsbedingungen wurden Toleranzwerte zwischen $0,01\,\text{m}$ und $0,00001\,\text{m}$ verwendet. Dadurch lag die maximal

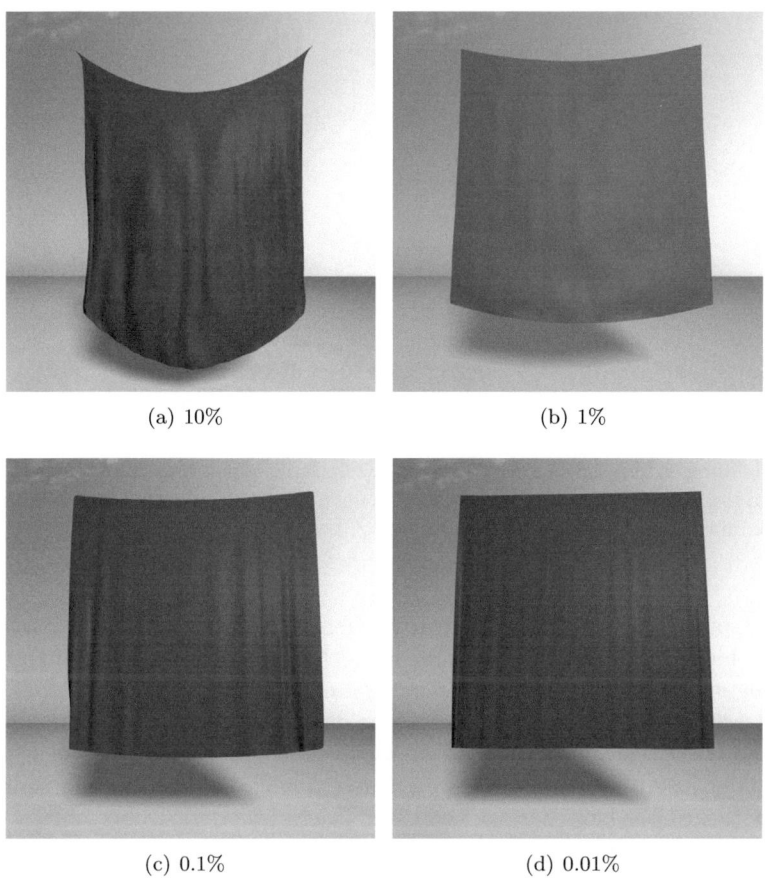

(a) 10% (b) 1%

(c) 0.1% (d) 0.01%

Abbildung 4.10.: Simulation eines Tuchs mit unterschiedlichen Toleranzwerten. Die Toleranzwerte wurden so gewählt, dass die maximal zulässige Dehnung zwischen 10% und 0.01% lag.

erlaubte Ausdehnung zwischen 10% und 0,01%. Das vorgestellte Verfahren erlaubt sogar kleinere Toleranzwerte. Allerdings ist der Unterschied visuell kaum noch wahrnehmbar.

Für die Geschwindigkeitsmessungen werden ebenfalls quadratische Textilmodelle (siehe Abbildung 4.10) verwendet. Es werden Modelle verschiedener Größen simuliert, um das Laufzeitverhalten der Verfahren zu untersuchen.

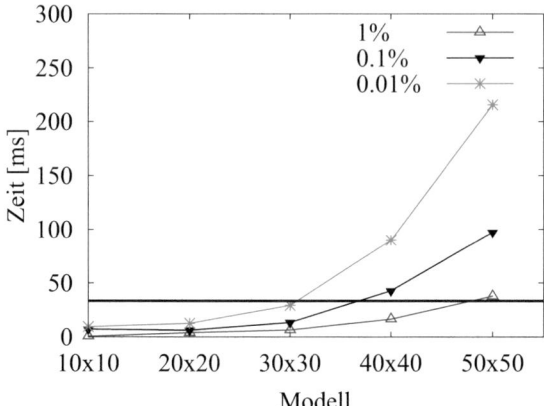

Abbildung 4.11.: Durchschnittliche Rechenzeit für einen Simulationsschritt mit dem iterativen Verfahren. Es wurden Modelle unterschiedlicher Größe mit einer maximal zulässigen Dehnung zwischen 1% und 0,01% simuliert.

Die simulierten Modelle haben zwischen 10×10 und 50×50 Partikel. Das kleinste Modell hat 180 und das größte Modell 4900 Distanzbedingungen. Durch die vielen Abhängigkeiten und Zyklen in den Modellen entstehen sehr komplexe Systeme, für die die Impulse berechnet werden müssen. Die Geschwindigkeit der Simulation hängt allerdings nicht nur von der Komplexität der Netze ab, sondern auch von der maximal zulässigen Elastizität bzw. den verwendeten Toleranzwerten. Daher werden die Geschwindigkeitsmessungen mit verschiedenen Toleranzen durchgeführt. Es wird eine Zeitschrittweite von $h = \frac{1}{30}$ s verwendet, um 30 Bilder pro Sekunde zu erzeugen. Dadurch ergibt sich eine für das menschliche Auge flüssige Animation. Am Anfang der Simulation befindet sich das Textilmodell parallel zum Boden und zwei benachbarte Ecken des Modells sind statisch. Durch die Gravitation schwingt das Tuch während der Simulation nach unten. Außerdem wirken am Anfang verschiedene Impulse auf zufällig ausgewählte Partikel. Dadurch ergeben sich realistische Bedingungen für die Messungen, da sich das Modell gleichzeitig in verschiedene Richtungen verformt. Nach jeweils 500 Simulationsschritten wird die durchschnittliche Rechenzeit pro Schritt bestimmt.

Abbildung 4.11 zeigt die Messergebnisse für das iterative Verfahren. Die horizontale Linie markiert den Wert von $\frac{1}{30}$ s. Alle Messwerte unterhalb dieser Linie gehören daher zu Simulationen, die schneller als Echtzeit durchgeführt werden konnten. Für alle Modelle wurden Messungen mit drei verschiedenen Toleranzwerten durchgeführt. Durch den ersten Wert wurde die maximal zulässige Ausdehnung des Modells auf 1% seiner ursprünglichen Größe beschränkt. Die beiden anderen Werte beschränkten die Ausdehnung auf 0,1% bzw. auf 0,01%.

Das Modell mit 30×30 Partikeln konnte sogar mit einer maximalen Ausdehnung von 0,01% schneller als Echtzeit simuliert werden. Mit dem gleichen Toleranzwert war das kleinste Modell ungefähr dreimal schneller als Echtzeit. Das größte Modell mit 4900 Distanzbedingungen konnte bei einer Ausdehnung von 1% fast in Echtzeit simuliert werden. Mit dem kleinsten Toleranzwert war die Simulation ungefähr sechsmal langsamer.

Die Geschwindigkeit der Simulation kann verbessert werden, wenn der iterative Prozess nach einer maximalen Anzahl an Iterationsschritten vorzeitig beendet wird. Dies hat den Vorteil, dass die maximale Rechenzeit für einen Simulationsschritt kontrolliert werden kann. Allerdings kann durch diese Vorgehensweise der vorgegebene Toleranzwert nicht immer eingehalten werden. Trotzdem bleibt die Simulation stabil und die Ergebnisse sind zumindest visuell plausibel. Durch eine Reduzierung der Iterationsschritte auf maximal fünf kann das Modell mit 50×50 Partikeln ca. 2,3 mal schneller als Echtzeit simuliert werden.

Die gleichen Modelle wurden auch mit dem LGS-Verfahren simuliert. Abbildung 4.12 zeigt die dabei benötigten durchschnittlichen Rechenzeiten für einen Simulationsschritt. Die Simulation komplexer Modelle mit dem LGS-Verfahren ist langsam. Der Grund dafür ist, dass sehr große Gleichungssysteme in jedem Schritt faktorisiert und gelöst werden müssen. Beim größten Modell hatte das lineare Gleichungssystem für die Korrekturimpulse eine Dimension von 4900. Die Systeme für die Impulse sind dünnbesetzt, da jede Distanzbedingung im Modell nur maximal sechs direkte Abhängigkeiten hat: drei an jedem der beiden verbundenen Partikel. Aus diesem Grund wurde für die Lösung des Systems die Bibliothek PARDISO eingesetzt, die für dünnbesetzte Gleichungssysteme optimiert ist. Das kleinste Modell mit 10×10 Partikeln konnte ungefähr viermal schneller als Echtzeit simuliert werden. Allerdings ist bereits die Simulation des 20×20 Modells viermal langsamer als Echtzeit. Das LGS-Verfahren benötigt sehr viel Rechenzeit. Dafür kann man mit diesem Verfahren absolut undehnbare Textilien simulieren. Die Distanzbedingungen werden dabei exakt gelöst und nicht nur innerhalb einer vorgegebenen Toleranz.

Der hohe Rechenaufwand des LGS-Verfahrens kann reduziert werden, indem das Modell in kleinere Teile zerlegt wird. Für jeden Teil wird ein

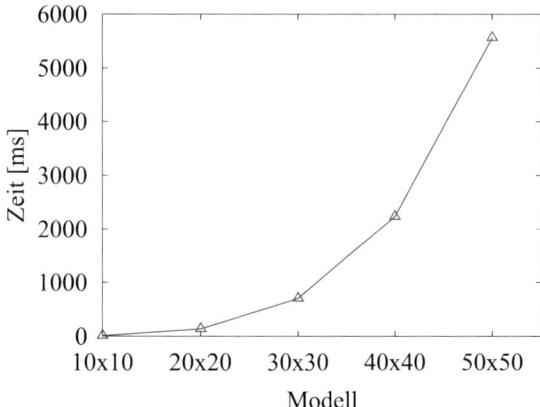

Abbildung 4.12.: Durchschnittliche Rechenzeit für einen Simulationsschritt mit dem LGS-Verfahren. Die Messungen wurden für Modelle mit unterschiedlichen Größen durchgeführt.

eigenes lineares Gleichungssystem aufgestellt und gelöst. Die Abhängigkeiten zwischen den Teilen können mit Hilfe eines iterativen Prozesses aufgelöst werden. Auf dieser Grundlage wurde das letzte Verfahren für die Simulation von Textilien entwickelt, das in dieser Arbeit vorgestellt wird (siehe Abschnitt 4.3.4). Da die Zerlegung des Gesamtmodells frei wählbar ist, wird das Modell in azyklische Teile zerlegt. Dadurch können die Impulse für die Teilmodelle mit jeweils linearem Aufwand bestimmt werden, wodurch die Simulation zusätzlich beschleunigt wird. Außerdem können Teile, die keine direkte Abhängigkeit haben, parallel behandelt werden.

Die Messungen für das parallele Verfahren wurden mit den gleichen Modellen wie bei den anderen beiden Verfahren durchgeführt. Da hier die direkten Abhängigkeiten zwischen den einzelnen Teilmodellen mit Hilfe eines iterativen Prozesses aufgelöst werden, ist die Laufzeit von dem dabei verwendeten Toleranzwert abhängig. Deswegen wurden für die Messungen drei verschiedene Toleranzwerte verwendet. Diese beschränken die maximale Ausdehnung des Textilmodells auf 1%, 0,1% bzw. 0,01%. Die Simulationen wurden parallel auf allen vier Kernen des verwendeten Prozessors durchgeführt. Abbildung 4.13 zeigt für jede Simulation die durchschnittliche Rechenzeit eines Simulationsschrittes. Alle Simulationen konnten schneller als Echtzeit durchgeführt werden. Durch die parallele

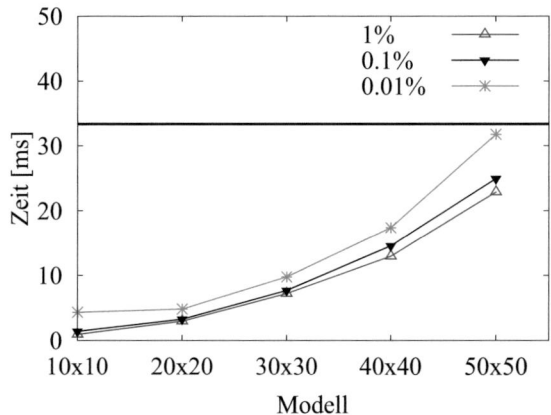

Abbildung 4.13.: Durchschnittliche Rechenzeit für einen Simulationsschritt. Es wurden Modelle mit unterschiedlichen Größen mit einer maximal zulässigen Dehnung zwischen 1% und 0,01% simuliert.

Berechnung auf vier Kernen konnte die Simulation gegenüber einer seriellen Behandlung um den Faktor 3,4 beschleunigt werden. Damit ist dieses Verfahren die schnellste impulsbasierte Methode für die Simulation von Textilien, die in dieser Arbeit vorgestellt wurde. Dies gilt sogar dann, wenn die Simulation auf nur einem Kern bzw. Prozessor durchgeführt wird. Das größte Modell mit 50×50 Partikeln benötigte durchschnittlich 31,75 ms für einen Simulationsschritt, bei dem eine maximale Ausdehnung von 0,01% zulässig war. Mit dem gleichen Toleranzwert konnte ein Simulationsschritt für das kleinste Modell in durchschnittlich 4,33 ms berechnet werden. Die Simulation war damit fast achtmal schneller als Echtzeit. Für den größten Toleranzwert lagen die durchschnittlichen Rechenzeiten zwischen 0,92 ms und 22,87 ms. Das kleinste Modell kann damit mehr als 36 mal schneller als Echtzeit simuliert werden.

Die Behandlung von Kollisionen und Kontakten mit Reibung aus Abschnitt 3.4 wurde in die Simulation von Textilien integriert. Dafür musste das Verfahren angepasst werden, da die einzigen Körper im Textilmodell Partikel sind. Wenn eine Kollision auf einer Fläche zwischen den Partikeln im Modell auftritt, wird der Kollisionsimpuls auf die umliegenden Partikel verteilt. Diese Verteilung ist abhängig von der Distanz der Partikel zum Kollisionspunkt. Die Gewichtungen, die dabei für die benachbarten Partikel berechnet werden, müssen aufsummiert Eins ergeben. Abhängigkeiten, die

Abbildung 4.14.: Ein Tuch, das über eine Kugel fällt und mit dieser Kollisionen und bleibende Kontakte hat

zwischen den Distanzbedingungen und den Bedingungen der Kollisionen bzw. Kontakte auftreten, werden durch einen iterativen Prozess aufgelöst. Die Simulation mit Kollisionen und Kontakten wird in den Abbildungen 4.14 und 4.15 gezeigt. Durch die zusätzlichen Zwangsbedingungen im System wird die Simulation langsamer. Man kann den zusätzlichen zeitlichen Aufwand jedoch mit Hilfe der Methode der Schockfortpflanzung [Gue06, Ben07a] begrenzen.

Im Folgenden werden Ergebnisse für die in Abschnitt 4.3.5 beschriebene Erweiterung für Dreiecksnetze vorgestellt. Die Simulationen wurden auf einem PC mit zwei Intel X5650 Prozessoren mit 2.66 GHz durchgeführt. Die dafür benötigten Gleichungssysteme wurden mit der Bibliothek PARDISO [SGFS01] gelöst. Die Distanzbedingungen im Modell wurden mit der impulsbasierten Methode simuliert. Dabei wurde eine maximale Toleranz von 10^{-6} m verwendet.

Abbildung 4.16 zeigt die Simulation eines Tischtuchs. Das ursprüngliche Netz dieses Modells besteht aus 4722 Dreiecken und 7143 Kanten. Daraus ergibt sich ein nicht-konformes Simulationsmodell mit 7143 Partikeln und 14406 Distanzbedingungen. Davon werden 240 Bedingungen zusätzlich für die Randdreiecke benötigt.

In einem zweiten Experiment wurde ein Tuch, das aus einem regulären Dreiecksnetz mit 100×100 Punkten besteht, über einer Kugel fallen

Abbildung 4.15.: Verschiedene Starrkörper, die in ein Tuch fallen

Abbildung 4.16.: Simulation eines Tischtuchs mit einem nicht-konformen Simulationsmodell

gelassen (siehe Abbildung 4.17). Das Simulationsmodell besteht aus 29601 Partikeln und 59396 Distanzbedingungen. In der Arbeit von English und Bridson [EB08] wurde eine ähnliche Simulation mit 9.52 Sekunde pro Simulationsschritt auf einem Athlon 64 3500+ durchgeführt.

Die durchschnittlichen Rechenzeiten bei einer Simulation mit einer Schrittweite von 1 ms sind in Tabelle 4.1 zusammengefasst. Die Berechnung der

Abbildung 4.17.: Ein Tuchmodell mit 100×100 Partikeln kollidiert mit einer Kugel

Faktorisierung der Matrix kostet am meisten Zeit. Für die Behandlung der Positionsbedingungen wird geringfügig mehr Zeit benötigt als für die Geschwindigkeitsbedingungen. Der Grund dafür ist, dass wegen der Kräfte, die einer Krümmung entgegen wirken, das Gleichungssystem für die Positionsbedingungen in einer Schleife mehrmals gelöst werden muss, um ein genaues Ergebnis zu erhalten. Im Schnitt wurden bei den Simulationen ein bis zwei Iterationen benötigt, um die maximale Toleranz von $10^{-6}\,\mathrm{m}$ zu erreichen. Die Impulse für die Geschwindigkeitsbedingungen können dagegen exakt durch das einmalige Lösen eines Gleichungssystems bestimmt werden.

Modell	Anzahl der Bedingungen	Faktorisierung	Pos.-bed.	Geschw.-bed.	Gesamt
Tischtuch	14406	73.6 ms	7.2 ms	6.6 ms	109.5 ms
Kugel	59396	335.6 ms	31.1 ms	26.1 ms	572.4 ms

Tabelle 4.1.: Durchschnittliche Rechenzeiten pro Simulationsschritt für die Simulation des Tischtuchs und die Kollision mit der Kugel. Die Tabelle zeigt die Zeiten für die Erzeugung und Faktorisierung des Gleichungssystems, die Behandlung aller Positions- und Geschwindigkeitsbedingungen sowie die gesamte Rechenzeit, die auch die Kollisionsbehandlung beinhaltet.

4.4. Volumenerhaltende Simulation von Weichkörpern

Ein deformierbarer Körper mit einer Ausdehnung wird als Weichkörper bezeichnet. Im Gegensatz zu den Textilien sind Weichkörper dreidimensional, wodurch die Simulation komplexer wird. Eine wichtige Eigenschaft von vielen Weichkörpern ist, dass ihr Volumen konstant bleibt. Dies spielt nicht nur bei der Simulation von biologischen Gewebe eine wichtige Rolle [HJCW06], sondern führt auch zu realistischeren Deformationen und wird daher bei der Modellierung berücksichtigt [vFTS06]. Volumenerhaltung wird in der Simulation oft vernachlässigt, da sie schwierig zu realisieren ist (siehe Abschnitt 4.1). Außerdem kann eine Simulation wesentlich effizienter durchgeführt werden, wenn die Volumenerhaltung nicht garantiert wird.

4.4.1. Impulsbasierte Methode

In diesem Abschnitt wird ein impulsbasierter Ansatz für die Simulation von Weichkörpern vorgestellt, bei dem das Volumen des simulierten Körpers erhalten bleibt [DBB09b]. Für die Simulation eines Weichkörpers wird ein Partikelmodell mit Zwangsbedingungen verwendet. Um ein solches Modell aus einem vorgegebenen Körper zu erzeugen, wird eine Zerlegung des Körpers in ein Netz aus Tetraedern durchgeführt. Für jeden Tetraeder wird anschließend eine Zwangsbedingung definiert, die dafür sorgt, dass das Volumen des Tetraeders konstant bleibt. Die Bedingungen werden mit Hilfe der impulsbasierten Methode in einem iterativen Prozess erfüllt. Diese Methode hat den Vorteil, dass die zyklischen Abhängigkeiten im Modell ohne zusätzlichen Aufwand aufgelöst werden. Außerdem ist eine Interaktion mit den bisher vorgestellten Starrkörpermodellen und Textilien möglich, da die gleiche Methode für alle Arten von Zwangsbedingungen verwendet wird.

Bei der Zerlegung in ein Tetraedernetz wird das ursprüngliche Dreiecksnetz des simulierten Weichkörpers angenähert. Die Abweichung hängt von der Auflösung des Tetraedernetzes und von den verwendeten Parametern ab. Durch die Zwangsbedingungen, die dieses Netz definiert, wird das Volumen des Körpers erhalten, während das ursprüngliche Dreiecksnetz für die Kollisionserkennung und die Visualisierung des Körpers verwendet wird. Das Tetraedernetz ist daher nur ein Hilfsmittel für die Simulation.

4.4.1.1. Modell

Ein Weichkörper muss für die Simulation durch ein Modell beschrieben werden, mit dem sein Volumen sowohl global als auch lokal erhalten werden kann. Zu diesem Zweck wird für den Körper ein Netz aus Tetraedern generiert. Jonas Spillmann et al. präsentieren in [SWT06] ein Verfahren, mit dem ein Tetraedernetz aus einer beliebigen Suppe von Dreiecken generiert werden kann. Diese Methode verarbeitet sogar Dreiecksnetze, die nicht geschlossen sind. Das Ziel der Methode ist, ein *Pseudovolumen* für ein Dreiecksnetz zu bestimmen. Das Volumen des Körpers kann bei offenen Netzen nicht bestimmt werden. Daher wird der Raum, den das Objekt einnimmt, durch ein Pseudovolumen approximiert. Für die impulsbasierte Simulation von Weichkörpern wurde das Verfahren von Jonas Spillmann erweitert [DBB09b]. Diese Erweiterung wird im Folgenden vorgestellt.

Um ein Tetraedernetz für einen Weichkörper zu generieren, wird zunächst ein Distanzfeld mit Vorzeichen für den Körper berechnet. Bei einem Distanzfeld wird das Volumen eines Körpers mit Hilfe von Voxeln beschrieben. Zusätzlich wird für jeden Voxel die kürzeste Distanz von seinem Zentrum zur Oberfläche des Körpers gespeichert. Die Distanz wird mit einem negativen Vorzeichen angegeben, wenn sich der Voxel innerhalb des Körpers befindet, und ist positiv, wenn er außerhalb liegt. Da die Berechnung des Distanzfeldes sehr rechenintensiv ist, sind verschiedene Arbeiten entstanden, die sich mit der Optimierung der Berechnung beschäftigen. Christian Sigg et al. setzen z. B. zur schnellen Berechnung die Graphik-Hardware ein [SPG03].

In dieser Arbeit wird zur Bestimmung des Distanzfeldes ein Standard-Ansatz verwendet, wie ihn Andreas Bærentzen in [Bær05] beschreibt. Zunächst wird ein achsenorientierter Quader als Hüllkörper für den Weichkörper bestimmt. Dieser Quader wird anschließend in Voxel unterteilt, für die die Abstände zur Oberfläche des Weichkörpers berechnet werden. Um das Vorzeichen für eine Distanz festzulegen, muss bestimmt werden, ob der Voxel innerhalb oder außerhalb des Volumens liegt. Dafür wird eine Methode verwendet, die Fakir S. Nooruddin und Greg Turk in [NT03] vorstellen. Bei dieser Methode wird ein Strahl in einer bestimmten Richtung vom Mittelpunkt des Voxels aus durch die Oberfläche geschossen und die Schnitte mit der Oberfläche gezählt [NT03]. Der Voxel liegt außerhalb des Volumens, wenn die Anzahl der Schnitte gerade ist, und innerhalb bei einer ungeraden Anzahl. Wenn die Oberfläche Löcher aufweist, kann diese Klassifikation fehlerhaft sein. Existieren nur wenige Löcher, dann kann dieses Problem gelöst werden, indem für jeden Voxel mehrere Strahlanfragen durchgeführt werden. Das Vorzeichen wird dann durch eine Mehrheitsentscheidung gesetzt. Bei vielen Löchern in der Oberfläche ist diese Lösung allerdings nicht zuverlässig.

Im Folgenden wird beschrieben, wie die Bestimmung des Vorzeichens für nicht zusammenhängende Modelle und Oberflächen mit vielen Löchern verbessert wird. Nachdem das Distanzfeld für den Weichkörper bestimmt ist, wird für jeden Voxel die folgende Wahrscheinlichkeit berechnet:

$$P(\mathbf{x}) = 1 - \alpha |d_{\min}(\mathbf{x})|,$$

wobei $\mathbf{x}$ den Mittelpunkt des Voxels und $d_{\min}(\mathbf{x})$ den Abstand von $\mathbf{x}$ zum nächsten Punkt auf der Oberfläche des Volumens beschreibt. Der Parameter α dient zur Normalisierung, so dass für die Wahrscheinlichkeiten aller Voxel $0 \leq P(\mathbf{x}) \leq 1$ gilt. Der Wert $P(\mathbf{x})$ beschreibt die Wahrscheinlichkeit, dass ein Übergang vom Inneren ins Äußere des Pseudovolumens geschieht. Diese Übergänge werden zur Bestimmung des Vorzeichens gezählt.

Wenn ein Strahl mit der Richtung $\mathbf{v}$ durch das Distanzfeld geht, werden die Wahrscheinlichkeiten aller Voxel, die er schneidet, ausgewertet. Ein Übergang des Strahls ins Innere bzw. Äußere des Pseudovolumens wird festgestellt, wenn für die Wahrscheinlichkeit $P(\mathbf{x}) > k_1$ und $\frac{\partial P}{\partial \mathbf{v}}(\mathbf{x}) > 0$ gilt. Nach einem solchen Übergang wird ein weiterer nur dann festgestellt, wenn die beiden Bedingungen $P(\mathbf{x}) < k_2$ und $\frac{\partial P}{\partial \mathbf{v}}(\mathbf{x}) < 0$ erfüllt sind. Dabei sind die Werte k_1 und k_2 zwei Konstanten, die vom Benutzer definiert werden. Durch diese beiden Werte kann der Benutzer die Erzeugung des Pseudovolumens kontrollieren. Dies ist besonders bei sehr dünnen Objekten wichtig (siehe Abbildung 4.18).

Da es bei der Verwendung von Wahrscheinlichkeiten auch zu Fehlentscheidungen kommen kann, werden für jeden Voxel mehrere Strahlen durch das

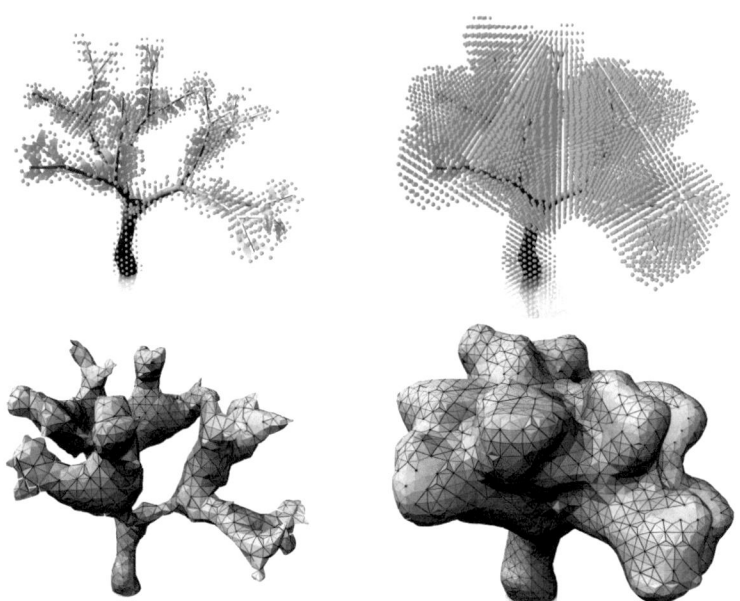

Abbildung 4.18.: Das Pseudovolumen eines Baummodells hängt von den verwendeten Toleranzwerten ab. Der obere Teil der Abbildung zeigt das ursprüngliche Baummodell und die Punkte, die im Inneren des Pseudovolumens liegen. Der untere Teil zeigt das resultierende Tetraedernetz.

Distanzfeld geschossen. Das Vorzeichen der Distanz wird dann aufgrund einer Mehrheitsentscheidung gesetzt.

Nachdem das Vorzeichen für jeden Voxel bestimmt wurde, muss ein Tetraedernetz aus dem Distanzfeld erzeugt werden. Dafür wird ein einheitliches Gitter von Zellen durch das Distanzfeld gelegt. Jede Zelle, die im Pseudovolumen liegt, wird in fünf Tetraeder zerlegt. Eine Zelle mit dem Volumen V liegt genau dann im Pseudovolumen, wenn die Pseudodichte

$$\rho(V) = \frac{m(V)}{M(V)}$$

größer als ein Toleranzwert ist, der vom Benutzer festgelegt wird. Dabei bezeichnet $M(V)$ die Anzahl an Voxeln innerhalb des Volumens V und $m(V)$ ist die Anzahl von Voxeln in V, die auch gleichzeitig ein Teil des Pseudovolumens ist. Damit die Tetraeder in benachbarten Zellen aneinan-

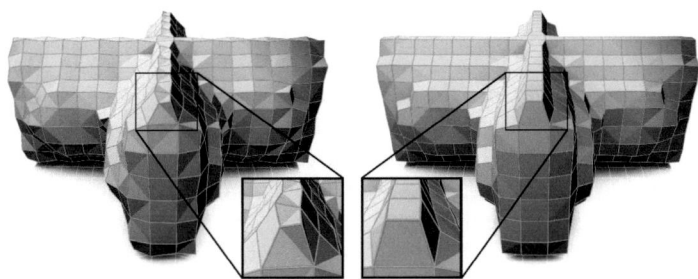

Abbildung 4.19.: Die Bilder zeigen ein Tetraedernetz nach zwei Glättungsschritten. Beim rechten Objekt wurden nur die Eckpunkte im Umbrella-Operator berücksichtigt, die über achsenorientierte Kanten verbunden sind. Das resultierende Netz ist deutlich symmetrischer als das linke Netz, bei dem auch die Eckpunkte über diagonalen Kanten verwendet wurden.

der anschließen, muss sich die Ausrichtung der Tetraeder abwechseln, wie es in [CDM+02] beschrieben wird.

Durch die beschriebene Vorgehensweise können Löcher auf der Oberfläche des Tetraedernetzes entstehen. Um dies zu vermeiden, werden in einem iterativen Prozess weitere Tetraeder erzeugt. Dabei wird jede Zelle dem Netz hinzugefügt, die noch kein Teil des Tetraedernetzes ist und die mehr als drei benachbarte Zellen innerhalb des Netzes hat. Nachdem alle Tetraeder erzeugt wurden, muss das Netz geglättet werden. Dadurch werden scharfe Ecken, die in der Simulation unerwünscht sind, eliminiert. Für die Glättung wird ein Laplace-Filter zweiter Ordnung [DMSB99] mit Volumenerhaltung auf die Oberfläche des Tetraedernetzes angewendet. Ein Ergebnis, das glatter ist und mehr Symmetrie aufweist, kann erreicht werden, wenn im Umbrella-Operator nur die Eckpunkte des ursprünglichen Tetraedernetzes berücksichtigt werden, die über die achsenorientierten Kanten verbunden sind. Wenn die Eckpunkte, die über die diagonalen Kanten verbunden sind, in den Operator mit eingehen, dann ist die Glättung scharfer Ecken abhängig von der Triangulation der Oberfläche. Eine symmetrische Glättung ist in der Simulation sehr wichtig. Andernfalls wird ein symmetrischer Weichkörper unsymmetrisch deformiert. Abbildung 4.19 zeigt die Unterschiede zwischen der hier vorgestellten Glättung des Modells und dem Standard-Ansatz.

Die Generierung eines Tetraedernetzes hängt von verschiedenen Parametern ab, auf die der Benutzer Einfluss nehmen kann. Durch das Festlegen der beiden Toleranzwerte k_1 und k_2 kann er die Form des Pseudovolumens beeinflussen. Sobald das Distanzfeld berechnet ist, kann er die Auflösung des Gitters bestimmen, mit dem die Tetraeder erzeugt werden. Je höher die Auflösung, umso besser wird der Weichkörper durch das Netz approximiert. Allerdings werden durch eine höhere Auflösung auch mehr Tetraeder erzeugt, was zu einem höheren Berechnungsaufwand in der Simulation führt. Zum Schluss kann der Benutzer noch die Glättung durch die entsprechenden Parameter beeinflussen. Das resultierende Netz bestimmt die Genauigkeit und Geschwindigkeit der Simulation.

Für eine realistische Simulation muss das generierte Tetraedernetz nur annähernd mit dem ursprünglichen Weichkörper übereinstimmen. Dieses Netz wird ausschließlich für die Simulation der Deformation des Körpers eingesetzt. Für die Kollisionserkennung und die Visualisierung kann weiterhin die Originalgeometrie des Weichkörpers verwendet werden. Diese muss dann durch eine Freiform-Deformation, wie sie z. B. von Tim Milliron et al. in [MJBF02] beschrieben wird, dem simulierten Tetraedernetz entsprechend verformt werden.

4.4.1.2. Volumenbedingung

Für die Simulation der Deformation eines Weichkörpers wird ein dynamisches Modell benötigt. Dafür wird in jedem Eckpunkt des zugehörigen Tetraedernetzes ein Partikel eingefügt. Für die Tetraeder werden Zwangsbedingungen definiert, die dafür sorgen, dass das Volumen erhalten bleibt. Außerdem soll der Weichkörper nach einer Deformation versuchen, seine ursprüngliche Form wieder herzustellen.

Abbildung 4.20 zeigt einen ersten Ansatz für das beschriebene Modell. Die Partikel in den Eckpunkten des Tetraeders werden über seine Kanten mit gedämpften Federn verbunden. Dadurch wirken Kräfte auf den Körper, durch die er seine ursprüngliche Form wieder herstellen kann. Das Volumen des Tetraeders mit den Partikeln a, b, c und d in den Eckpunkten wird wie folgt berechnet:

$$\begin{aligned}
\mathbf{r}_a &= \mathbf{s}_a - \mathbf{s}_d \\
\mathbf{r}_b &= \mathbf{s}_b - \mathbf{s}_d \\
\mathbf{r}_c &= \mathbf{s}_c - \mathbf{s}_d \\
V &= \frac{1}{6} \left| \mathbf{r}_a \cdot (\mathbf{r}_b \times \mathbf{r}_c) \right|.
\end{aligned} \tag{4.10}$$

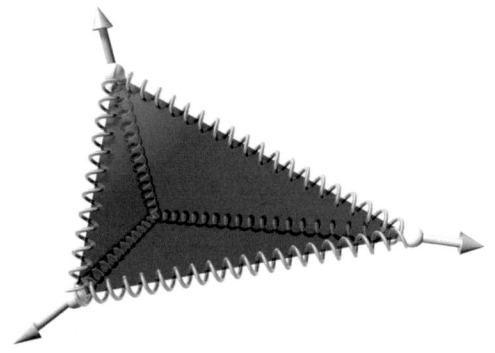

Abbildung 4.20.: Für das dynamische Modell eines Weichkörpers werden für jeden Tetraeder im Netz Partikel in den Eckpunkten, gedämpfte Federn auf den Kanten und eine Volumenbedingung definiert. Auf die Partikel in den Eckpunkten wirken Impulse, um die Volumenbedingung zu erfüllen.

Damit das Volumen des Tetraeders erhalten bleibt wird die folgende Zwangsbedingung definiert:

$$C(V) = V(t) - V_0 = 0.$$

Dabei ist $V(t)$ das Volumen des Tetraeders zum Zeitpunkt t und V_0 ist sein ursprüngliches Volumen, das erhalten werden soll.

Die Zwangsbedingung für das Volumen des Tetraeders wird mit Hilfe des impulsbasierten Ansatzes erfüllt. Dafür muss zunächst eine Vorschau für das Volumen zum Zeitpunkt $t + h$ bestimmt werden, wobei h die Zeitschrittweite der Simulation ist. Die Vorschau kann berechnet werden, indem die Positionen der Partikel in allen vier Eckpunkten über die Zeit integriert werden. Die neuen Positionen der Partikel ergeben sich durch Gleichung 2.2. Das neue Volumen zum Zeitpunkt $t + h$ wird anschließend durch das Einsetzen der neuen Positionen in Gleichung 4.10 bestimmt. Der Wert

$$e_V = V(t + h) - V_0$$

beschreibt den Fehler, der bei einem Simulationsschritt ohne Berücksichtigung der Volumenbedingung auftreten würde. Dieser Fehler muss durch eine Geschwindigkeitsänderung der Partikel verhindert werden. Dazu sollen im Folgenden entsprechende Impulse für die Partikel in den Eckpunkten berechnet werden.

Bevor Impulse berechnet werden können, muss zunächst bekannt sein, welche Geschwindigkeitsänderung diese Impulse bewirken sollen. Dafür muss für den Fehler e_V eine entsprechende Änderung bestimmt werden. Außerdem muss gewährleistet sein, dass die Summe der vier Impulse für einen Tetraeder Null ergibt. Ansonsten kann die Impulserhaltung des Systems nicht garantiert werden.

Für die Impulserhaltung des Systems wird zunächst der Schwerpunkt des Tetraeders bestimmt. Die Summe der vier Vektoren vom Schwerpunkt durch die Eckpunkte des Tetraeders ist immer Null. Diese Eigenschaft kann man sich bei der Berechnung der vier gesuchten Impulse zunutze machen. Für jedes der vier Partikel des Tetraeders wird der Vektor vom Schwerpunkt zu der Position des Partikels mit einem Faktor $w \in \mathbb{R}$ multipliziert, um den zugehörigen Impuls zu bekommen. Dadurch ist die Summe der vier Impulse immer Null und die Impulserhaltung wird gewährleistet. Für die Volumenerhaltung des Tetraeders muss der Faktor w so gewählt werden, dass der Fehler e_V ausgeglichen wird. Daher muss zunächst untersucht werden, wie der Faktor w das Volumen des Tetraeders beeinflusst.

Durch den Faktor w wird ein Punkt $\mathbf{a}$ des Tetraeders wie folgt verschoben:

$$\mathbf{a}' = \mathbf{a} + w\,(\mathbf{a} - \mathbf{s}_T), \tag{4.11}$$

wobei $\mathbf{s}_T$ der Schwerpunkt des Tetraeders ist. Wenn die Positionen von allen vier Punkten des Tetraeders auf diese Weise verändert werden, dann ergibt sich das veränderte Volumen:

$$
\begin{aligned}
V' &= \frac{1}{6}\,|\mathbf{r}'_a \cdot (\mathbf{r}'_b \times \mathbf{r}'_c)| \\
&= \frac{1}{6}\,|(\mathbf{s}'_a - \mathbf{s}'_d) \cdot ((\mathbf{s}'_b - \mathbf{s}'_d) \times (\mathbf{s}'_c - \mathbf{s}'_d))| \\
&= \frac{1}{6}\,|(\mathbf{r}_a + w\,\mathbf{r}_a)((\mathbf{r}_b + w\,\mathbf{r}_b) \times (\mathbf{r}_c + w\,\mathbf{r}_c))| \\
&= \frac{1}{6}\,\left|(1+w)^3\,\mathbf{r}_a\,(\mathbf{r}_b \times \mathbf{r}_c)\right|.
\end{aligned}
$$

Jedes beliebige Zielvolumen kann erreicht werden, wenn w auf den Bereich $w \geq -1$ beschränkt wird. Mit dieser Beschränkung kann der Term mit w aus dem Betrag herausgezogen werden und man erhält die Beziehung zwischen dem ursprünglichen und dem veränderten Volumen:

$$V' = (1+w)^3\,\frac{1}{6}\,|\mathbf{r}_a\,(\mathbf{r}_b \times \mathbf{r}_c)| = (1+w)^3\,V.$$

Sobald bekannt ist, wie sich der Faktor w auf die Veränderung des Volumens auswirkt, muss ein Wert für diesen Faktor bestimmt werden, so dass der Fehler e_V eliminiert wird. Dafür muss das Volumen nach dem Zeitschritt $V(t+h)$ so verändert werden, dass es dem Volumen V_0 entspricht. Dadurch ergibt sich die folgende Gleichung für den Faktor w:

$$V_0 = (1 + w)^3 \, V(t + h).$$

Diese wird anschließend nach w aufgelöst:

$$w = \sqrt[3]{\frac{V_0}{V(t + h)}} - 1.$$

Wenn der Faktor w berechnet ist, kann mit der Gleichung 4.11 die entsprechende Positionsänderung der Partikel bestimmt werden, die den Fehler e_V ausgleicht. Dadurch ist bekannt, wie sich die Positionen der Partikel nach dem Zeitschritt ändern müssen, so dass die Volumenbedingung erfüllt wird. Für die Berechnung von Impulsen, die die entsprechende Positionsänderung bewirken, muss zunächst die zugehörige Geschwindigkeitsänderung der Partikel bestimmt werden. Diese kann aus Gleichung 4.11 abgeleitet werden:

$$\triangle \mathbf{v} = \frac{w}{h} \, (\mathbf{a}(t + h) - \mathbf{s}_T(t + h)).$$

Mit dieser Geschwindigkeitsänderung wird die Gleichung für die gesuchten vier Impulse eines Tetraeders wie folgt aufgestellt:

$$k \, \mathbf{p} = \triangle \mathbf{v}.$$

Dabei muss der Wert von k für das jeweilige Partikel mit der Gleichung 4.1 berechnet werden. Durch die Verwendung des Faktors w ist sichergestellt, dass die Summe der vier Impulse Null ergibt und damit die Impulserhaltung des Systems gewährleistet ist. Wenn die vier berechneten Impulse am Anfang des Simulationsschrittes auf die Partikel des Tetraeders einwirken, verändern sich die Positionen der Partikel während des Schrittes so, dass nach dem Schritt das Volumen V_0 erreicht wird.

Falls ein Partikel Eckpunkt von mehreren Tetraedern im Modell ist, dann besteht zwischen den zugehörigen Volumenbedingungen eine direkte Abhängigkeit. Diese Abhängigkeiten können durch einen iterativen Prozess aufgelöst werden. Dabei ist es von Vorteil, wenn die Volumenbedingung nicht für jeden Tetraeder einzeln erfüllt wird, sondern wenn man einen Block von fünf Tetraedern gleichzeitig betrachtet [DBB09b]. Dadurch kann verhindert werden, dass sich die Tetraeder gegenseitig blockieren [ISF07]. Im gleichen iterativen Prozess wird auch die Behandlung von Kollisionen und bleibenden Kontakten durchgeführt. Für die Kollisionsauflösung wird das Verfahren aus Abschnitt 3.4 verwendet. Dieses muss allerdings bei Weichkörpern angepasst werden, da die einzigen Körper im simulierten Modell die Partikel in den Eckpunkten der Tetraeder sind. Bei einer Kollision auf der Seitenfläche eines Tetraeders muss der Kollisionsimpuls auf diese Partikel verteilt werden. Dafür werden zunächst die physikalischen Eigenschaften des Tetraeders, wie Masse, Trägheitstensor und Schwerpunkt, bestimmt. Anschließend kann die Kollisionsauflösung mit dem bereits vorgestellten Verfahren durchgeführt werden. Zum Schluss werden dann die Geschwindigkeitsänderungen in den Partikeln bestimmt und entsprechende Impulse berechnet. Durch diese Vorgehensweise können Kollisionen auch für Weichkörper behandelt werden.

4.4.1.3. Ergebnisse

Abbildung 4.21 zeigt zwei Simulationen mit dem vorgestellten Verfahren für Weichkörper. Für diese Simulationen wurde ein Quader in 1500 Tetraeder zerlegt, um das Modell eines Weichkörpers zu generieren. Das Modell fällt zunächst auf den Boden und kollidiert anschließend mit einem Starrkörper in Form einer Kugel. Für die beiden Simulationen wurden verschiedene Federn verwendet. Die Federn in der linken Simulation sind deutlich stärker als die in der rechten. Daher wird der Weichkörper rechts stärker deformiert. Da der Volumenfehler möglichst gering bleiben sollte, wurden relativ viele Iterationsschritte benötigt, um die 1500 Volumenbedingungen aufzulösen. Die Anzahl der Iterationen lag dabei teilweise über 600. Der vorgestellte Ansatz ist in dieser einfachen Form für solche Modelle nicht echtzeitfähig. Er kann allerdings durch die Techniken, die in Kapitel 5 vorgestellt werden, deutlich beschleunigt werden. Eine weitere Möglichkeit zur Beschleunigung des Verfahrens ist der Einsatz einer adaptiven Multi-Grid-Methode, wie sie z.B. von Matthias Müller in [Mül08] verwendet wird.

Eine Erweiterung des vorgestellten impulsbasierten Ansatzes wird in [DBB09a] präsentiert. Das Volumen geht bei diesem Verfahren mit Vorzeichen in die Berechnung ein, um zu verhindern, dass sich ein Tetraeder umstülpt. Für das Volumen wird eine Energiefunktion aufgestellt, mit der die Korrekturimpulse bestimmt werden. Da im Allgemeinen im Modell mehr Tetraeder als Freiheitsgrade existieren, werden die Bedingungen nicht für jeden Tetraeder einzeln, sondern gemeinsam für

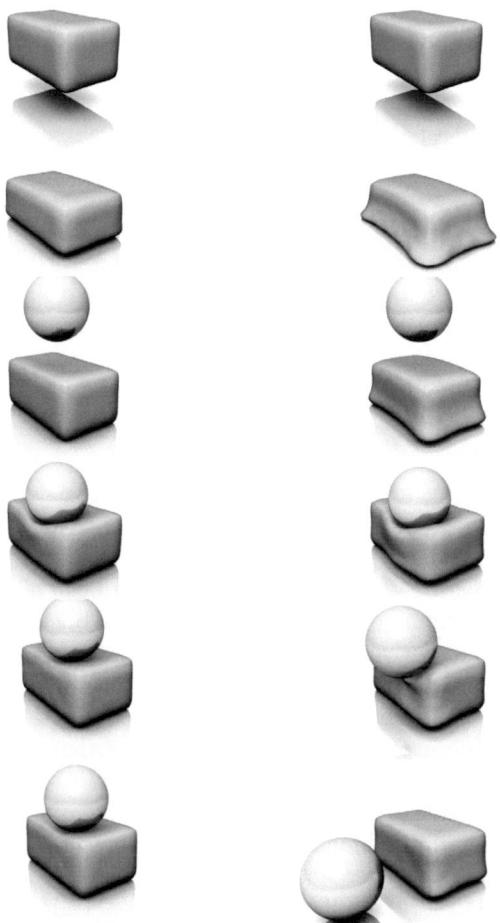

Abbildung 4.21.: Kollision eines deformierbaren Quaders mit einer starren Kugel. In der Simulation rechts wurden schwächere Federn verwendet als links, wodurch eine stärkere Verformung des Quaders entsteht.

alle Tetraeder in einer direkten Nachbarschaft zu einem Partikel gelöst. Mit dieser Vorgehensweise kann eine Blockierung des Modells verhindert werden [ISF07]. Bei dem Verfahren in [DBB09a] wird kein iterativer Prozess verwendet. Dadurch können auch komplexe Modelle mit über 1000 Tetraedern noch in Echtzeit simuliert werden. Allerdings kann ein maximaler Fehler nicht garantiert werden. Der Volumenfehler lag jedoch in verschiedenen komplexen Simulationen stets unter einem Prozent.

4.4.2. Shape Matching

Im Folgenden wird ein weiteres schnelles Verfahren für die Simulation deformierbarer Körper mit Volumenerhaltung vorgestellt [DBB11]. Im Gegensatz zu den meisten bekannten Verfahren wird dabei kein Volumenmodell, sondern ein geschlossenes Dreiecksnetz als Simulationsmodell verwendet. Ein Oberflächenmodell erfordert keine Vorverarbeitung, wie z.b. die Generierung eines Tetraedernetzes. Außerdem werden bei einem solchen Modell keine Elemente im Inneren des Körpers für die Simulation benötigt, wodurch sowohl der Speicherbedarf als auch der Rechenaufwand reduziert werden.

Das Verfahren zur Simulation der Deformationen basiert auf dem bedingungslos stabilen Shape-Matching-Ansatz von Müller et al. [MHTG05]. Dabei handelt es sich um ein geometrisch motiviertes Verfahren, mit dem visuell plausible elastische und plastische Deformationen effizient und robust simuliert werden können. Ein ausführlicher Überblick über geometrisch motivierte Verfahren wird in [BMOT13] gegeben. Für große Deformationen wird Shape-Matching auf überlappenden Regionen ausgeführt. Je größer diese Regionen sind, um so steifer wird das Modell. Bei großen Regionen müssen aber auch große Summen berechnet werden, die zum Flaschenhals der Simulation werden. Rivers und James [RJ07] haben eine schnelle Summationsmethode entwickelt, um dieses Problem zu lösen. Allerdings unterstützt diese Methode nur reguläre Gitter und kann nicht für irreguläre Modelle eingesetzt werden. Außerdem ist die Methode nicht für eine effiziente Parallelisierung auf der GPU geeignet. Daher wurde ein neues schnelles Summationsverfahren für irreguläre Dreiecksnetze entwickelt, das sich sehr gut auf der GPU implementieren lässt. Dieses Verfahren wird in den folgenden Abschnitten vorgestellt.

Weiterhin wird gezeigt, wie die Volumenerhaltung eines Oberflächenmodells mit Hilfe eines positionsbasierten Ansatzes realisiert werden kann. Dabei werden Kollisionen berücksichtigt, um Durchdringungen aufgrund einer Volumenkorrektur zu vermeiden. Außerdem werden störende Schwingungen durch eine Bedingung für die Geschwindigkeiten verhindert. Das vorgestellte Verfahren unterstützt sowohl globale als auch lokale Volumenerhaltung und kann mit jedem bekannten Verfahren zur Simulation von Deformationen kombiniert werden.

Insgesamt ergibt sich dadurch ein positionsbasiertes Simulationssystem für deformierbare Körper mit Volumenerhaltung, das bedingungslos stabil ist. Durch eine schnelle Summationstechnik auf der GPU und die Verwendung von Oberflächennetzen ohne innere Punkte können sehr detaillierte Modelle in Echtzeit simuliert werden.

4.4.2.1. Zeitintegration

Bei der Zeitintegration für einen Simulationsschritt muss die Elastizität der deformierbaren Körper berücksichtigt werden sowie Bedingungen für Kollisionen und Volumenerhaltung. Das Volumen eines Körpers kann erhalten werden, indem direkt die Positionen der Partikel verschoben oder indirekt die Geschwindigkeiten manipuliert werden. Werden nur die Positionen verändert, kann dies zu unerwünschten Schwingungen führen. Dieses Problem kann gelöst werden, indem Positions- und Geschwindigkeitsfehler getrennt behandelt werden, wie von Irving et al. [ISF07] gezeigt wurde.

Bei dem vorgestellten Shape-Matching-Verfahren wird ein geschlossenes Dreiecksnetz als Simulationsmodell verwendet. In jedem Punkt des Netzes befindet sich ein Partikel, welcher eine Position $\mathbf{x}$, eine Geschwindigkeit $\mathbf{v}$ und eine Masse m hat. Ein Simulationsschritt mit der Zeitschrittweite h und externen Beschleunigungen $\mathbf{a}$ wird mit dem folgenden Zeitintegrationsverfahren durchgeführt:

1. Explizite Integration der Positionen und Geschwindigkeiten:

$$
\begin{aligned}
\mathbf{v}(t + h) &= \mathbf{v}(t) + h\mathbf{a} & (4.12) \\
\mathbf{x}(t + h) &= \mathbf{x}(t) + h\mathbf{v}(t + h) & (4.13)
\end{aligned}
$$

2. Anpassen von $\mathbf{x}(t + h)$ und $\mathbf{v}(t + h)$, um das elastische Verhalten des Körpers zu simulieren.

3. Kollisionserkennung und -auflösung unter Berücksichtigung von Reibung.

4. Volumenerhaltung durch Anpassen der Positionen $\mathbf{x}(t+h)$, wobei die aktuelle Kontaktsituation berücksichtigt wird, um Durchdringungen zu vermeiden.

5. Korrektur der Geschwindigkeiten $\mathbf{v}(t + h)$, um unerwünschte Schwingungen zu vermeiden.

Die Schritte 1 und 2 können durch jedes beliebige Verfahren für die Simulation deformierbarer Körper ersetzt werden (z.B. durch die Finite-Elemente-

Methode). Hier wird für diese Schritte ein geometrisch motiviertes, bedingungslos stabiles Verfahren vorgestellt (siehe Abschnitt 4.4.2.2), welches die robuste Simulation von komplexen Körpern in Echtzeit ermöglicht. In Schritt 3 wird ein durchdringungsfreier Zustand der Körper hergestellt. Bei der Veränderung der Positionen für die Volumenerhaltung in Schritt 4 muss daher die Kontaktsituation berücksichtigt werden, um das Erzeugen neuer Durchdringungen zu vermeiden. Im letzten Schritt wird für ein divergenzfreies Geschwindigkeitsfeld gesorgt, um eine Volumenänderung im nächsten Zeitschritt und damit auch unerwünschte Schwingungen zu verhindern. Die letzten beiden Schritte werden in Abschnitt 4.4.2.3 beschrieben.

4.4.2.2. Elastizität

Für die Simulation des elastischen Verhaltens von deformierbaren Körpern gibt es verschiedene Ansätze. Meistens werden die Simulationen mit Masse-Feder-Systemen [THMG04] oder der Finite-Elemente-Methode [OH99] durchgeführt. Beide Verfahren haben jedoch den Nachteil, dass sie nicht bedingungslos stabil sind, wenn ein schnelles explizites Integrationsverfahren verwendet wird. Stabile implizite Integrationsmethoden [BW98] benötigen dagegen deutlich mehr Rechenzeit. Für Simulationen mit Masse-Feder-Systemen oder der Finite-Elemente-Methode werden meistens Volumenmodelle wie Tetraedernetze eingesetzt. Diese haben allerdings den Nachteil, dass viele Partikel im Inneren der Körper mit simuliert werden müssen.

Im Folgenden wird ein Verfahren zur Simulation des elastischen Verhaltens vorgestellt, das auf dem schnellen und bedingungslos stabilen Shape-Matching-Ansatz von Müller et al. [MHTG05] basiert. Dieser Ansatz ist geometrisch motiviert und führt daher nicht zu exakten Ergebnissen, sondern nur zu visuell plausiblen. Allerdings reicht dies in den meisten Anwendungen der Computergraphik aus. Dagegen ist die Geschwindigkeit und Stabilität des Verfahrens in solchen Anwendungen von viel größerer Bedeutung. Um die Geschwindigkeit weiter zu steigern, werden in dieser Arbeit keine Volumenmodelle mit inneren Punkten verwendet, sondern ausschließlich Oberflächenmodelle. Für die Oberflächenmodelle wird außerdem eine neue Summationstechnik [DBB11] vorgestellt, die eine Simulation deformierbarer Körper mit mehreren Tausend Partikeln in Echtzeit ermöglicht (siehe Abbildung 4.22).

Abbildung 4.22.: Echtzeitsimulationen deformierbarer Körper: Robuste Simulationen von sechs Armadillos (32442 Partikel), 20 Enten und 20 Tori (21280 Partikel) sowie 20 Bälle (7640 Partikel) konnten mit 4,69 ms, 3,54 ms bzw. 2,34 ms pro Simulationsschritt durchgeführt werden. Dabei wurde ein maximaler Volumenverlust von 0,1%, 0,5% bzw. 0,2% gemessen.

Das Shape-Matching-Verfahren: Beim Shape-Matching-Ansatz werden die Partikelpositionen und -geschwindigkeiten zunächst mit einem expliziten Zeitintegrationsverfahren aktualisiert (siehe Gleichungen 4.12 und 4.13). Anschließend wird die Initialkonfiguration der Partikelpositionen $\mathbf{x}_i^0$ so verschoben und rotiert, dass der Abstand zum aktuellen deformier-

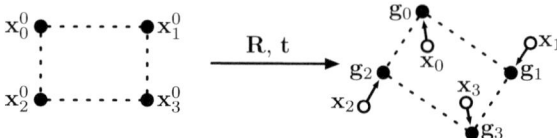

Abbildung 4.23.: Shape Matching: Die Punkte $\mathbf{x}_i^0$ im undeformierten Zustand werden durch eine Verschiebung und eine Rotation transformiert, so dass der Abstand zu den deformierten Punkten $\mathbf{x}_i$ minimal wird. Dadurch werden Zielpositionen $\mathbf{g}_i$ definiert, zu denen die $\mathbf{x}_i$ gezogen werden.

ten Zustand $\mathbf{x}_i = \mathbf{x}_i(t + h)$ minimal ist (siehe Abbildung 4.23). Durch die transformierte Initialkonfiguration werden Zielpositionen $\mathbf{g}_i$ für alle Partikel definiert. Anschließend werden die aktuellen Positionen in Richtung der Zielpositionen gezogen, um auf diese Weise die Elastizität eines Körpers zu simulieren. Die Simulation von Partikelmodellen mit Kräften, z.B. bei Masse-Feder-Systemen, kann zu Überschwingen und Instabilität führen. Dieses Problem wird durch die Verwendung der Zielpositionen vermieden.

Zielpositionen werden bestimmt, indem eine Rotationsmatrix $\mathbf{R}$ und zwei Verschiebungsvektoren $\mathbf{t}^0$ und $\mathbf{t}$ so bestimmt werden, dass der quadratische Fehler

$$\sum_i m_i \left(\mathbf{R} \left(\mathbf{x}_i^0 - \mathbf{t}^0 \right) + \mathbf{t} - \mathbf{x}_i \right)^2$$

minimiert wird. Dabei werden die Abstandsfehler zwischen dem deformierten Zustand und dem transformierten Initialzustand mit den Partikelmassen m_i gewichtet. Müller et al. [MHTG05] haben gezeigt, dass die optimalen Verschiebungsvektoren durch die Schwerpunkte der initialen und der deformierten Konfiguration bestimmt sind:

$$\mathbf{t}^0 = \frac{\sum_i m_i \mathbf{x}_i^0}{\sum_i m_i} , \quad \mathbf{t} = \frac{\sum_i m_i \mathbf{x}_i}{\sum_i m_i} . \tag{4.14}$$

Die gesuchte Rotationsmatrix $\mathbf{R}$ ist der Rotationsanteil der affinen Transformation

$$\mathbf{A} = \sum_i m_i \left(\mathbf{x}_i - \mathbf{t} \right) \left(\mathbf{x}_i^0 - \mathbf{t}^0 \right)^T . \tag{4.15}$$

Diese Rotation kann durch eine Polarzerlegung bestimmt werden.

In dieser Arbeit werden zyklische Jacobi-Iterationen mit einem Warmstart [GVL96] verwendet, um die Matrix $\mathbf{U}$ mit $\mathbf{A}^T \mathbf{A} = \mathbf{U}^2$ zu bestimmen.

Die gesuchte Rotationsmatrix ergibt sich dann durch $\mathbf{R} = \mathbf{AU}^{-1}$. Wenn durch die Verschiebungen und die Rotationsmatrix die optimale Transformation bestimmt ist, können die Zielpositionen durch

$$\mathbf{g}_i = \mathbf{T} \begin{bmatrix} \mathbf{x}_i^0 \\ 1 \end{bmatrix}$$

berechnet werden, wobei $\mathbf{T} = [\mathbf{R} \ (\mathbf{t} - \mathbf{Rt}_0)]$. Mit den berechneten Zielpositionen werden die Geschwindigkeiten und Positionen der Partikel wie folgt angepasst:

$$\begin{aligned} \mathbf{v}_i(t + h) \quad &:= \quad \mathbf{v}_i(t + h) + s \frac{\mathbf{g}_i - \mathbf{x}_i}{\triangle t} \qquad (4.16) \\ \mathbf{x}_i(t + h) \quad &= \quad \mathbf{x}_i(t) + \triangle t \, \mathbf{v}_i(t + h). \end{aligned}$$

Dabei ist $s \in [0, 1]$ ein vom Benutzer gewählter Parameter, der die Steifigkeit des simulierten Körpers kontrolliert. Für einen Wert von 1 werden die Partikel vollständig auf die Zielpositionen gezogen, wodurch der Körper starr wird. Für kleinere Werte wird der Körper deformierbar. Da die Geschwindigkeiten $\mathbf{v}_i(t + h)$ manipuliert werden, indem die Positionen direkt zu den Zielpositionen gezogen werden, werden die allgemein üblichen Stabilitätsprobleme bei der Simulation deformierbarer Körper gelöst.

Bei einer realistischen Simulation von deformierbaren Körpern wird eine Dämpfung der Geschwindigkeiten der Partikel benötigt. Diese kann nach der Anpassung der Geschwindigkeiten (siehe Gleichung 4.16) und vor der Aktualisierung der Positionen integriert werden.

Das Simulationsmodell: Die meisten Simulationsverfahren verwenden für die Simulation deformierbarer Objekte volumetrische Modelle, wie Tetraedernetze. Im Gegensatz dazu werden in dieser Arbeit geschlossene Dreiecksnetze eingesetzt. Dadurch kann auf viele Partikel im Inneren der Körper verzichtet werden, wodurch sich die Geschwindigkeit der Simulation deutlich erhöht. Da bei einem geschlossenen Dreiecksnetz das Innere des Körpers hohl ist, muss ein unrealistischer Volumenverlust mit einem speziellen Verfahren verhindert werden (siehe Abschnitt 4.4.2.3).

Wenn beim Shape-Matching-Verfahren alle Zielpositionen mit nur einer Transformation bestimmt werden, sind keine großen Deformationen des Modells möglich. Aus diesem Grund wird das Modell zunächst in mehrere überlappende Regionen unterteilt. Dann kann Shape-Matching für die einzelnen Regionen separat ausgeführt und die resultierenden Zielpositionen können gemittelt werden. Durch diese Vorgehensweise werden große Deformationen möglich.

Für jedes Partikel i des Modells wird eine Region $\mathfrak{R}_i$ definiert, die das Partikel selbst und alle Partikel in einer ω-Nachbarschaft enthält. Die Größe ω der Nachbarschaft beeinflusst die Steifigkeit des Modells und wird durch den Benutzer festgelegt. Für größere Werte von ω wird Shape-Matching globaler ausgeführt, was wiederum zu steiferen Modellen führt.

Beim Shape-Matching mit überlappenden Regionen werden zunächst die optimalen Transformationen und die Zielpositionen für alle Regionen bestimmt. Anschließend werden für jedes Partikel die Zielpositionen von allen Regionen, die das Partikel beinhalten, gemittelt:

$$\mathbf{g}_i = \frac{1}{|\mathfrak{R}_i|} \sum_{j \in \mathfrak{R}_i} \mathbf{T}_j \begin{bmatrix} \mathbf{x}_i^0 \\ 1 \end{bmatrix}. \tag{4.17}$$

Ein Problem beim Shape-Matching-Verfahren ist, dass die Polarzerlegung keine gültige Rotation bestimmen kann, wenn $\det \mathbf{A} = 0$ gilt. Dieser Fall tritt auf, wenn alle Partikel einer Region in einer Ebene oder auf einem Punkt liegen. Bei der Simulation mit einem Modell, das nur die Oberfläche des Körpers berücksichtigt, kommt dieser Fall häufiger vor. Um das Problem zu lösen, wird ein zusätzlicher Punkt zu jeder Region hinzugefügt. Dieser Punkt wird in Normalenrichtung von der Oberfläche wegbewegt, so dass er unter keinen Umständen in einer Ebene mit den Partikeln des Modells liegen kann. Für die Region des i-ten Partikels wird der Punkt

$$\mathbf{p} = \mathbf{x}_i + l\mathbf{n}_i$$

hinzugefügt. Dabei ist $\mathbf{n}_i$ die gemittelte Normale von allen Dreiecken, die das Partikel i enthalten. Der Wert $l = \frac{1}{|\mathfrak{R}_i|} \sum_{j \in \mathfrak{R}_i} m_j \|\mathbf{x}_j^0 - \mathbf{t}^0\|$ ist der gewichtete, mittlere Abstand von allen Partikeln der Region i zum Schwerpunkt der Region. Die Verwendung des Abstands l führt dazu, dass der zusätzliche Punkt genau so viel Einfluss auf die Transformation hat, wie die eigentlichen Punkte der Region. Daher wird die resultierende Rotationsmatrix nur unmerklich durch den zusätzlichen Punkt verändert, wenn $\det \mathbf{A} > 0$ gilt. Der zusätzliche Punkt kann nicht verhindern, dass in manchen Situationen $\det \mathbf{A} < 0$ gilt. Dies führt zu einer unerwünschten Spiegelung in der Transformation. Das Problem kann behoben werden, indem die letzte Spalte der Matrix negiert wird [AHB87]. Mit dieser Vor-

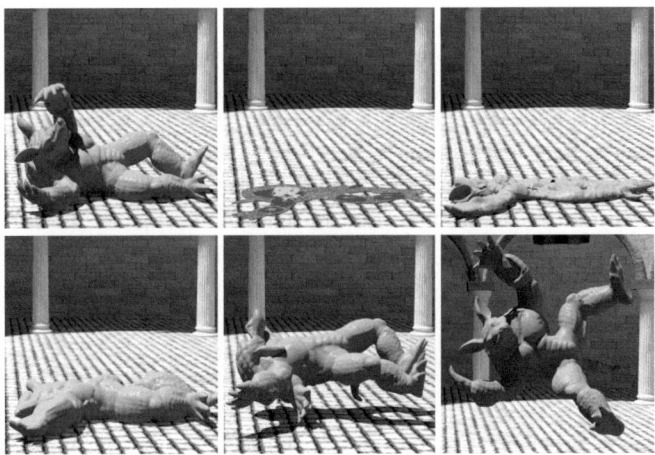

Abbildung 4.24.: Stabilitätstest: Wenn die Elastizität des Armadillo-Modells nicht simuliert wird, degeneriert es (mittleres Bild in der oberen Reihe). Durch das Shape-Matching-Verfahren mit zusätzlichen Punkten kann das Modell in wenigen Simulationsschritten wiederhergestellt werden.

gehensweise können selbst vollständig invertierte oder völlig degenerierte Körper stabil simuliert werden (siehe Abbildung 4.24).

Eine Alternative für die Verwendung eines zusätzlichen Punktes ist die Durchführung einer Singulärwertzerlegung $\mathbf{A} = \mathbf{USV}^T$ durch beidseitige Jacobi-Rotationen [TKA10] anstatt der Polarzerlegung. Dieser Ansatz ist allerdings langsamer als der oben beschriebene und benötigt mehr Speicher, da eine zusätzliche Matrix für den Warmstart gespeichert werden muss. Die Verwendung von einseitigen Jacobi-Rotationen [GVL96] für die Berechnung der Singulärwertzerlegung ist zwar schneller, dabei kann es allerdings zu numerischen Problemen kommen [DBB11].

Schnelle Summation: Die Größe der überlappenden Regionen wird durch den Parameter ω bestimmt. Vergrößert man diesen Wert, wird die Berechnung der Summe in den Gleichungen 4.14 und 4.15 zum Flaschenhals der Simulation. Bei einem Modell mit n Regionen werden $O(\omega^d n)$ Operationen benötigt, um die Summen zu bestimmen, wobei d die Dimension des Simulationsnetzes angibt. Rivers und James [RJ07] haben für reguläre Netze $(d = 3)$ gezeigt, wie die Summen in linearer Zeit bestimmt werden, indem bereits berechnete Teilsummen von benachbarten Regionen wiederverwendet werden. Dieser Ansatz kann jedoch nicht für irreguläre Strukturen verwendet werden und damit auch nicht für beliebige Dreiecksnetze. Außerdem ist der Ansatz von Rivers und James aufgrund der Abhängigkeiten zwischen benachbarten Regionen schlecht geeignet für eine effiziente, parallele Berechnung. Daher wird hier ein neuer Ansatz für beliebige Dreiecksnetze ($d = 2$) vorgestellt. Dieser Ansatz hat einen Aufwand von $O(\omega n)$ und ist gut geeignet für eine parallele Implementierung.

Während eines Simulationsschrittes müssen für jede Region die folgenden Terme berechnet werden:

$$
\begin{aligned}
\mathbf{t}_i &= \frac{1}{M_i} \sum_{j \in \mathfrak{R}_i} m_j \mathbf{x}_j \\
\mathbf{A}_i &= \sum_{j \in \mathfrak{R}_i} m_j \left(\mathbf{x}_j - \mathbf{t}_i\right) \left(\mathbf{x}_j^0 - \mathbf{t}_i^0\right)^T \\
&= \sum_{j \in \mathfrak{R}_i} m_j \mathbf{x}_j \mathbf{x}_j^{0\,T} - M_i \mathbf{t}_i \mathbf{t}_i^{0\,T},
\end{aligned}
\tag{4.18}
$$

wobei M_i die vorberechnete Gesamtmasse aller Partikel in der Region i ist. Um die Berechnung der Summen zu beschleunigen, werden zunächst disjunkte Pfade durch die Kanten des Dreiecksnetzes bestimmt (siehe unten). Ein Pfad ist dabei als eine Menge von Partikeln $\mathbf{x}_{j_1}, \ldots, \mathbf{x}_{j_n}$ definiert, die in der vorgegebenen Reihenfolge über Kanten des Oberflächennetzes verbunden sind. Jedes Partikel des Netzes wird genau einem Pfad zugeordnet (siehe Abbildung 4.26). Mit Hilfe dieser Pfade wird die Berechnung der Summen in zwei Phasen unterteilt (siehe Abbildung 4.25).

In der ersten Phase wird die Präfixsumme [SHZO07] für jeden Pfad $\mathfrak{P}_j$ mit den Elementen $\mathbf{x}_{j_k}, k \in [1, n_j]$ bestimmt:

$$
\overline{\mathbf{t}}_{j_k} = \sum_{l=1}^{k} m_{j_l} \mathbf{x}_{j_l}, \quad \overline{\mathbf{A}}_{j_k} = \sum_{l=1}^{k} m_{j_l} \mathbf{x}_{j_l} \mathbf{x}_{j_l}^{0\,T}.
$$

Die Berechnung der Präfixsummen kann mit $O(n)$ Operationen durchgeführt werden und ist einfach zu parallelisieren, da alle Pfade unabhängig voneinander sind.

Mit Hilfe der Präfixsummen werden in der zweiten Phase die Summen aus Gleichung 4.18 bestimmt. Für alle Regionen wird in einem Vorverarbeitungsschritt bestimmt, welche Pfade durch die Region gehen und in welchem Indexbereich eine Überlappung existiert. In einem Shape-Matching Schritt werden zunächst der Verschiebungsvektor $\mathbf{t}_i$ und die

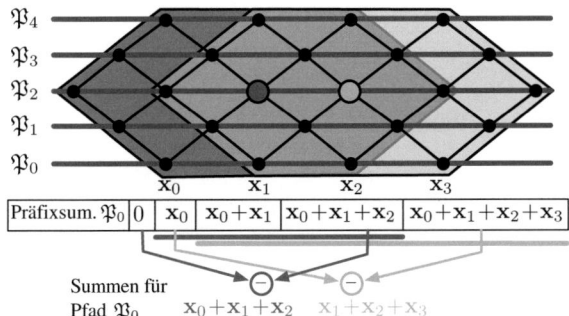

Abbildung 4.25.: Schnelle Summation für die überlappenden Regionen von zwei Partikeln (rot und gelb) mit einer Größe von $\omega = 2$. Zunächst werden die Präfixsummen aller Pfade $\mathfrak{P}_j$ (blau) durch die Regionen berechnet. Dann werden für jeden Pfad die Differenzen der Werte an den Start- und Endpunkten der Überlappung zu der Summe hinzugefügt. Dies wird am Beispiel von Pfad $\mathfrak{P}_0$ gezeigt.

Transformationsmatrix $\mathbf{A}_i$ der Region i auf Null gesetzt. In einer Schleife über alle Pfade j einer Region i werden dann die Summen wie folgt aktualisiert:

$$\mathbf{t}_i := \mathbf{t}_i + \overline{\mathbf{t}}_{j_l} - \overline{\mathbf{t}}_{j_{k-1}}, \quad \mathbf{A}_i := \mathbf{A}_i + \overline{\mathbf{A}}_{j_l} - \overline{\mathbf{A}}_{j_{k-1}},$$

wenn die Partikel des j-ten Pfades mit den Indizes $[j_k, \ldots, j_l]$ in der Region enthalten sind. Nachdem die Summen berechnet sind, muss die Matrix noch um den regionsabhängigen Teil (siehe Gleichung 4.18) erweitert werden: $\mathbf{A}_i := \mathbf{A}_i - M_i \mathbf{t}_i \mathbf{t}_i^{0T}$.

Die Berechnung der Summen benötigt $O(\omega n)$ Rechenoperationen, da jede Region bei einer optimalen Wahl der Pfade von ungefähr $2\omega + 1$ Pfaden durchlaufen wird. Die schnelle Summation wird in Abbildung 4.25 für ein Beispiel mit zwei Regionen dargestellt. Sowohl die Präfixsummen als auch die Summen für die Vektoren $\mathbf{t}_i$ und die Matrizen $\mathbf{A}_i$ können parallel berechnet werden. Die gemittelten Transformationsmatrizen für die Zielpositionen (siehe Gleichung 4.17) können analog zu der oben beschriebenen Vorgehensweise in zwei parallelen Phasen mit Präfixsummen bestimmt werden.

Konstruktion der Pfade: Die Anordnung der Pfade zur Berechnung der Präfixsumme hat einen großen Einfluss auf die Laufzeit des Verfahrens.

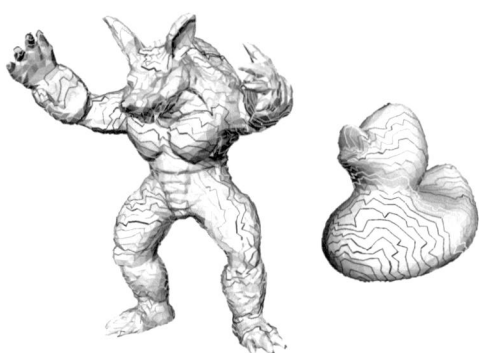

Abbildung 4.26.: Ergebnisse der Pfadkonstruktion für das Armadillo- und das Entenmodell. Die verschiedenen Pfade, die in unterschiedlichen Farben dargestellt sind, werden relativ parallel zueinander und ohne Löcher zwischen den Pfaden erzeugt.

Im optimalen Fall wird jede Region von nur einem Pfad durchlaufen, so dass die Summe einer Region durch eine einzige Differenz bestimmt werden kann. Da dies nicht möglich ist, ist das Ziel bei der Konstruktion, so wenig wie möglich Pfade zu erzeugen, damit jede Region nur von wenigen Pfaden durchlaufen wird. Die Bestimmung einer optimalen Pfadanordnung ist schwierig. Daher wird ein Greedy-Algorithmus verwendet, um eine gute Anordnung der Pfade mit Hilfe einer Heuristik zu erzeugen.

Der Algorithmus beginnt bei einem Eckpunkt des Dreiecksnetzes und fügt dem Pfad über Kanten benachbarte Punkte hinzu, bis der Pfad nicht mehr erweitert werden kann oder eine vorgegebene Länge überschreitet. Die Wahl der benachbarten Punkte wird mit Hilfe einer Heuristik durchgeführt. Dabei werden Nachbarn gewählt, die zu einem bereits existierenden Pfad benachbart sind. Dadurch werden Löcher zwischen zwei Pfaden verhindert und die Pfade werden relativ parallel zueinander angelegt. Existieren mehrere Nachbarpunkte, die in Frage kommen, dann wird der Punkt gewählt, der den kürzesten Abstand zu der xy-Ebene durch den Anfangspunkt des aktuellen Pfades hat. Ergebnisse der beschriebenen Pfadkonstruktion sind in Abbildung 4.26 für das Armadillo- und das Entenmodell dargestellt.

Dämpfung: Für das Shape-Matching-Verfahren wird zur Dämpfung der Geschwindigkeiten in Gleichung 4.16 das stabile Dämpfungsverfahren von Müller et al. [MHHR07] verwendet. Die Dämpfung der Geschwindigkeiten wird, wie in [RJ07] vorgeschlagen, pro Region durchgeführt. Die schnelle Summation, die oben vorgestellt wurde, kann verwendet werden, um den Trägheitstensor, die Winkelgeschwindigkeit und die Schwerpunktgeschwindigkeit jeder Region parallel zu berechnen. Diese Größen werden bei dem Dämpfungsverfahren von Müller et al. benötigt. Eine Dämpfung der Geschwindigkeiten wird hier im Gegensatz zu anderen Simulationsverfahren nicht benötigt, um die Stabilität der Simulation zu verbessern, sondern nur für eine Verbesserung der visuellen Ergebnisse.

4.4.2.3. Volumenerhaltung

Die Simulation deformierbarer Körper ohne Volumenerhaltung kann zu erheblichen Volumenverlusten und damit zu unrealistischen Ergebnissen führen (siehe Abbildung 4.27). Im Folgenden wird ein Verfahren für die Volumenerhaltung vorgestellt, das auf der Formulierung von Hong et al. [HJCW06] basiert. Dabei wird das Integral eines Vektorfelds $\mathbf{f}(\mathbf{x}) \in \mathbb{R}^3, \mathbf{x} \in \mathbb{R}^3$ über das Volumen V mit Hilfe des Gaußschen Integralsatzes in ein Oberflächenintegral transformiert:

$$\iiint_V \nabla \cdot \mathbf{f}(\mathbf{x})\, d\mathbf{x} = \iint_{\partial V} \mathbf{f}(\mathbf{x})^T \mathbf{n}(\mathbf{x})\, d\mathbf{x}.$$

Dabei bezeichnet ∂V die Oberfläche des Volumens und $\mathbf{n}$ ist ein Normalenvektor, der vom Volumen weg zeigt. Das Volumen eines Körpers kann berechnet werden, wenn für die Funktion $\mathbf{f}(\mathbf{x}) = \mathbf{x}$ eingesetzt wird:

$$\iiint_V \nabla \cdot \mathbf{x}\, d\mathbf{x} = \iint_{\partial V} \mathbf{x}^T \mathbf{n}\, d\mathbf{x} = 3V. \qquad (4.19)$$

Damit kann eine Zwangsbedingung $C := \iint_{\partial V} \mathbf{x}^T \mathbf{n}\, d\mathbf{x} - 3V_0 = 0$ für das Volumen eines Körpers definiert werden, wobei V_0 das ursprüngliche Volumen des Körpers ist. Diese Bedingung wird in Schritt 4 der Zeitintegration (siehe Abschnitt 4.4.2.1) benötigt.

Das Oberflächenintegral aus Gleichung 4.19 kann in eine Summe über alle Dreiecke T_i, $i = 1, \ldots, m$ mit den Eckpunkten $\mathbf{a}_i$, $\mathbf{b}_i$, und $\mathbf{c}_i$ umgewandelt werden:

$$\iint_{\partial V} \mathbf{x}^T \mathbf{n}\, d\mathbf{x} = \frac{1}{3} \sum_{i=1}^{m} A_i (\mathbf{a}_i + \mathbf{b}_i + \mathbf{c}_i)^T \mathbf{n}_i. \qquad (4.20)$$

Dabei ist A_i der Flächeninhalt des i-ten Dreiecks.

Abbildung 4.27.: Simulation eines verdrehten Balkens mit und ohne Volumenerhaltung. Die Simulation des linken Balkens führt aufgrund der Volumenerhaltung zu realistischen Ergebnissen, während in der rechten Simulation ohne Volumenerhaltung unrealistische Deformationen auftreten (letztes Bild).

Die Zwangsbedingung für die Volumenerhaltung wird mit Hilfe des positionsbasierten Ansatzes von Müller et al. [MHHR07] erfüllt. Bei diesem Ansatz wird für die Positionen der Partikel des Modells $\mathbf{X} = [\mathbf{x}_1^T, \ldots, \mathbf{x}_n^T]^T$ eine Verschiebung $\triangle\mathbf{X}$ gesucht, so dass $C(\mathbf{X} + \triangle\mathbf{X}) = 0$ gilt. Die Änderung der Position für ein Partikel i wird wie folgt berechnet:

$$\triangle\mathbf{x}_i = -\frac{w_i C(\mathbf{X})}{\sum_j w_j \|\nabla_{\mathbf{x}_j} C(\mathbf{X})\|^2} \nabla_{\mathbf{x}_i} C(\mathbf{X}), \quad \nabla_{\mathbf{x}_i} C(\mathbf{X}) = \frac{\partial C(\mathbf{X})}{\partial \mathbf{x}_i}. \quad (4.21)$$

Die Werte w_i sind Gewichte, die eine lokale Volumenerhaltung ermöglichen (siehe unten). Im Gegensatz zu der Methode von Hong et al. [HJCW06] wird in dieser Arbeit eine Heuristik für die Bestimmung der Gewichte verwendet. Dadurch ist eine lokale Volumenkorrektur, abhängig von der aktuellen Verformung des Körpers, möglich.

Um den Gradienten von $C(\mathbf{X})$ zu berechnen, wird zunächst das diskrete Oberflächenintegral aus Gleichung 4.20 in eine Summe über alle Partikelpositionen transformiert:

$$\frac{1}{3} \sum_{i=1}^m A_i (\mathbf{a}_i + \mathbf{b}_i + \mathbf{c}_i)^T \mathbf{n}_i = \frac{1}{3} \sum_{i=1}^n \mathbf{x}_i^T \bar{\mathbf{n}}_i. \quad (4.22)$$

Die gemittelte Normale $\bar{\mathbf{n}}_i = \sum A_j \mathbf{n}_j$ des Partikels i wird bestimmt, indem die Normalen $\mathbf{n}_j$ aller Dreiecke, die das Partikel i enthalten, mit den Flächeninhalten A_j der Dreiecke gewichtet und aufsummiert werden. Um eine spätere Berechnung auf der GPU zu vereinfachen, wird hier angenommen, dass die Normalen während der Korrektur konstant sind. Mit dieser Annahme ergibt sich für den Gradienten die folgende Approximation:

$$\nabla_{\mathbf{X}} C(\mathbf{X}) \approx \frac{1}{3} [\overline{\mathbf{n}}_1^T, \ldots, \overline{\mathbf{n}}_n^T]^T,$$

bei der die Terme $\mathbf{x}_i \partial \overline{\mathbf{n}}_i / \partial \mathbf{x}_j$ vernachlässigt werden. Diese Vereinfachung hat in verschiedenen Experimenten die Ergebnisse nur geringfügig beeinflusst.

Im Gegensatz zu der Arbeit von Hong et al. [HJCW06] werden hier außer den Positionen auch die Geschwindigkeiten der Partikel korrigiert. Dadurch wird ein Überschwingen, welches zu unerwünschten Vibrationen führt, verhindert. Um eine Zwangsbedingung für die Geschwindigkeiten zu formulieren, muss Gleichung 4.19 nach der Zeit abgeleitet werden. Mit der Annahme, dass das Volumen V konstant ist, führt dies zu der folgenden Gleichung:

$$\iiint_V \nabla \cdot \mathbf{v} \, d\mathbf{x} = \iint_{\partial V} \mathbf{v}^T \mathbf{n} \, d\mathbf{x} = 0. \tag{4.23}$$

Dabei handelt es sich um die Bedingung für ein divergenzfreies Geschwindigkeitsfeld eines inkompressiblen Körpers. Die Behandlung der Zwangsbedingung für die Geschwindigkeiten $C := \iint_{\partial V} \mathbf{v}^T \mathbf{n} \, d\mathbf{x} = 0$ in Schritt 5 der Zeitintegration (siehe Abschnitt 4.4.2.1) erfolgt analog zu den Positionskorrekturen in Schritt 4.

Lokale Volumenerhaltung: Werden alle Gewichte w_i bei der Volumenerhaltung (siehe Gleichung 4.21) gleich gewählt, dann bekommt man eine globale Volumenerhaltung. Das bedeutet, dass ein Volumenfehler korrigiert wird, indem alle Partikelpositionen angepasst werden. Für viele Modelle führt eine lokale Volumenerhaltung allerdings zu realistischeren Ergebnissen. Eine Veränderung des Volumens wird durch das Anpassen der Partikel in einer lokalen Umgebung der Volumenänderung ausgeglichen. Dafür werden die Gewichte w_i mit Hilfe einer Heuristik gewählt.

Eine Volumenänderung tritt bei Partikeln auf, die durch externe oder interne Kräfte deformiert werden. Daher werden die Gewichte w_i in Abhängigkeit der Positionsänderungen $\mathbf{c}_i$ der Partikel beim Shape-Matching-Verfahren gewählt:

$$w_i = (1 - \alpha) \underbrace{\left(\frac{\|\mathbf{c}_i\|}{\sum_j \|\mathbf{c}_j\|} \right)}_{= \, g_i} + \alpha \frac{1}{n}. \tag{4.24}$$

Der Parameter $\alpha \in [0, 1]$ erlaubt es dem Benutzer, den Anteil an lokaler und globaler Volumenerhaltung zu wählen. Bei der Verwendung der lokalen Gewichte g_i werden Partikel mit großen Positionsänderungen stärker bei der Volumenerhaltung korrigiert als andere. Um einen glatten Übergang zwischen globaler und lokaler Volumenerhaltung zu gewährleisten, müssen die lokalen Gewichte normiert werden, so dass $\sum g_i = 1$ gilt.

Innere Strukturen: Im Folgenden wird gezeigt, wie die Volumenbedingung verbessert werden kann, um realistischere Ergebnisse zu erzielen. Dafür wird die Volumenänderung durch das Innere eines deformierbaren Körpers propagiert. Dies wird erreicht, indem die Änderungen der Abstände innerhalb des Körpers berücksichtigt werden.

In einem Vorverarbeitungsschritt wird für jedes Partikel $\mathbf{x}_i^0$ entgegen der gemittelten Oberflächennormalen ein Strahl $\mathbf{x}_i^0 - \lambda \overline{\mathbf{n}}_i^0$, $\lambda > 0$ durch das Dreiecksnetz des Körpers geschossen. Dann wird das nächste Partikel $\mathbf{x}_k^0$ im ersten Dreieck bestimmt, das von dem Strahl getroffen wird. Dadurch ergibt sich ein Paar von Partikeln, deren Abstandsänderung während der Simulation durch

$$d_{i,k} = \left| \left(\|\mathbf{x}_i - \mathbf{x}_k\| - \|\mathbf{x}_i^0 - \mathbf{x}_k^0\| \right) \right|$$

bestimmt ist. Mit Hilfe von $d_{i,k}$ werden die Gewichte g_i aus Gleichung 4.24 wie folgt angepasst:

$$g_i = \frac{\beta s_i d_{i,k_i} + (1 - \beta)\|\mathbf{c}_i\|}{\sum_j \left(\beta s_j d_{j,k_j} + (1 - \beta)\|\mathbf{c}_j\| \right)},$$

Der Parameter $\beta \in [0, 1]$ ermöglicht es dem Benutzer festzulegen, wie stark die Distanzänderungen im Inneren des Körpers bei der Volumenerhaltung berücksichtigt werden. Bei dem Parameter s_i handelt es sich um eine benutzerdefinierte Steifigkeit des Modells. Damit kann das Verhalten von Materialien mit unterschiedlichen Dicken besser abgebildet werden. Dünne Körper sollten im Gegensatz zu dicken weniger stark zusammengedrückt werden können. Dieses Verhalten wird simuliert, indem für die kürzeste Verbindung der Wert $s_{max} \in [0,1]$ und für die längste Verbindung der Wert $s_{min} \in [0,1]$ definiert wird. Für alle weiteren Verbindungen wird der Wert s_i mit einer linearen Interpolation in Abhängigkeit der Distanz der Partikel in Ruhelage bestimmt.

Berücksichtigung von Kollisionen: Wenn ein Partikel Teil einer Kontaktsituation ist, muss diese Situation bei der Volumenkorrektur berücksichtigt werden, damit durch die Korrektur keine Durchdringung entsteht. Dies wird realisiert, indem die Gewichte für solche Partikel bei der Positionskorrektur auf Null gesetzt werden. Dadurch wird die Position des Partikels nicht verändert und eine Durchdringung verhindert. Bei der Geschwindigkeitskorrektur werden die Gewichte nicht verändert. Die Volumenänderung hat damit über die Geschwindigkeiten einen Einfluss auf Objekte, die in Kontakt mit dem deformierbaren Körper sind. Um einen glatten Übergang zu kollidierenden Partikeln zu gewährleisten, werden die Gewichte vor der Berechnung der Volumenerhaltung mit einem Laplace-Filter [DMSB99] geglättet. Die Glättung kann mit Hilfe der vorgestellten schnellen Summationstechnik sehr effizient auf einer GPU ausgeführt werden.

4.4.2.4. Implementierung auf einer GPU

In diesem Abschnitt wird beschrieben, wie die vorgestellten Verfahren auf einer GPU mit Hilfe von CUDA [NVI12a] implementiert werden. Mit CUDA können spezielle Programme, sogenannte *Kernel*, auf dem Graphikprozessor ausgeführt werden. Jeder Start eines Kernels benötigt eine gewisse Zeit. Daher sollten Kernel-Aufrufe auf ein Minimum beschränkt werden.

Um nicht für jeden Körper in der Simulation einen eigenen Kernel zu starten, werden die Partikel aller Objekte in ein einziges Array zusammengefasst. Die Reihenfolge der Partikel im Array wird dabei durch die Pfade (siehe Abschnitt 4.4.2.2) bestimmt. Die Pfade werden nacheinander im Speicher abgelegt, so dass die Präfixsummen der Pfade mit Hilfe nur einer segmentierten Präfixsumme [SHZO07] berechnet werden können. Für die GPU-Implementierung wird die Länge der Pfade aus numerischen Gründen (siehe unten) auf 512 beschränkt. Außerdem wird eine feste Segmentierung verwendet. Dadurch werden nur zwei Kernel für die Berechnung der segmentierten Präfixsumme benötigt und die Geschwindigkeit der Berechnung gleicht annähernd der einer normalen Präfixsumme. Aktuelle

Graphik-Hardware kann 64 bis 128 Bytes gleichzeitig lesen bzw. schreiben. Durch die Anordnung der Pfade im Speicher wird dies bei der Berechnung der segmentierten Präfixsumme ausgenutzt, wodurch sich die Laufzeit verbessert. Das Ergebnis der Berechnung wird in eine Textur gespeichert, um später, bei der schnellen Summation, vom Cache des Texturspeichers zu profitieren.

Die Volumenkorrektur soll ebenfalls parallel auf der GPU ausgeführt werden. Dafür müssen die Volumenintegrale aus den Gleichungen 4.19 und 4.23 sowie die Gewichte für eine lokale Volumenerhaltung auf dem Graphikprozessor bestimmt werden. Das diskrete Integral über die Positionen der Partikel aus Gleichung 4.22 und die gesuchten Gewichte werden mit Hilfe einer parallelen Reduktion der Summen mit Segmentierung berechnet. Der Laplace-Filter zum Glätten der Gewichte wird mit der schnellen Summationstechnik auf der GPU implementiert.

Numerische Stabilität: Alle Berechnungen werden auf einer GPU mit einer Gleitpunktgenauigkeit von 32 Bit durchgeführt. Aus diesem Grund kann die Berechnung der segmentierten Präfixsumme bei langen Pfaden numerische Probleme verursachen. Insbesondere der quadratische Term $\mathbf{x}_i \mathbf{x}_i^{0T}$ der affinen Transformation $\mathbf{A}$ führt zu Problemen. Daher werden die Pfade auf eine maximale Länge von 512 beschränkt.

Die Berechnung der Rotationsmatrix $\mathbf{R}$ mit Hilfe einer Polarzerlegung ist unabhängig von der Verschiebung und Skalierung der Matrix $\mathbf{A}$. Daher kann die Stabilität weiter verbessert werden, indem alle Partikel vor der Berechnung in ein lokales Koordinatensystem im Einheitswürfel $[-1, 1]^3$ transformiert werden.

Durch die Beschränkung der Pfadlängen und der Partikelpositionen auf ein lokales Koordinatensystem kann das vorgestellte Shape-Matching-Verfahren ohne numerische Probleme auf einer GPU ausgeführt werden.

Visualisierung: Das vorgestellte Verfahren ermöglicht die Simulation von Modellen mit hochaufgelösten Dreiecksnetzen in Echtzeit. Oft werden in der Simulation aber nur Modelle mit einer niedrigeren Auflösung verwendet. In Computerspielen steht beispielsweise nur ein Bruchteil der Rechenleistung für die Simulation zur Verfügung, weshalb der Detailgrad der Modelle gesenkt werden muss. Damit der visuelle Eindruck darunter nicht leidet, können feine Details auch nach der Simulation bei der Visualisierung hinzugefügt werden. Diese Details müssen einem gröberen

Simulationsnetz folgen, das die Deformation vorgibt. Die Verknüpfung des Dreiecksnetzes für die Visualisierung mit dem Simulationsmodell basiert auf dem Ansatz von Kobbelt et al. [KVS99]. Dabei wird in einem Vorverarbeitungsschritt jedem Punkt des feinen Netzes ein Dreieck des groben Simulationsmodells zugewiesen, mit dem die Position des Punktes während der Simulation neu bestimmt werden kann.

Die über ein Dreieck bilinear interpolierten Normalen definieren ein kontinuierliches Normalenfeld. Mit diesem Normalenfeld kann für einen Punkt $\mathbf{p}$ durch Lösen der Funktion

$$\mathbf{f}(\alpha, \beta) := (\mathbf{p} - \mathbf{q}(\alpha, \beta)) \times \mathbf{n_q}(\alpha, \beta) = 0$$

ein Punkt $\mathbf{q} = \alpha \mathbf{a} + \beta \mathbf{b} + \gamma \mathbf{c}$ auf dem Dreieck mit den Punkten $\mathbf{a}$, $\mathbf{b}$ und $\mathbf{c}$ bestimmt werden. Dieser Punkt $\mathbf{q}$ hat die baryzentrischen Koordinaten α, β, und $\gamma = 1 - \alpha - \beta$ sowie die bilinear interpolierte Normale $\mathbf{n_q} = \alpha \mathbf{n_a} + \beta \mathbf{n_b} + \gamma \mathbf{n_c}$. Durch das Lösen der bivariaten Funktion $\mathbf{f}(\alpha, \beta) = 0$ in der Vorverarbeitung können die baryzentrischen Koordinaten zu jedem Punkt des feinen Netzes für das nächste Dreieck im Simulationsnetz berechnet werden. Außerdem wird die vorzeichenbehaftete Distanz $d = \text{sign}\left((\mathbf{p} - \mathbf{q})^T \mathbf{n_q}\right) \|\mathbf{p} - \mathbf{q}\|$ der Punkte $\mathbf{p}$ und $\mathbf{q}$ bestimmt. Die Positionen der Punkte des feinen Netzes können damit nach jedem Simulationsschritt durch

$$\mathbf{p}(t + h) = \mathbf{q}(t + h) + d \cdot \mathbf{n_q}(t + h)$$

berechnet werden. Auf diese Weise wird das Dreiecksnetz für die Visualisierung mit dem Simulationsmodell deformiert.

4.4.2.5. Ergebnisse

Die Simulationen in diesem Abschnitt wurden auf einem PC mit einem Intel Core i7 950 Prozessor mit 3 GHz und einer NVIDIA GeForce GTX 470 Graphikkarte durchgeführt. Die Zeitschrittweite betrug in allen Simulationen 5 ms und die Parameter für die inneren Strukturen wurden auf $s_{\min} = 0.01$ und $s_{\max} = 0.1$ gesetzt. Für die Kollisionserkennung wurde ein diskretes Verfahren verwendet. Außerdem wurde die oben beschriebene Technik für die Visualisierung mit einem hochaufgelösten Dreiecksnetz eingesetzt.

Zunächst wurde ein Belastungstest durchgeführt, bei dem vier deformierbare Kugeln mit und ohne Volumenerhaltung von einer Platte zusammengedrückt wurden. Jede Kugel bestand aus 1562 Partikeln. Die Ergebnisse

Abbildung 4.28.: Vergleich von vier Kugeln, die durch eine Platte zusammengedrückt werden, mit unterschiedlichen Arten der Volumenerhaltung. Von links
nach rechts: globale Volumenerhaltung, lokale Volumenerhaltung mit inneren
Strukturen ($\beta = 0.1$), lokale Volumenerhaltung ohne innere Strukturen ($\beta = 0$)
und ohne Volumenerhaltung. Der maximale Volumenverlust der Kugeln betrug
0,6 %, 0,7 %, 0,7 % bzw. 40 %.

dieses Tests sind in Abbildung 4.28 zu sehen. In der zweiten Zeile kann man
erkennen, dass die Kugel bei der Verwendung von inneren Strukturen unter
ihrem Eigengewicht nicht so sehr zusammengedrückt wird, wie ohne diese
Strukturen. Die Simulation zeigt außerdem, dass die Kugel mit globaler
Volumenerhaltung ihre Form beim Auftreffen auf den Boden kaum ändert,
während eine Simulation mit lokaler Volumenerhaltung eine deutlich größere Deformation zulässt. Obwohl bei dem vorgestellten Verfahren nur
Oberflächennetze als Simulationsmodell verwendet werden, können auch
für große Deformationen durch die Volumenerhaltung sehr realistische
Ergebnisse erzeugt werden (siehe Abbildung 4.27). Weiterhin ist das Verfahren bedingungslos stabil und kann sogar Modelle in degenerierten oder
invertierten Zuständen wiederherstellen (siehe Abbildung 4.24).

Tabelle 4.2 zeigt die Konfiguration und den Volumenverlust der komplexen
Modelle aus Abbildung 4.22. Die mittleren Rechenzeiten pro Simulationsschritt dieser Modelle sind in Tabelle 4.3 zusammengefasst. Diese Zeiten

Modell	# Partikel	ω	α / β / s	Max. Volumenverlust
Armadillos	32442	3	0.1 / 0.1 / 0.9	0.1 %
Enten & Tori	21280	2	0.2 / 0.1 / 1	0.5 %
Bälle im Glas	7640	2	0.5 / 0.1 / 1	0.2 %

Tabelle 4.2.: Konfiguration und maximaler Volumenverlust der Modelle aus Abbildung 4.22. In der Tabelle wird für jedes Modell die Anzahl der Partikel, der Parameter ω für die Größe der Regionen und die Simulationsparameter α, β und s gegeben.

Modell	CPU		GPU		
	naiv	schnelle Summation	Shape Matching	Volumen-korrektur	Gesamt
Armadillos	114.75	69.92	2.89	1.80	4.69
Enten & Tori	44.88	30.2	2.03	1.51	3.54
Bälle im Glas	15.86	10.58	1.20	1.14	2.34

Tabelle 4.3.: Durchschnittliche Rechenzeit pro Simulationsschritt mit dem Shape-Matching-Verfahren. Die Zeiten (in ms) wurden gemessen für eine naive CPU-Implementierung sowie für die schnelle Summation auf der CPU und auf der GPU. Bei den Zeiten mit der GPU-Implementierung wurden das Shape-Matching-Verfahren mit Dämpfung und die Volumenkorrektur getrennt gemessen. Die GPU-Werte enthalten auch die Zeiten, die für das Kopieren von Daten zwischen CPU und GPU benötigt wurden.

beziehen sich ausschließlich auf die Simulation der Deformationen mit Volumenerhaltung. Die Kollisionserkennung wurde dabei nicht gemessen. Diese wurde parallel auf der CPU ausgeführt und benötigte bis zu 9 ms Rechenzeit für die Modelle aus Abbildung 4.22. Da die Kollisionserkennung auf der CPU ausgeführt wird, müssen in jedem Simulationsschritt Daten zwischen der CPU und der GPU ausgetauscht werden. Die Messwerte in Tabelle 4.3 für die GPU-Implementierung beinhalten die Zeiten, die dafür benötigt wurden. Jeder Aufruf eines CUDA Kernels sowie die Speicherzugriffe haben einen gewissen Overhead. Daher wurde auch bei Modellen mit nur sehr wenigen Partikeln eine Zeit von 1,5 ms pro Simulationsschritt gemessen.

Im Folgenden wird das vorgestellte Verfahren mit dem Shape-Matching-Verfahren von Rivers und James [RJ07] verglichen. Beide Verfahren liefern visuell plausible Ergebnisse, aber im Gegensatz zu dem Ansatz von Rivers und James erhält die vorgestellte Methode das Volumen der deformierbaren

Körper. Dadurch sind realistischere Ergebnisse möglich. Da es bei diesen Verfahren für die Laufzeit keinen Unterschied macht, ob man ein Objekt mit vielen Partikeln oder viele Objekte mit wenigen Partikeln simuliert, wird für den Geschwindigkeitsvergleich das Modell eines einfachen Würfels verwendet. Für den vorgestellten Ansatz besteht der Würfel aus $30k$ Partikeln auf der Oberfläche, während für das Verfahren von Rivers und James ein regelmäßiges Gitter aus $31^3 \approx 30k$ Partikeln verwendet wird. Das zweite Modell hat nur 5402 Partikel auf der Oberfläche und kann daher feine Details auf der Oberfläche nicht so gut abbilden. In Tabelle 4.4 werden die Laufzeiten von folgenden Verfahren für unterschiedliche Regionsgrößen miteinander verglichen: das gitterbasierte Shape-Matching-Verfahren ohne Optimierung (LSM), das gitterbasierte Verfahren von Rivers und James mit schneller Summation (FastLSM), das naive Shape-Matching Verfahren für Oberflächen auf der CPU, das vorgestellte Verfahren für Oberflächen mit schneller Summation auf der CPU und auf der GPU. Die Rechenzeiten für die letzten drei Verfahren, die auf einem Oberflächennetz arbeiten, enthalten auch die Zeiten, die für die Volumenkorrektur benötigt werden. Obwohl der FastLSM-Ansatz in der Theorie schneller ist als der vorgestellte, zeigt sich in der Praxis, dass beide Ansätze auf der CPU ungefähr gleich schnell arbeiten. Ein Grund dafür ist, dass bei dem neuen Ansatz der Cache besser ausgenutzt werden kann. Die schnelle Summation von Rivers und James hatte bei verschiedenen Regionsgrößen keine konstante Laufzeit. Dies liegt an der Spezialbehandlung, die auf dem Rand benötigt wird. Die GPU-Implementierung ist je nach Regionsgröße zwischen 11 und 40 Mal schneller als der naive Ansatz und ungefähr 15 Mal schneller als die beiden schnellen Summationstechniken auf der CPU. Wenn man berücksichtigt, dass bei einem Oberflächenmodell viel weniger Partikel simuliert werden müssen als bei einem Volumenmodell, dann ist der Geschwindigkeitsvorteil gegenüber dem FastLSM-Ansatz noch deutlich höher.

Allerdings muss auch erwähnt werden, dass der vorgestellte Ansatz für Oberflächennetze verschiedene Einschränkungen hat. Dieser Ansatz erfordert geringfügig größere Regionen, um die gleiche Steifigkeit wie mit einem Volumenmodell zu erreichen. Dies liegt an den fehlenden Partikeln im Inneren des Modells. Außerdem kann die vorgestellte Volumenkorrektur die Impulserhaltung des Systems nicht garantieren. In unterschiedlichen Experimenten konnten jedoch keine daraus resultierenden Geisterkräfte festgestellt werden. Dies liegt unter anderem daran, dass die Geschwindigkeitskorrektur bei der Volumenerhaltung hilft, solche unerwünschten Effekte zu vermeiden.

Methode	$\omega = 1$	$\omega = 2$	$\omega = 3$	$\omega = 4$	$\omega = 5$
LSM	65,1	240,3	617,9	1436,2	2615,8
FastLSM	46,7	47,9	51,6	57,2	65,2
Naiver Ansatz für Oberflächen	37,3	53,8	82,9	121,5	169,8
Schnelle Summation (CPU)	42,5	46,7	51,6	56,2	62,1
Schnelle Summation (GPU)	3,2	3,6	3,9	4,1	4,2

Tabelle 4.4.: Vergleich der durchschnittlichen Rechenzeiten (in ms) pro Simulationsschritt für verschiedene Shape-Matching Verfahren mit unterschiedlichen Regionsgrößen bei einem Würfelmodell mit ungefähr $30k$ Partikeln. Während der schnelle Summationsansatz von Rivers und James und der in dieser Arbeit vorgestellte auf der CPU ähnliche Laufzeiten haben, ist die GPU-Implementierung ungefähr 15 Mal schneller.

4.4.2.6. Zusammenfassung

In diesem Abschnitt wurde ein robuster Ansatz für die Deformation inkompressibler Körper vorgestellt. Durch die vorgestellte Volumenerhaltung können deformierbare Körper mit einem einfachen Oberflächenmodell realistisch simuliert werden. Bei der Volumenerhaltung werden unrealistische Schwingungen durch eine Geschwindigkeitskorrektur vermieden. Außerdem werden Kollisionen berücksichtigt, so dass die Volumenkorrektur keine Durchdringungen verursacht. Die Verwendung eines Oberflächennetzes anstatt eines Volumenmodells hat verschiedene Vorteile. Bei Volumenmodellen ist die Invertierung eines Elements ein typisches Problem, das oft eine Sonderbehandlung erfordert. Solche Probleme treten bei Oberflächennetzen nicht auf, weshalb sich das vorgestellte Modell aus vollständig invertierten oder degenerierten Zuständen ohne zusätzlichen Aufwand wiederherstellen kann. Außerdem können Modelle mit viel detaillierteren Oberflächen in Echtzeit simuliert werden, da keine Rechenzeit für Partikel im Inneren des Modells benötigt wird.

Die neue schnelle Summationstechnik wurde für eine effiziente parallele Berechnung auf der GPU entwickelt. Diese Technik ermöglicht realistische Deformationen von hochaufgelösten Oberflächenmodellen mit vielen Tausend Partikeln in Echtzeit. Der Vergleich der vorgestellten Methode zu bekannten geometrisch motivierten Verfahren zeigt eine Beschleunigung um den Faktor 15 bei einer gleichen Anzahl an Partikeln. Allerdings werden bei anderen Verfahren Volumenmodelle verwendet und Partikel im Inneren der Körper benötigt. Wenn man daher Modelle mit der gleichen

Oberflächenauflösung vergleicht, ist die Beschleunigung sogar noch deutlich höher.

5. Parallele Simulation auf der GPU

Die meisten aktuellen Rechner verfügen über Prozessoren mit mehreren Kernen und Graphikkarten, deren Graphikprozessoren sogenannte *Shader-Programme* parallel ausführen können. Die Parallelisierung eines Verfahrens ist daher ein wichtiger Optimierungsschritt, der die Geschwindigkeit deutlich erhöht.

In Abschnitt 3.3.2 wurde bereits gezeigt, dass ein lineares Gleichungssystem zur Berechnung der Korrekturimpulse durch den Einsatz spezieller Verfahren parallel auf mehreren Prozessoren bzw. Kernen gelöst werden kann. Für Textilien wurde in Abschnitt 4.3.4.1 ein Verfahren vorgestellt, dass die Berechnung der Impulse durch die Aufteilung in unabhängige Gruppen parallelisiert. In diesem Abschnitt soll zunächst eine allgemeine Vorgehensweise beschrieben werden, mit der alle impulsbasierten Verfahren parallel ausgeführt werden können [BBD09a]. Diese Vorgehensweise basiert auf der Aufteilung aller Zwangsbedingungen eines Modells in unabhängige Gruppen. Anschließend wird demonstriert, wie mit Hilfe dieser Gruppen eine parallele Simulation auf einem Graphikprozessor durchgeführt werden kann. Außerdem wird eine weitere Möglichkeit zur Parallelisierung auf der GPU vorgestellt. Das Lösen von linearen Gleichungssystemen nimmt einen großen Teil der Rechenzeit in einer dynamischen Simulation in Anspruch. Die Gleichungssysteme in diesem Bereich sind im Allgemeinen dünnbesetzt. In Abschnitt 5.3 werden Datenstrukturen und Algorithmen vorgestellt, um solche Systeme effizient auf einer GPU zu lösen.

5.1. Verwandte Arbeiten

Im Forschungsbereich der dynamischen Simulation ist die Parallelisierung inzwischen ein wichtiges Thema. Viele Arbeiten beschäftigen sich hauptsächlich mit der parallelen Simulation auf einem Graphikprozessor. Die Durchführung von Berechnungen auf einer GPU, die nichts mit der graphischen Ausgabe zu tun haben, bezeichnet man als *General Purpose Computation on Graphics Processing Unit* oder kurz GPGPU. John D.

Owens et al. geben in [OLG$^+$07] eine Motivation für den Einsatz von GPGPU und eine Übersicht über die aktuellen Anwendungsgebiete. Die dynamische Simulation ist ebenfalls ein Anwendungsgebiet von GPGPU. Besonders gut lassen sich Kollisionserkennungsverfahren auf der GPU parallelisieren. Dies zeigen z. B. Bruno Heidelberger et al. in [HTG04] oder Alexander Greß et al. in [GGK06].

GPGPU-Verfahren kommen inzwischen in vielen Bereichen der dynamischen Simulation zum Einsatz. Harris et al. simulieren zum Beispiel dynamische Phänomene auf der GPU [HCSL02]. Dabei verwenden sie eine Erweiterung der zellularen Automaten. Viele Arbeiten, die den Graphikprozessor ausnutzen, befassen sich mit der Simulation von Partikelsystemen. Kolb et al. stellen in [KLRS04] ein Verfahren vor, bei dem die dynamische Simulation, die Kollisionserkennung und die Visualisierung auf der GPU durchgeführt wird. Der Zustand des Partikelsystems wird in Texturen gespeichert, mit denen die Shader-Programme arbeiten können. Zwischen den einzelnen Schritten muss die GPU nicht verlassen werden, wodurch der zeitaufwendige Datentransfer zwischen CPU und GPU wegfällt. Dadurch können sehr große Partikelsysteme in Echtzeit simuliert werden. Joachim Georgii et al. simulieren in [GEW05] deformierbare Körper mit Hilfe von Masse-Feder-Systemen auf der GPU. Die Simulation eines Masse-Feder-Systems ist relativ einfach. Allerdings können die Zwangsbedingungen im System nur näherungsweise erfüllt werden. Der Fehler, der dabei auftritt, kann nicht direkt kontrolliert werden. Er hängt von der Stärke der verwendeten Federn ab. Zu starke Federn führen allerdings zu steifen Differentialgleichungen, die sich negativ auf die Stabilität der Simulation auswirken. Die Darstellung der Simulationsdaten wird direkt mit den Daten im Graphikspeicher durchgeführt. Mit einem *Vertex-Shader* können die Positionen der Partikel für die Visualisierung verändert werden. Daher müssen für die Darstellung keine Daten an die CPU zurück gegeben werden, wodurch Zeit eingespart wird. Als Alternative zu Masse-Feder-Systemen stellen Javier Rodriguez-Navarro und Antonio Susin in [RNS06] ein Verfahren zur dynamischen Simulation von Textilien auf der GPU mit Hilfe der Finite-Elemente-Methode vor.

Eine GPU-basierte Simulation von elastischen Körpern wird von Dick et al. [DGW11] vorgestellt. Dabei wird das simulierte Modell mit einem Gitter diskretisiert. Ein solches Gitter eignet sich gut für das Multigrid-Verfahren, das in dieser Arbeit zum Einsatz kommt. Allard et al. [ACF11] präsentieren einen GPU-basierten Ansatz für die Simulation deformierbarer Modelle mit Tetraedernetzen. Für die Parallelisierung werden die Beiträge jedes einzelnen Elements getrennt betrachtet. In [CA09] wird ein paralleles Gauss-Seidel-Verfahren für die Lösung von dichtbesetzten linearen Komplementaritätsproblemen auf Mehrkern-CPUs und GPUs vorgestellt. Dieses Verfahren wird verwendet, um eine effiziente Kontaktbehandlung zwischen deformierbaren Körpern durchzuführen.

Auch im Bereich der dynamischen Simulation von Starrkörpern kommen GPGPU-Methoden zum Einsatz. Takahiro Harada hat in diesem Zusammenhang verschiedene Arbeiten vorgestellt, wie z. B. [Har07] und [HTKK07].

Andere Arbeiten beschäftigen sich nicht direkt mit der dynamischen Simulation, sondern mit dem parallelen Lösen von linearen Gleichungssystemen. Da das Lösen solcher Systeme einen großen Anteil der Rechenzeit in einem Simulationsschritt ausmacht, sind diese Verfahren auch im Simulationsbereich von großem Interesse. Frühe GPU-basierte Gleichungssystemlöser wurden von Bolz et al. [BFGS03] sowie Krüger und Westermann [KW03] vorgestellt. In beiden Arbeiten werden Shader-Programme für die Pipeline der Graphikkarte implementiert, um die hohe Parallelität der GPU auszunutzen. Die Daten für die Berechnungen werden als Texturen im Graphikspeicher abgelegt. Die Einführung der Compute Unified Device Architecture (CUDA) [NVI12a] von NVIDIA hat das Interesse an GPGPU-Verfahren deutlich erhöht. CUDA ermöglicht eine abstrakte Programmierung der Graphikhardware in einer zu C ähnlichen Programmiersprache. Es wurden bereits viele Arbeiten für Berechnungen mit dichtbesetzten Matrizen veröffentlicht, aber auch einige wenige, deren Ziel die Entwicklung von effizienten Operationen mit dünnbesetzten Matrizen ist.

Die speziell für die GPU optimierte Bibliothek CUSparse [NVI12b] bietet BLAS^1 Operationen an sowie die Berechnung von Matrix-Vektor-Produkten mit dünnbesetzten Matrizen. Matrix-Vektor-Produkte machen einen großen Teil des Rechenaufwands beim Lösen eines linearen Gleichungssystems mit der konjugierten Gradientenmethode aus. Bell et al. [BG08, BG09] präsentieren in ihren Arbeiten verschiedene optimierte Datenstrukturen für dünnbesetzte Matrizen auf der GPU. Außerdem wird von Bell et al. die Effizienz von bekannten Strukturen wie dem Diagonalformat (DIA), dem ELLPACK (ELL) Format, dem *compressed sparse row storage* (CSR) Format und dem Koordinatenformat (COO) auf der Graphikhardware analysiert. Die Autoren stellen das hybride Format (HYB) vor, das die COO und die ELL Datenstruktur kombiniert, um dünnbesetzte Matrizen mit einer variierenden Anzahl von Matrixeinträgen, die nicht

---

^{1}Die Abkürzung BLAS steht für Basic Linear Algebra Subprograms.

Null sind, besser abzubilden. Die freie Bibliothek CUSP [BG12] basiert auf der Arbeit von Bell et al. Dabei ist die Geschwindigkeit der Operationen für dünnbesetzte Matrizen mit stark variierenden Zeilenlängen deutlich höher als bei der Bibliothek CUSparse.

Buatois et al. [BCL09] präsentieren einen weiteren Ansatz für dünnbesetzte Matrizen. Matrixeinträge, die nicht Null sind, werden in dieser Arbeit gruppiert, um die Speicherzugriffe zu optimieren. In der Arbeit von Baskaran et al. [BB09] stehen vereinigte Speicherzugriffe und die Wiederverwendung von Daten im Vordergrund. Dadurch konnten Matrix-Vektor-Multiplikationen mit Matrizen im CSR Format beschleunigt werden. Vazquez et al. [VOFG10] optimieren das ELL Format für die Benutzung auf einer GPU. Die Autoren stellen als Ergebnis die Datenstruktur ELLPACK-R vor, die zusätzlich die Zeilenlängen der Matrix speichert. Eine allgemeinere Variante dieser Datenstruktur ist SlidedELLPACK, die von Monakov et al. [MLA10] vorgestellt wird. Bei dieser Struktur werden mehrere Zeilen gruppiert. Allerdings werden bei beiden Datenstrukturen zusätzliche Reduktionsschritte für Matrix-Vektor-Multiplikationen benötigt, wodurch die Anzahl an Kernel-Aufrufen steigt. Oberhuber et al. [OSV11] präsentieren ein CSR Format, das die Zeilen der Matrix gruppiert. Diese Struktur ähnelt der Datenstruktur, die in Abschnitt 5.3.1 vorgestellt wird. Allerdings werden in dieser Arbeit, im Gegensatz zu dem Format von Oberhuber et al., die von Null verschiedenen Matrixeinträge gebündelt, wodurch bessere Ergebnisse erzielt werden. Mellor-Crummey und Garvin [MCG04] haben das L-CSR Format für eine schnelle Matrix-Vektor-Multiplikation entwickelt. Durch einen sogenannten *Unroll-and-Jam* Ansatz wird diese Operation für Matrizen mit kurzen Zeilenlängen optimiert.

5.2. Aufteilung in unabhängige Gruppen

Für eine parallele Simulation eines Modells mit der impulsbasierten Methode muss die Berechnung der Korrekturimpulse parallel durchgeführt werden. Dies ist allerdings nur dann möglich, wenn keine direkten Abhängigkeiten zwischen den entsprechenden Zwangsbedingungen bestehen. Eine direkte Abhängigkeit ergibt sich, wenn zwei Bedingungen ein gemeinsames Partikel bzw. einen gemeinsamen Körper haben. Dadurch beeinflussen ihre Korrekturimpulse die Geschwindigkeit des gleichen Körpers. Zwei Zwangsbedingungen haben eine indirekte Abhängigkeit, wenn sich der Impuls der ersten Bedingung über eine Kette von mehreren Bedingungen und Körpern auf die zweite Bedingung auswirkt und umgekehrt. Besonders viele Abhängigkeiten treten z. B. beim Textilmodell aus Abschnitt 4.3.1 auf, da in diesem Modell jedes Partikel mit allen seinen Nachbarn verbunden ist. Der Korrekturimpuls einer Bedingung beeinflusst damit das gesamte Modell.

Die iterative Methode ist das einfachste der vorgestellten impulsbasierten Verfahren. Die Abhängigkeiten werden dabei durch den iterativen Prozess aufgelöst. Dieser konvergiert zu der physikalisch korrekten Lösung [SBP05b], wobei die Konvergenz unabhängig von der Reihenfolge ist, in der die Impulse bestimmt werden. Für die Parallelisierung des Verfahrens kann diese Eigenschaft ausgenutzt werden.

Um in einem Iterationsschritt die Impulse für mehrere Zwangsbedingungen parallel zu berechnen, dürfen die Bedingungen keine direkte Abhängigkeit haben. Deswegen werden vor der Simulation alle Zwangsbedingungen mit Hilfe von Algorithmus 5.1 in Gruppen eingeteilt, in denen alle Bedingungen unabhängig voneinander sind.

Der Algorithmus geht wie folgt vor. Für jede Bedingung im Modell wird überprüft, ob eine Gruppe existiert, in die man sie einfügen kann, ohne dass eine direkte Abhängigkeit in der Gruppe entsteht. Dafür darf sie mit keiner Bedingung in der Gruppe einen gemeinsamen Körper haben. Wenn keine solche Gruppe gefunden wird, muss eine neue erzeugt werden. Dadurch gilt für jeden Körper in einer Gruppe, dass er durch maximal eine Zwangsbedingung mit einem anderen Körper verbunden ist. Die maximale Anzahl an Verbindungen, die ein Körper im Modell hat, ist die Anzahl der Gruppen, die benötigt wird.

Nach der Aufteilung können die unabhängigen Gruppen parallel auf der CPU, z. B. mit Hilfe von OpenMP [CJP07], oder auf der GPU mit Hilfe von Shader-Programmen (siehe Abschnitt 5.2.1) simuliert werden. Die Berechnung der Korrekturimpulse erfolgt in einem iterativen Prozess über die Gruppen. In jedem Iterationsschritt werden die einzelnen Gruppen nacheinander behandelt. Für jede Gruppe werden alle Impulse parallel bestimmt. Der Prozess endet, wenn für alle Gruppen die Zwangsbedingungen innerhalb einer vorgegebenen Toleranz erfüllt sind.

Die vorgestellte Aufteilung der Bedingungen ist nur eine Möglichkeit der Unterteilung. Diese liefert beim iterativen Verfahren gute Ergebnisse. Für die Parallelisierung des LGS-Verfahrens oder des Verfahrens mit linearem Aufwand ist sie ungeeignet, da jede Zwangsbedingung nur für sich betrachtet wird. Wenn diese Verfahren zum Einsatz kommen, dann bietet sich eine Aufteilung in Gruppen von unabhängige Ketten an, wie sie

buildIndependentGroups()

Eingabe: Menge aller Zwangsbedingungen C
Ausgabe: Menge aller unabhängigen Gruppen von Bedingungen G
 1: $G = []$
 2: **for all** $c_1 \in C$
 3:     addToNewGroup = true
 4:     **for all** $g \in G$
 5:         addToThisGroup = true
 6:         **for all** $c_2 \in g$
 7:             **if** haveCommonBody(c_1, c_2)
 8:                 addToThisGroup = false
 9:                 **break**
10:             **end if**
11:         **end for**
12:         **if** addToThisGroup
13:             addConstraintToGroup(c_1, g)
14:             addToNewGroup = false
15:             **break**
16:         **end if**
17:     **end for**
18:     **if** addToNewGroup
19:         $g = [c_1]$
20:         addNewGroup(g)
21:     **end if**
22: **end for**
23: **return** G

Algorithmus 5.1: Aufteilung der Zwangsbedingungen in unabhängige Gruppen

z. B. in Abschnitt 4.3.4.1 für die Simulation von Textilien vorgestellt wurde. Die Impulse der unabhängigen Ketten werden dann parallel zueinander mit dem jeweiligen Verfahren bestimmt. Die Abhängigkeiten zwischen den Gruppen können durch einen iterativen Prozess aufgelöst werden.

5.2.1. Simulation auf der GPU

In diesem Abschnitt wird gezeigt, wie das iterative Verfahren auf einem Graphikprozessor umgesetzt werden kann [BBD09a]. Dafür wird die oben beschriebene Aufteilung in unabhängige Gruppen verwendet, um die parallele Architektur der GPU auszunutzen.

Eine Graphikkarte verwendet eine Pipeline zur Verarbeitung von Geometriedaten. Dazu gehört u. a. die Transformation, Projektion und Texturierung. Am Ende dieser Pipeline steht die Ausgabe in einen Pixelpuffer. Dieser wird im Allgemeinen zur Ausgabe auf den Bildschirm verwendet. Früher war die Pipeline der Graphikkarten fest, aber seit einigen Jahren gibt es die Möglichkeit, zwei Stufen in der Pipeline durch eigene Programme zu ersetzen. Dabei handelt es sich um Vertex- und Pixel-Shader. Ein Vertex-Shader wird für jeden Eckpunkt der Geometrie aufgerufen, während ein Pixel-Shader für jedes Pixel auf der Oberfläche eines Objektes aufgerufen wird.

Für die Berechnungen auf der Graphikkarte können mehrere Durchläufe ausgeführt werden. Dadurch werden verschiedene Pixel- bzw. Vertex-Shader hintereinander gestartet. Um die Berechnungen anzustoßen, muss ein Objekt gezeichnet werden. Dafür wird ein Quadrat verwendet, das ohne Transformation und Projektion in den Pixelpuffer gezeichnet wird. Für jedes Pixel des Quadrats wird der aktuelle Pixel-Shader einmal aufgerufen. Daher muss das Quadrat so gewählt werden, dass die Anzahl seiner Pixel der Anzahl der benötigten Berechnungen entspricht.

Um Berechnungen auf der GPU durchzuführen, müssen die Shader-Programme auf den aktuellen Zustand des simulierten Modells zugreifen können. Der häufige Austausch von Daten zwischen dem Systemspeicher und dem Graphikspeicher wirkt sich negativ auf die Geschwindigkeit der Simulation aus. Besonders der Datentransfer vom Graphikspeicher in den Systemspeicher ist meistens sehr langsam. Das liegt daran, dass die graphische Ausgabe die Hauptaufgabe einer Graphikkarte ist und dabei diese Richtung des Datentransfers nicht benötigt wird. Aus diesem Grund muss der vollständige physikalische Zustand des simulierten Systems im Graphikspeicher verwaltet werden. Dafür werden die Zustände aller Körper, aller Zwangsbedingungen und die externen Kräfte, die auf die Körper wirken, in Texturen kodiert.

In einer Textur können pro Pixel vier Gleitpunktzahlen gespeichert werden. Die einzelnen Vektoren und Parameter des Systemzustands werden für die Simulation hintereinander in verschiedene Texturen gespeichert und auf die Graphikkarte transferiert. Die Daten, die die Shader-Programme während der Simulation berechnen, werden ebenfalls in Texturen gespeichert. Da die GPU eine Textur nicht gleichzeitig lesen und schreiben kann, werden für alle variablen Daten Paare von Texturen angelegt. Die erste Textur dient als Eingabe für die Berechnung mit einem Shader-Programm und die zweite Textur wird für die Ausgabe der Ergebnisse verwendet. Nachdem

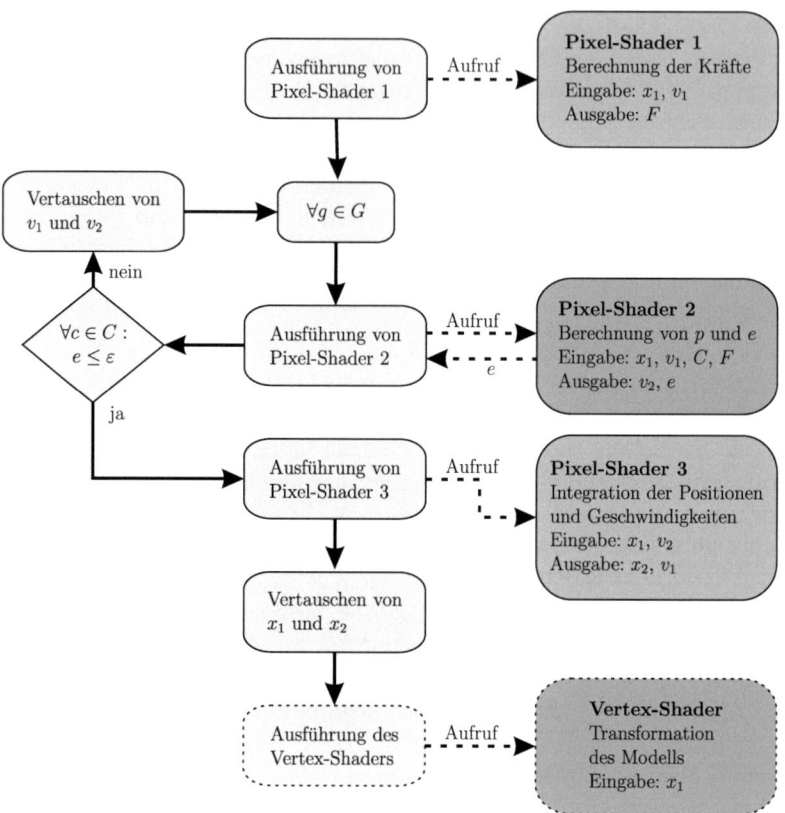

Abbildung 5.1.: Ablauf eines Simulationsschrittes auf dem Graphikprozessor

das Shader-Programm fertig ist, werden die beiden Texturen vertauscht, so dass die Ergebnisse als Eingabe für das nächste Shader-Programm verwendet werden.

Abbildung 5.1 zeigt den Ablauf eines Simulationsschrittes, bei dem die Berechnung der Impulse mit Hilfe von Shader-Programmen auf der GPU ausgeführt wird. Die gelben Boxen auf der linken Seite beschreiben die Aktionen auf dem Hauptprozessor des Rechners, während die blauen Boxen auf der rechten Seite die Shader-Programme darstellen, die auf dem Graphikprozessor ausgeführt werden. Alle Ein- und Ausgabedaten eines Shader-Programms sind in Texturen abgelegt.

In einem Simulationsschritt werden zunächst die externen Kräfte mit Hilfe des ersten Shader-Programms berechnet. Dafür werden als Eingabe die Texturen x_1 und v_1 mit den aktuellen Positionen und Geschwindigkeiten der Körper verwendet. Das Ergebnis dieses Programms ist eine Textur F, die alle externen Kräfte enthält. Anschließend müssen die Korrekturimpulse bestimmt werden. Dies erfolgt in einer Schleife über alle unabhängigen Gruppen $g \in G$. Für jede Gruppe wird der zweite Pixel-Shader aufgerufen. Dieser berechnet die gesuchten Korrekturimpulse und die daraus resultierenden Geschwindigkeitsänderungen. Die veränderten Geschwindigkeiten der Körper werden in der Textur v_2 gespeichert. Außerdem werden die aktuellen Positionsfehler der Zwangsbedingungen in der Textur e gespeichert. Diese Positionsfehler werden dann aus der Graphikkarte ausgelesen, um zu bestimmen, ob alle Zwangsbedingungen des Modells innerhalb der vorgegebenen Toleranz ε erfüllt sind. Wenn diese Bedingung nicht erfüllt ist, werden die Texturen v_1 und v_2 vertauscht, da v_2 inzwischen die aktuellen Geschwindigkeiten enthält. Anschließend wird mit der nächsten Gruppe in G fortgefahren. Sobald die Zwangsbedingungen für alle Gruppen erfüllt sind, kann der Pixel-Shader 3 ausgeführt werden. Dieser integriert die Geschwindigkeiten und Positionen der Körper. Die neuen Werte werden in den Texturen x_2 und v_1 abgelegt. Bevor der Simulationsschritt endet, werden die Texturen x_1 und x_2 vertauscht, so dass sich der aktuelle Zustand aller Körper wieder in den Texturen x_1 und v_1 befindet.

Nach dem Simulationsschritt kann ein Vertex-Shader für die Visualisierung der Ergebnisse verwendet werden. Dies hat den Vorteil, dass die Positionsdaten der Körper nicht aus der Graphikkarte gelesen werden müssen. Die Geometrie der Körper wird am Anfang der Simulation in die Graphikkarte übertragen. Nach jedem Simulationsschritt verändert der Vertex-Shader die Positionen der Eckpunkte, so dass sie den Transformationen in Textur x_1 entsprechen. Dafür muss die Graphikkarte mindestens das Shader-Modell 3.0 unterstützen. Erst ab dieser Version ist es möglich, in einem Vertex-Shader eine Textur zu lesen.

5.2.2. Ergebnisse

Alle Simulationen in diesem Abschnitt wurden auf einem PC mit einem Intel Core 2 Quad Prozessor mit 2,66 GHz und 8 GB Hauptspeicher durchgeführt. Für die GPU-Simulation wurde eine NVIDIA GeForce 9800 GTX Graphikkarte mit 675 MHz und 512 MB Graphikspeicher verwendet.

Die parallele Simulation auf der GPU wurde mit Hilfe von Shader-Programmen in der Sprache HLSL^2 durchgeführt. Für die Umsetzung wurde ein eigener Simulator in C++ geschrieben. Dieser unterstützt sowohl die Simulation auf der GPU als auch auf der CPU. Dadurch ist ein direkter Vergleich möglich. Der Simulator verwendet DirectX für die Aufrufe der Shader-Programme und den Datenaustausch mit der Graphikkarte.

Abbildung 5.2 zeigt einen direkten Vergleich der CPU- und der GPU-Simulation. Das Modell, das für den Vergleich verwendet wurde, besteht aus 1024 Partikeln. Diese sind durch 1984 Distanzbedingungen miteinander verbunden. Außerdem enthält das Modell Federn, um der Scherung und Verformung des Modells entgegenzuwirken. Für die Simulation wurde die maximale Anzahl der Iterationsschritte auf 100 begrenzt. Dabei lag die maximale Ausdehnung des Modells stets unter einem Prozent.

Es wurden Modelle mit verschiedenen Größen verwendet, um die Geschwindigkeit der Simulation zu messen. Diese Modelle hatten zwischen 64 und 16384 Partikel und damit bis zu 32512 Distanzbedingungen. Auch hierbei wurde die maximale Anzahl der Iterationsschritte auf 100 beschränkt. Die Simulation wurde zunächst auf der CPU und anschließend auf der GPU mit und ohne Shader-Modell 3.0 durchgeführt. Abbildung 5.3 zeigt die Messergebnisse.

Das Modell mit 1024 Partikeln benötigte weniger als 100 Iterationen und seine maximale Ausdehnung während der Simulation lag unter einem Prozent. Beim größten Modell mit 16384 Partikeln wurde die Iteration nach 100 Schritten abgebrochen. Dabei war seine Ausdehnung maximal acht Prozent. Durch die parallele Berechnung der Impulse ist die Simulation auf der GPU für große Modelle deutlich schneller als auf der CPU. Sogar das größte Modell kann auf der GPU noch in Echtzeit simuliert werden. Bei kleinen Modellen (bis ungefähr 500 Partikel) ist allerdings die Berechnung auf der CPU schneller.

Bei den Messungen wurde nur die Zeit für die Simulation berücksichtigt. Der Zeitaufwand, der für die Darstellung des Modells benötigt wurde, ging nicht in die Ergebnisse mit ein. Daher wurde mit dem Einsatz von Shader-Modell 3.0 nur ein geringfügiger Geschwindigkeitsvorteil gemessen. Der größte Vorteil von Shader-Modell 3.0 ist, dass die Simulationsergebnisse direkt mit Hilfe des Vertex-Shaders gezeichnet werden können, ohne dabei die GPU zu verlassen. Dadurch kann der gesamte Schritt mit Darstellung deutlich beschleunigt werden.

---

^{2} Die Abkürzung HLSL steht für High Level Shading Language.

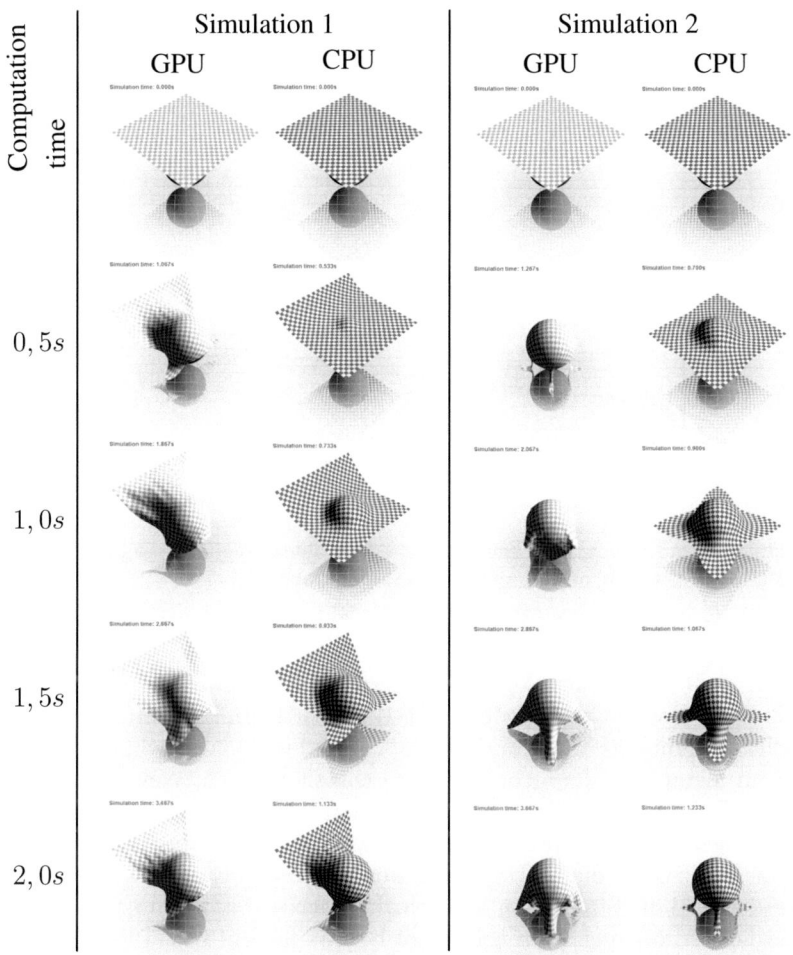

Abbildung 5.2.: Vergleich der Simulation auf der GPU und der CPU. Das simulierte Tuch besteht aus 1024 Partikeln, die durch Distanzbedingungen miteinander verbunden sind.

Bisher wurden die Rechenzeiten bei Modellen unterschiedlicher Komplexität miteinander verglichen. In einer weiteren Messung soll untersucht werden, wie sich das GPU-Verfahren bei der parallelen Simulation von mehreren unabhängigen Modellen gleicher Größe verhält. Für die Messungen wurden Textilmodelle mit 64, 128, 256, 512 und 1024 Partikeln

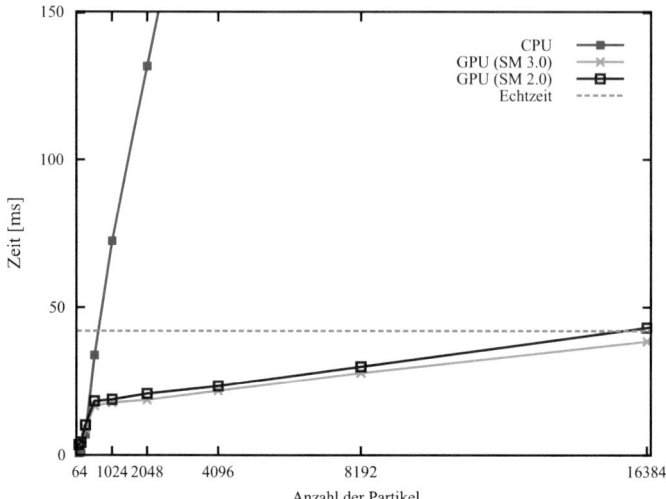

Abbildung 5.3.: Durchschnittliche Rechenzeit eines Simulationsschrittes auf der CPU und GPU mit und ohne Shader-Modell 3.0

auf der GPU simuliert. Die Ergebnisse sind in Abbildung 5.4 dargestellt. Bis zu 16 der größten Modelle mit 1024 Partikeln konnten schneller als Echtzeit simuliert werden. Auf der CPU war schon die Simulation von einem dieser Modelle nicht mehr in Echtzeit möglich. Wenn man immer eine feste Anzahl an Iterationen verwendet, muss der Fehler der Zwangsbedingungen nicht überprüft werden. Daher muss auch die Textur mit den Fehlern nicht auf die CPU geladen werden. Dadurch kann Zeit eingespart werden und die Simulation von sehr komplexen Modellen ist in Echtzeit möglich. Abbildung 5.5 zeigt ein solches Modell mit 65536 Partikeln und 130560 Distanzbedingungen. Dieses Modell konnte mit einer festen Anzahl an Iterationen in Echtzeit simuliert werden. Der Nachteil dieser Vorgehensweise ist, dass eine maximale Ausdehnung nicht garantiert werden kann. Wenn allerdings die Anzahl der Iterationsschritte hoch genug gewählt wird, dann hält sich der entstehende Fehler in Grenzen.

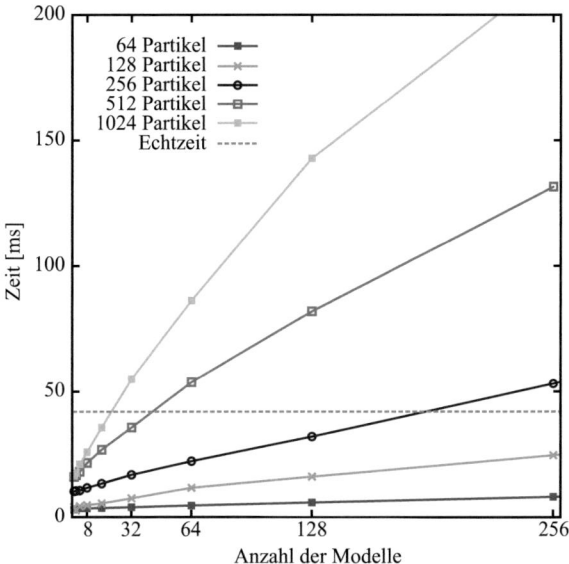

Abbildung 5.4.: Parallele Simulation von mehreren Modellen gleicher Größe auf der GPU. Das Diagramm zeigt die durchschnittliche Rechenzeit eines Simulationsschrittes in Abhängigkeit von der Anzahl der Modelle

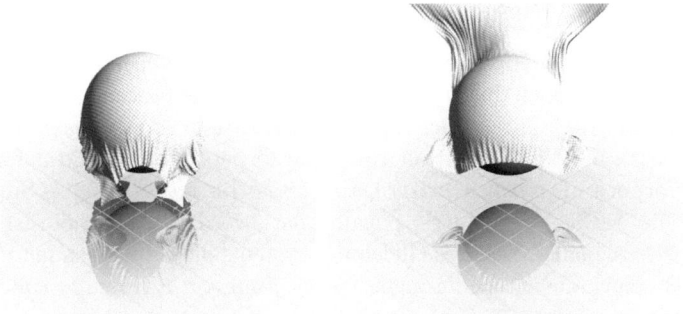

Abbildung 5.5.: Echtzeitsimulation eines Modells mit 65536 Partikeln, 130560 Distanzbedingungen und ein paar tausend Kontaktbedingungen auf der GPU

5.3. Effizientes Lösen dünnbesetzter Gleichungssysteme

Realistische deformierbare Körper enthalten oft relativ steife Komponenten. Diese führen in der Simulation zu steifen Differentialgleichungen. Zum Beispiel erfordern schon relativ kleine Elastizitätskoeffizienten in einer Finite-Elemente-Simulation eine Beschränkung der Zeitschrittweite bei der Verwendung von expliziten Integrationsverfahren. Daher verwenden viele Ansätze eine implizite Zeitintegration, die bedingungslos stabil ist, um auf diese Weise die Stabilitätsprobleme mit expliziten Verfahren zu lösen. Bei impliziten Verfahren müssen allerdings, im Gegensatz zu expliziten, Gleichungssysteme gelöst werden. Auch die Simulation von Mehrkörpersystemen erfordert die Lösung linearer Gleichungssysteme (siehe Abschnitte 3.1.1.2 und 3.3.2). Die meisten Simulationsverfahren für Mehrkörpersysteme und deformierbare Körper müssen also ein großes lineares Gleichungssystem lösen, bei dem sich die Matrix in jedem Zeitschritt ändert. Die Matrizen dieser Gleichungssysteme sind üblicherweise dünnbesetzt und symmetrisch, da sie die Verbindungsstruktur der Modelle widerspiegeln. Außerdem sind sie positiv definit. Daher können die Systeme mit einem konjugierten Gradientenverfahren [She94] gelöst werden. Das Lösen von Gleichungssystemen kostet einen großen Teil der Rechenzeit in einem Simulationsschritt. Aus diesem Grund ist ein schnelles Lösungsverfahren eine essentielle Komponente in interaktiven Simulationssystemen.

In den letzten Jahren wurden bereits verschiedene Ansätze vorgestellt, die durch das Ausnutzen der massiven Parallelität von Graphikprozessoren das Lösen linearer Gleichungssysteme beschleunigen. Zum Beispiel können Flüssigkeitssimulationen durch solche Ansätze deutlich beschleunigt werden, da hier die Matrix während der Simulation konstant ist. Dagegen ändert sich die Matrix bei der Simulation von Mehrkörpersystemen und deformierbaren Körpern in jedem Schritt. Daher muss für eine effiziente Simulation auch der Aufbau der Matrix parallelisiert werden. Außerdem ist es wünschenswert, beim Lösen des Gleichungssystems die resultierenden Positions- und Geschwindigkeitsänderungen von bestimmten Elementen kontrollieren zu können. Dies ermöglicht eine einfache Kollisionsbehandlung oder eine benutzerdefinierte Animation von Elementen. Bereits existierende Verfahren bieten weder eine effiziente Aktualisierung des Gleichungssystems noch eine Positions- und Geschwindigkeitskontrolle.

Im Folgenden wird ein neues GPU-basiertes Lösungsverfahren vorgestellt [WBS+13], das eine parallele Aktualisierung einer dünnbesetzten

Matrix erlaubt und eine Positions- und Geschwindigkeitskontrolle bietet. Außerdem wird eine neue Datenstruktur für dünnbesetzte Matrizen präsentiert, mit der ein Matrix-Vektor-Produkt deutlich schneller berechnet werden kann. Dadurch wird auch die Lösung linearer Gleichungssysteme erheblich beschleunigt. Im Gegensatz zu existierenden Methoden wird bei dem neuen Verfahren die Anzahl der Kernel-Aufrufe minimiert, da der Overhead eines Kernel-Starts die Geschwindigkeit deutlich beeinflusst. Dank eines optimierten konjugierten Gradientenverfahrens mit Vorkonditionierung, ist der vorgestellte Gleichungssystemlöser deutlich schneller als bisher bekannte Verfahren. Dadurch können sehr komplexe Mehrkörpersysteme und deformierbare Modelle in Echtzeit simuliert werden.

Um den Geschwindigkeitsvorteil der vorgestellten Methode zu demonstrieren, wurden Experimente mit verschiedenen Simulationsverfahren durchgeführt. Außer der in dieser Arbeit beschriebenen impulsbasierten Simulationsmethode wurden außerdem noch die Finite-Elemente-Methode mit linearen und quadratischen Elementen [WKS+11] implementiert sowie ein Verfahren für die Kleidungssimulation, das mit Masse-Feder-Systemen arbeitet [CK02]. Ein Vergleich mit aktuellen Gleichungssystemlösern ergab einen maximalen Geschwindigkeitsgewinn von Faktor 13 (siehe Abschnitt 5.3.2.1).

5.3.1. Die BIN-CSR Datenstruktur

Im Folgenden wird eine neue Datenstruktur vorgestellt, mit der die Berechnung eines Matrix-Vektor-Produkts

$$\mathbf{y} \leftarrow \mathbf{A}\mathbf{x}$$

für dünnbesetzte Matrizen auf einem Graphikprozessor optimiert wird. Eine dünnbesetzte Matrix $\mathbf{A}$ hat nur wenige von Null verschiedene Einträge. Die Anzahl dieser Einträge kann in jeder Zeile unterschiedlich sein. Die effiziente Berechnung eines Matrix-Vektor-Produkts wird in der dynamischen Simulation z.B. beim Lösen eines linearen Gleichungssystems benötigt. Dabei hängt die Dimension der Matrix $\mathbf{A}$ und der Vektoren $\mathbf{x}$ und $\mathbf{y}$ von der Anzahl der Freiheitsgrade ab. Bei der impulsbasierten Simulation von Mehrkörpersystemen (vgl. Abschnitt 3.3.2) werden von holonomen Zwangsbedingungen Freiheitsgrade aus dem simulierten System entfernt. Die Dimension des Gleichungssystems zur Berechnung der zugehörigen Impulse ist gleich der Anzahl der entfernten Freiheitsgrade. In Simulationen mit Masse-Feder-Systemen oder finiten Elementen werden oft implizite

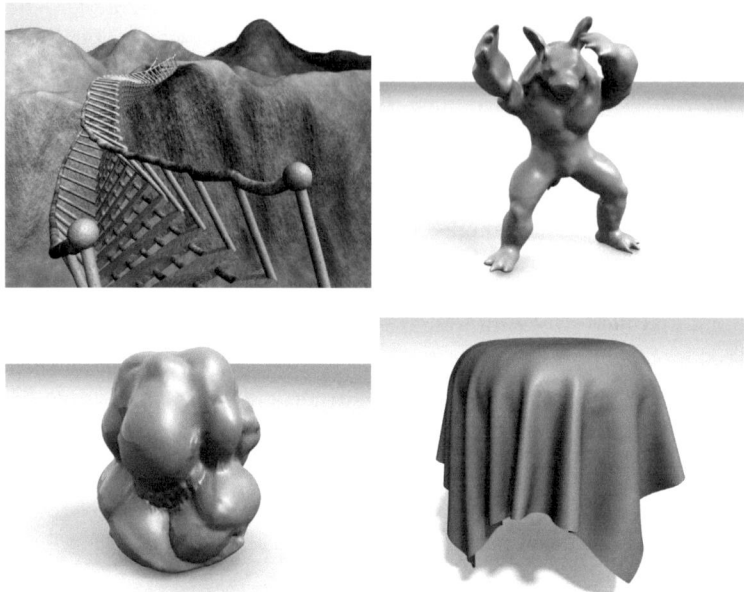

Abbildung 5.6.: Interaktive Simulationen mit dem GPU-basierten Gleichungs-systemlöser: Simulation eines komplexen Mehrkörpersystems (links oben); volumetrische Deformation mit 10K quadratischen finiten Elementen und 47K Freiheitsgraden (rechts oben); volumetrische Deformation mit 65K linearen finiten Elementen und 38K Freiheitsgraden (links unten); Simulation eines Kleidungsmodells mit hohen Detailgrad (rechts unten).

Integrationsverfahren verwendet, um eine stabile Simulation zu gewährleisten. Bei diesen Verfahren muss ein lineares Gleichungssystem gelöst werden, dessen Dimension gleich der Anzahl der Freiheitsgrade im System ist. Die Simulation komplexer Mehrkörpersysteme und deformierbarer Modelle erfordert daher die schnelle Berechnung von Matrix-Vektor-Produkten.

Die neue BIN-CSR Datenstruktur, die in diesem Abschnitt vorgestellt wird, ist optimiert für die effiziente Berechnung von Matrix-Vektor-Produkten auf der GPU. Diese Struktur verwendet eine Erweiterung des bekannten CSR Formats, bei der die Matrixeinträge in sogenannte *BINs* (Behälter) eingeteilt werden. Die Umsetzung der Datenstruktur sowie des Matrix-Vektor-Produkts auf der GPU wurde mit Hilfe von CUDA [NVI12a] realisiert.

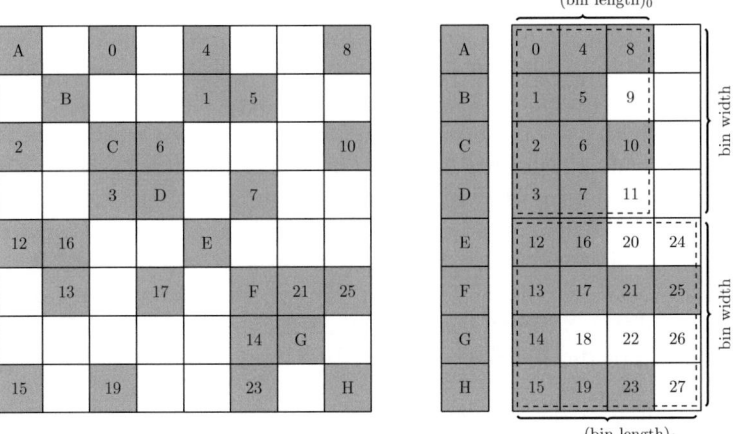

Abbildung 5.7.: (Links) Beispiel einer dünnbesetzten Matrix. Die farbigen Einträge markieren die von Null verschiedenen Einträge der Matrix. Die Diagonaleinträge sind mit Buchstaben gekennzeichnet, während die Einträge abseits der Diagonalen durch eine Zahl gekennzeichnet sind, die gleichzeitig die Speicherstelle in der BIN-CSR Struktur angibt. (Rechts) Die neue Datenstruktur speichert die Diagonaleinträge und die Einträge abseits der Diagonalen separat. Die weißen Einträge mit Zahlen werden benötigt, um die Datenstruktur künstlich aufzufüllen. Die gestrichelten Linien markieren die Grenzen eines BINs.

Im Allgemeinen ist die Berechnung eines Matrix-Vektor-Produkts auf einer GPU durch die Speicherbandbreite beschränkt [BG09]. Für einen optimalen Durchsatz und eine hohe Geschwindigkeit, muss der Speicherzugriff bei der Berechnung speziell für Graphikprozessoren ausgelegt sein. In dieser Arbeit wird jedem Thread genau eine Zeile bei der Berechnung zugewiesen. Das bedeutet, dass jeder Thread einen Wert im Ergebnisvektor **y** berechnet. Speicherzugriffe auf den globalen Speicher der Graphikkarte können relativ lange (mehr als 100 Taktzyklen) dauern [NFHS07]. Um die Geschwindigkeit der Speicherzugriffe zu verbessern, kann ausgenutzt werden, dass aktuelle Hardware 64 bis 128 Bytes gleichzeitig lesen bzw. schreiben kann. Dies wird auch als vereinigter Speicherzugriff (coalesced memory access) bezeichnet. Vereinigte Speicherzugriffe sind möglich, wenn die parallel ausgeführten Threads auf Speicheradressen zugreifen, die im Speicher nebeneinander liegen. Durch diese Zugriffe werden weniger Speichertransaktionen benötigt, was die Laufzeit erheblich verbessert.

Um einen vereinigten Speicherzugriff zu ermöglichen, werden die Daten in einer speziellen Reihenfolge in der Struktur angeordnet. Eine ähnliche Vorgehensweise wurde von Oberhuber et al. [OSV11] vorgeschlagen. In dieser Arbeit werden die Matrixeinträge in verschiedene BINs abgelegt. Dabei speichert jeder dieser Behälter die Menge an Daten, die eine Gruppe von Threads gleichzeitig abrufen (siehe Abbildung 5.7). Die optimale Geschwindigkeit wird erreicht, wenn die Breite eines Behälters genau der Anzahl der Threads entspricht, die gleichzeitig auf der GPU ausgeführt werden. Auf einer aktuellen Fermi Architektur (compute capability 2.0) entspricht dies genau der Größe eines Warps[3]. Bei älterer Hardware (compute capability 1.X) wird dagegen nur die Größe eines halben Warps (16) verwendet. Für die Beispiele in den Abbildungen wurde der Einfachheit halber eine Behälterbreite von Vier verwendet. Im Gegensatz zu der Arbeit von Oberhuber et al. [OSV11] wird die Breite eines Behälters nicht explizit gespeichert. Dadurch wird Speicher gespart und der Durchsatz verbessert.

Der rechte Teil der Abbildung 5.7 zeigt das Konzept der neuen BIN-CSR Datenstruktur. Die Datenstruktur soll im Folgenden auch dazu verwendet werden, ein lineares Gleichungssystem effizient auf der GPU zu lösen. Dafür wird ein konjugiertes Gradientenverfahren mit Vorkonditionierung (siehe Abschnitt 5.3.1.2) eingesetzt. Es wird eine Jacobi-Vorkonditionierung verwendet, die ausschließlich die Diagonalelemente der Matrix berücksichtigt. Um diese Vorkonditionierung zu optimieren, werden in der Datenstruktur die Diagonalelemente der Matrix separat abgespeichert.

Die Matrix wird in einem komprimierten Format gespeichert. Dabei werden in der Struktur nur die Einträge der Matrix abgelegt, die nicht Null sind. Außerdem werden zwei separate Listen benötigt, die dazu dienen die Spalten- und Zeilenindizes der Einträge zu bestimmen. Die erste Liste enthält direkt die Spaltenindizes der Einträge, während die zweite Liste die Indizes der jeweils ersten Elemente der Zeilen speichert. Insgesamt besteht die Datenstruktur aus vier Listen: eine für die Diagonalelemente, eine für die Einträge, die nicht Null sind, und zwei für die Bestimmung der Spalten- und Zeilenindizes.

Im Gegensatz zu bereits existierenden CSR-Formaten werden bei der Struktur in dieser Arbeit die Werte der Matrix, die ungleich Null sind, so abgelegt, dass die Einträge einer Spalte nebeneinander im Speicher liegen. Die Matrixeinträge können dann sehr effizient von einem Kernel geladen werden, da alle Threads in einem Warp ihren Speicherzugriff auf die Daten

---

[3]Ein Warp ist eine Gruppe von 32 Threads.

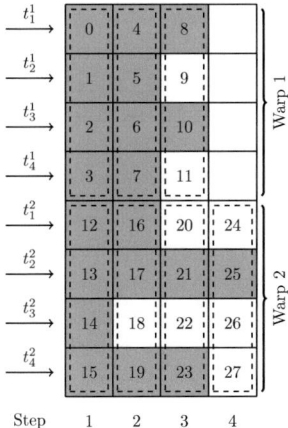

Abbildung 5.8.: Die Einträge abseits der Diagonalen der Matrix aus Abbildung 5.7 können mit vereinigten Speicherzugriffen geladen werden. Die gestrichelten Linien markieren einen Speicherzugriff für die Threads t_i^j $(i = 1, \ldots, 4)$ in einem Warp j.

einer Spalte vereinigen können (siehe Abbildung 5.8). Für eine solche Anordnung der Daten im Speicher müssen alle Zeilen in einem Behälter die gleiche Länge haben. Daher wird zunächst die maximale Zeilenlänge für jeden Behälter ermittelt:

$$(\text{bin length})_i = \max_{j \in \text{bin}_i} (\text{length}(\text{row}_j)).$$

Dann werden für jeden Behälter i genau $(\text{bin length})_i \cdot (\text{bin width})$ Speicherelemente für die Matrixeinträge sowie die Spaltenindizes allokiert. Damit die Matrixeinträge im Speicher korrekt angeordnet werden, müssen Zeilen, deren Zeilenlänge kleiner ist als die maximale, mit Platzhaltern aufgefüllt werden. Dies wird in den Abbildungen 5.7 und 5.8 durch die nummerierten Einträge mit weißem Hintergrund angedeutet.

Um den Zugriff auf die von Null verschiedenen Matrixeinträge jeder Zeile zu ermöglichen, werden die Offsets der Indizes für jeden Behälter und jede Zeile bestimmt. Damit kann für jede Zeile der Index des ersten Elements ermittelt werden. Auf die Daten der folgenden Spalten wird zugegriffen, in dem der Index um (bin width) erhöht wird.

Die bisher vorgestellte Datenstruktur kann für viele Anwendungen der dynamischen Simulation noch weiter optimiert werden. In linearen Gleichungssystemen, die bei einer Simulation mit Masse-Feder-Systemen oder bei Finite-Elemente-Methoden gelöst werden müssen, ist die Matrix $\mathbf{A}$ eine Blockmatrix mit 3×3 Blöcken. Dies gilt auch für Mehrkörpersysteme mit Gelenken, die drei Freiheitsgrade entfernen. Diese Eigenschaft kann ausgenutzt werden, um die Anzahl der Speicherzugriffe auf die Liste der Spaltenindizes zu verringern. Dadurch wird die Berechnung des Matrix-Vektor-Produkts beschleunigt.

Die optimierte Datenstruktur für Blockmatrizen wird im Folgenden mit BIN-BCSR (BIN - block compressed sparse row) Format bezeichnet. Diese Struktur ist ähnlich zu der von Buatois et al. [BCL09], die in ihrer Arbeit Matrixeinträge in Blöcke gruppieren. Buatois et al. bestimmen Gruppen von 2×2 oder 4×4 Blöcken in einem Vorverarbeitungsschritt, um damit die Speicherzugriffe zu beschleunigen. Bei der Berechnung des Matrix-Vektor-Produkts muss dann die Verarbeitung von zwei bzw. vier Zeilen in einem Thread zusammengefasst werden. Dies hat allerdings den Nachteil, dass dadurch die Gesamtzahl der Threads reduziert und damit die GPU weniger ausgelastet wird. Im Gegensatz zu der Arbeit von Buatois et al. werden in dieser Arbeit 3×3 Blöcke für die Matrixeinträge verwendet, die nicht Null sind. Außerdem wird für jede Zeile ein eigener Thread gestartet. Dadurch kann die GPU besser ausgelastet werden, was zu einer höheren Geschwindigkeit bei der Berechnung führt. Weiterhin kann durch das Ausnutzen der speziellen Blockstruktur der Matrizen bei der dynamischen Simulation die Anzahl der Spaltenindizes reduziert werden, da zwei von drei Indizes implizit bestimmt werden können. Dies reduziert den Speicherbedarf und die Anzahl an benötigten Speicherzugriffen.

5.3.1.1. Dünnbesetzte Matrix-Vektor-Multiplikation

Mit der Datenstruktur, die im letzten Abschnitt vorgestellt wurde, kann für eine dünnbesetzte Matrix eine sehr schnelle Matrix-Vektor-Multiplikation $\mathbf{y} \leftarrow \mathbf{A}\mathbf{x}$ durchgeführt werden. Die hohe Geschwindigkeit wird erreicht, da die Einträge der Matrix sehr effizient aus dem Speicher gelesen werden können. Alle Threads eines Warps können auf die benötigten Matrixeinträge und Spaltenindizes mit vereinigten Speicherzugriffen parallel zugreifen. Im Gegensatz zu anderen Ansätzen, wie z.B. [BCL09, BB09, VOFG10, MLA10], wird dieser parallele Zugriff auf die Daten erreicht, ohne auf einen anschließenden Reduktionsschritt angewiesen zu sein. Der Grund hierfür ist, dass in dieser Arbeit für jede Zeile genau ein Thread gestartet wird. Da außerdem die Größe jedes Behälters ein Vielfaches eines Warps bzw.

sparseMatrixVectorProduct(i)

Eingabe: BIN-CSR Struktur der Matrix $\mathbf{A}$
Ausgabe: i-te Zeile des Matrix-Vektor Produkts: $\mathbf{y}_i$
1: $y[i] \leftarrow$ diagonal$[i] * x[i]$
2: index $\leftarrow$ rowIndices$[i]$
3: endIndex $\leftarrow$ rowIndices$[i + \text{binWidth}]$
4: **while** index $<$ endIndex
5: $\quad y[i] \leftarrow y[i] +$ offDiagonal[index] $* x$[colIndices[index]]
6: $\quad$ index $\leftarrow$ index $+$ binWidth
7: **end while**

Algorithmus 5.2: Berechnung der i-ten Zeile eines dünnbesetzten Matrix-Vektor-Produkts

eines halben Warps ist (siehe Abschnitt 5.3.1), sind die Offsets der Zeilen und der Behälter automatisch für einen schnellen Zugriff ausgerichtet. Die Struktur der von Null verschiedenen Einträge der dünnbesetzten Matrix $\mathbf{A}$ ist im Allgemeinen stark irregulär. Daher wird der Texturspeicher verwendet, um den Vektor $\mathbf{x}$ für die Multiplikation zu cachen. Eine ähnliche Vorgehensweise wird auch von Bell et al. [BG09] und Baskaran et al. [BB09] vorgeschlagen. Das Schreiben des Ergebnisses in den Vektor $\mathbf{y}$ kann ebenfalls mit vereinigten Speicherzugriffen durchgeführt werden, da jeder Thread genau eine Zeile bearbeitet.

Die Berechnung der i-ten Zeile eines Matrix-Vektor-Produkts mit der BIN-CSR Struktur wird in Algorithmus 5.2 gezeigt. Die Hauptunterschiede im Vergleich zu einer Multiplikation mit einer Matrix im CSR Format zeigen sich in den Zeilen 1, 5 und 6. Zum einen wird die Multiplikation mit dem Diagonalelement der Matrix aus der Schleife herausgezogen und zum anderen wird der Index immer um die Breite des Behälters erhöht. Diese Vorgehensweise führt zu einer hohen Geschwindigkeit, da die Anzahl der Speicherzugriffe minimiert wird. Allerdings kann die Datenstruktur zur Optimierung der Speicherzugriffe auch zu einem erhöhten Speicheraufwand und zu leerlaufenden Threads führen, wenn die Zeilenlängen in den Behältern stark variieren. In diesem Fall kann eine Umsortierung der Zeilen in der Matrix helfen.

Wenn das BIN-BCSR Format für die Matrix verwendet wird, muss der Algorithmus 5.2 wie folgt angepasst werden. Die Multiplikation in der Schleife (Zeile 5) muss dreimal durchgeführt werden, einmal für jede Spalte eines Matrixblocks. Dabei wird der Spaltenindex nur einmal gelesen und dann für die weiteren beiden Multiplikationen jeweils um Eins erhöht.

Das vorgestellte Format für dünnbesetzte Matrizen kann interpretiert werden als Kombination zwischen dem CSR und dem ELLPACK (ELL) Format [BG08, BG09]. Beim ELL Format werden die Daten jeder Zeile bis zur maximalen Zeilenlänge der Matrix aufgefüllt. Dieses Format ist daher gut geeignet für Matrizen mit einer annähernd konstanten Zeilenlänge. Da die Effizienz des ELL Formats schnell verloren geht, wenn die Anzahl der Matrixeinträge pro Zeile stark variiert, haben Bell et al. [BG09] die Verwendung eines hybriden (HYB) Formats vorgeschlagen, das das ELL und das COO (coordinate data structure) Format kombiniert. Die Mehrheit der Matrixeinträge wird dabei in der ELL Struktur gespeichert, während für sehr lange Zeilen die COO Struktur verwendet wird. Allerdings ist es bei diesem hybriden Format schwierig, ein gutes Kriterium für die Entscheidung zwischen dem ELL und dem COO Format zu finden. Außerdem hat das COO Format den Nachteil, das die Matrix-Vektor-Multiplikation auf einem rechenintensiven segmentierten Reduktionsschema basiert. Dabei werden mehrere Kernel für die Berechnung einer Zeile eines Matrix-Vektor-Produkts benötigt.

Vazquez et al. [VOFG10] stellen in ihrer Arbeit eine verbesserte Variante des ELL Formats vor: das ELLPACK-R Format. Diese Struktur verwendet eine zusätzliche Liste, um die Längen der Zeilen zu speichern. Dadurch kann die Matrix-Vektor-Multiplikation schneller durchgeführt werden. Allerdings gilt für ELL-basierte Formate, dass sehr viel zusätzlicher Speicher benötigt wird, wenn eine Matrix nur wenige Zeilen hat, die sehr viele von Null verschiedene Elemente beinhalten. Solche Matrizen kommen z.B. bei der Simulation mit quadratischen finiten Elementen vor (siehe Tabelle 5.2). Daher sind diese Formate für solche Simulationen ungeeignet.

Eine andere Variante der ELL Struktur wird von Monakov et al. [MLA10] vorgeschlagen: das Sliced ELLPACK Format. Bei diesem Format werden jeweils S benachbarte Zeilen zu Gruppen zusammengefasst. Die Zeilenlängen werden dann für jede Gruppe gespeichert, was den Speicherbedarf erheblich reduziert.

5.3.1.2. Konjugiertes Gradientenverfahren mit Vorkonditionierung

Das konjugierte Gradientenverfahren ist eines der wichtigsten Verfahren zum Lösen von linearen Gleichungssystemen

$$\mathbf{Ax} = \mathbf{b},$$

bei denen die Matrix $\mathbf{A} \in \mathbb{R}^{n \times n}$ quadratisch, symmetrisch und positiv definit ist. Das Verfahren liefert in n Schritten eine exakte Lösung $\mathbf{x}$ und ist damit eigentlich ein direktes Lösungsverfahren. Da es allerdings die Eigenschaft hat, dass in jedem Schritt der Fehler monoton fällt, wird es meistens als iteratives Verfahren eingesetzt. Dabei wird der iterative Prozess abgebrochen, sobald eine gewünschte Genauigkeit erreicht wird. Die Konvergenz des Verfahrens kann durch eine Vorkonditionierung verbessert werden. Jonathan Shewchuk gibt in [She94] eine ausführliche Einführung in die Methode der konjugierten Gradienten und zeigt, wie sie um eine Vorkonditionierung erweitert wird.

Für die Implementierung einer vorkonditionierten konjugierten Gradienten-methode werden die folgenden Operationen benötigt: das Matrix-Vektor-Produkt, das Skalarprodukt zweier Vektoren und die Operation $\mathbf{y} \leftarrow \alpha\mathbf{x}+\mathbf{y}$, die im Folgenden mit AXPY bezeichnet wird. Für das konjugierte Gradientenverfahren werden drei AXPY Operationen, zwei Skalarprodukte und eine Matrix-Vektor-Multiplikation in der inneren Schleife benötigt [She94]. Die Verwendung einer Vorkonditionierung erfordert ein zusätzliches Matrix-Vektor-Produkt für die Vorkonditionierungsmatrix. In dieser Arbeit wird eine Jacobi-Vorkonditionierung eingesetzt. Die zugehörige Vorkonditionierungsmatrix besteht aus der invertierten Diagonale der Matrix $\mathbf{A}$ des Gleichungssystems. Diese Matrix kann auch als Vektor gespeichert werden, weshalb das Matrix-Vektor-Produkt der Vorkonditionierung auch durch eine AXPY Operation ersetzt werden kann.

Speziell für den Einsatz in Anwendungen der dynamischen Simulation werden in dieser Arbeit beim Lösen des Gleichungssystems zwei Filter eingesetzt. Diese können verwendet werden, um spezielle Positions- oder Geschwindigkeitsbedingungen beim Lösen zu berücksichtigen [BW98]. Dadurch kann eine Kollisionsauflösung oder auch eine Bewegungskontrolle auf einfache Weise realisiert werden.

Eine Standardimplementierung des konjugierten Gradientenverfahrens mit Vorkonditionierung erfordert bis zu neun Kernel-Aufrufe in der inneren Schleife. Jeder dieser Aufrufe kostet Zeit, daher soll die Anzahl der Aufrufe

solvePCG()

Eingabe: Matrix $\mathbf{A}$ und rechte Seite $\mathbf{b}$ des Gleichungssystems
Vorkonditionierungsmatrix $\mathbf{M}$
Ausgabe: Lösungsvektor $\mathbf{x}$

1: $i \leftarrow 0$
2: $\mathbf{r} \leftarrow \mathbf{b} - \mathbf{A}\mathbf{x}$
3: filter($\mathbf{r}$)
4: $\mathbf{d} \leftarrow \mathbf{M}^{-1}\mathbf{r}$
5: $\delta \leftarrow \mathbf{r}^T \mathbf{d}$
6: $\delta_0 \leftarrow \delta$
7: **while** $i \leq i_{\max} \wedge \delta > \epsilon^2 \delta_0$
8:     // Kernel 1
9:     $\delta_{\text{old}} \leftarrow \delta$
10:     $\mathbf{q} \leftarrow \mathbf{A}\mathbf{d}$
11:     filter($\mathbf{q}$)
12:     $\alpha \leftarrow \dfrac{\delta}{\mathbf{d}^T \mathbf{q}}$
13:     // Kernel 2
14:     $\mathbf{x} \leftarrow \mathbf{x} + \alpha \mathbf{d}$
15:     $\mathbf{r} \leftarrow \mathbf{r} - \alpha \mathbf{q}$
16:     $\mathbf{s} \leftarrow \mathbf{M}^{-1}\mathbf{r}$
17:     $\delta \leftarrow \mathbf{r}^T \mathbf{s}$
18:     // Kernel 3
19:     $\beta \leftarrow \dfrac{\delta}{\delta_{\text{old}}}$
20:     $\mathbf{d} \leftarrow \mathbf{r} + \beta \mathbf{d}$
21:     $i \leftarrow i + 1$
22: **end while**

Algorithmus 5.3: Konjugiertes Gradientenverfahren mit Vorkonditionierung

minimiert werden. Außerdem sind Operationen wie AXPY stark durch die Speicherbandbreite beschränkt. Deswegen ist es sinnvoll, die benötigten Operationen in wenige Kernel zusammenzufassen, da dadurch die Anzahl der arithmetischen Operationen pro Speicherzugriff erhöht wird. Ebenso ist es wichtig, Speichertransfers zwischen der GPU und der CPU zu vermeiden, da diese sehr kostspielig sind.

Algorithmus 5.3 zeigt das konjugierte Gradientenverfahren mit Vorkonditionierung (vgl. [She94, BCL09]). Die Abbruchbedingung für den iterativen Prozess wird zum einen durch die gewünschte Genauigkeit ϵ und zum anderen durch die maximale Anzahl an Iterationen i_{max} definiert. Der

Algorithmus benötigt nur wenige Iterationen, um die gewünschte Genauigkeit zu erreichen, wenn der Abstand des Vektors $\mathbf{x}$ zur gesuchten Lösung sehr klein ist. Daher ist es sinnvoll, die Lösung des Gleichungssystems mit einer guten Schätzung für $\mathbf{x}$ zu starten. Dies wird auch als *Warmstart* bezeichnet. Da sich die Modelle in der dynamischen Simulation während eines Zeitschritts nur wenig verändern, wird in solchen Anwendungen als Schätzung für $\mathbf{x}$ das Ergebnis des letzten Zeitschritts verwendet. Die Operation *filter* ermöglicht es, Bedingungen für die Werte im Lösungsvektor $\mathbf{x}$ zu definieren. Dadurch können z.b. bestimmte Geschwindigkeiten vorgegeben werden (mehr Details dazu gibt es in [BW98]).

Die Initialisierung des konjugierten Gradientenverfahrens in den Zeilen 1-6 kann in einem Kernel zusammengefasst werden. Für die Schleife werden insgesamt drei Kernel benötigt. Die Zeilen 9-12, 14-17 und 19-21 werden jeweils in einem Kernel verbunden. Das Zusammenfassen von AXPY-Operationen und Matrix-Vektor-Produkten ist einfach, da die vorgestellte Matrix-Vektor-Multiplikation pro Zeile ausgeführt wird. Allerdings ist eine spezielle Synchronisationsmethode erforderlich, um auch das Skalarprodukt mit einzubinden, da die Ergebnisse (z.B. für α, β und δ) global in allen Threads benötigt werden.

In dieser Arbeit wird daher das Skalarprodukt durch eine Reduktion in zwei Phasen bestimmt (siehe Abbildung 5.9). In der ersten Phase wird durch einen Kernel ein Zwischenergebnis erzeugt, in dem die Daten teilweise reduziert werden. In der zweiten Phase lädt ein weiterer Kernel dieses Zwischenergebnis für jeden Block und führt erneut eine Reduktion durch. Die zweite Reduktion berechnet für jeden Block das gleiche Endergebnis. Diese Berechnung ist zwar redundant, aber dadurch ist das Ergebnis am Ende in allen Blöcken verfügbar.

Um die Anzahl an Kernel-Aufrufen zu minimieren, wird die Reduktion beim Skalarprodukt mit anderen Operationen (z.B. AXPY) kombiniert. In der inneren Schleife des Algorithmus befinden sich zwei Skalarprodukte und eine Matrix-Vektor-Multiplikation, die synchronisiert werden müssen. Aus diesem Grund kann die Anzahl der Kernel-Aufrufe auf drei reduziert werden.

5.3.1.3. Matrixkonstruktion und -aktualisierung auf der GPU

Ein effizienter Aufbau der Matrix des linearen Gleichungssystems ist essentiell in Anwendungen, bei denen sich die Matrix in jedem Schritt ändert. In Gleichungssystemen, die bei der dynamischen Simulation gelöst wer-

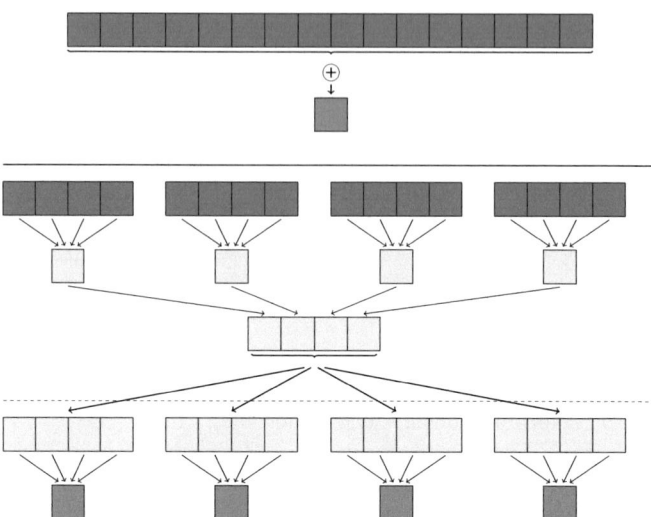

Abbildung 5.9.: Oben: Vereinfachtes Beispiel für die Reduktion eines Vektors der Dimension 16. Unten: Hier wird die Reduktion in vier unterschiedlichen Blöcken durchgeführt. Der erste Kernel (über der gestrichelten Linie) reduziert die Daten teilweise und speichert das Ergebnis in den globalen Speicher (grün). Da das Endergebnis in allen Blöcken benötigt wird, wird es redundant für jeden Block von einem zweiten Kernel erzeugt (unter der gestrichelten Linie).

den müssen, werden typischerweise die Einträge der Matrix abseits der Diagonalen durch eine Summe bestimmt:

$$\mathbf{A}_{ij} = \sum_{k \in \Gamma_{ij}} \mathbf{A}_k^e. \tag{5.1}$$

Dabei werden alle lokalen Beiträge $\mathbf{A}_k^e$ zum Matrixelement an der Stelle (i, j) zusammengefasst. Bei einem Masse-Feder-System liefert z.B. jede Bedingung, die die Partikel i und j verbindet, einen solchen Beitrag. Das Matrixelement auf der Diagonalen $\mathbf{A}_{ii}^e$ kann in Anwendungen der dynamischen Simulation im Allgemeinen direkt bestimmt werden. Die lokalen Werte $\mathbf{A}_k^e$ werden linear im Speicher abgelegt. Die Indizes k aller lokalen Werte, die zu einem Matrixeintrag $\mathbf{A}_{ij}$ zusammengefasst werden müssen, werden in einem Vorverarbeitungsschritt bestimmt und in einer Index-Liste Γ_{ij} gespeichert.

Ähnlich wie bei der CSR Struktur werden alle Index-Werte in einer linearen Liste *eIndices* gespeichert. Außerdem wird ein Array *eOffset* angelegt, in

matrixAssembly(i)

Eingabe: BIN-CSR Struktur der Matrix $\mathbf{A}$
lokale Matrixbeiträge $\mathbf{A}^e$ sowie deren Indexlisten eOffset, eIndices
Ausgabe: i-te Matrixzeile in BIN-CSR Struktur
1: diagonal$[i] = \mathbf{A}_{ii}^e$
2: index $\leftarrow$ rowIndices$[i]$
3: endIndex $\leftarrow$ rowIndices$[i + \text{binWidth}]$
4: **while** index $<$ endIndex
5: offDiagonal[index] $= 0$
6: eStart $\leftarrow$ eOffset[index]
7: eEnd $\leftarrow$ eOffset[index $+ 1$]
8: **for** l $=$ eStart $\rightarrow$ eEnd $- 1$
9: k $=$ eIndices[l]
10: offDiagonal[index] $\leftarrow$ offDiagonal[index] $+ \mathbf{A}_k^e$
11: **end for**
12: index $\leftarrow$ index $+$ binWidth
13: **end while**

Algorithmus 5.4: Aufbau der i-ten Matrixzeile mit dem Thread i

dem für jeden Matrixeintrag $\mathbf{A}_{ij}$ der Beginn der zugehörigen Indizes in
eIndices festgelegt ist. In Algorithmus 5.4 wird der Aufbau der i-ten Zeile
der Matrix $\mathbf{A}$ durch den Thread i implementiert. Das Schreiben der Matrix
geschieht auf die gleiche Weise wie beim Matrix-Vektor-Produkt und wird
daher mit vereinigten Speicherzugriffen durchgeführt. Der Zugriff auf die
lokalen Matrixbeiträge $\mathbf{A}_k^e$ ist im Allgemeinen irregulär. Aus diesem Grund
wird zur Beschleunigung der Texturcache eingesetzt.

Insgesamt ergibt sich der folgende Ablauf in einer Anwendung, in der
sich die Matrix des Gleichungssystems in jedem Schritt ändert. Zunächst
werden alle lokalen Matrixbeiträge $\mathbf{A}^e$ auf der GPU bestimmt. Da diese
unabhängig voneinander sind, ist die Aktualisierung der Beiträge einfach
zu parallelisieren. Dabei wird ein Thread pro Element $\mathbf{A}_k^e$ verwendet, um
die nötigen Berechnungen durchzuführen. Nachdem die Beiträge bekannt
sind, wird mit Algorithmus 5.4 die globale Matrix $\mathbf{A}$ des Gleichungssystems
aufgebaut, wobei jede Zeile von einem Thread bearbeitet wird. Im letzten
Schritt wird mit Algorithmus 5.3 das lineare Gleichungssystem auf der
GPU gelöst.

Matrix	Herkunft	Dimension	Matrixeinträge
Schiff	CUSP	140.874	7.813.404
Brücke	Impulsbasierte Simulation	41.550	448.668
Stanford Armadillo	Quadratische FE	46.812	3.620.142
Stanford Bunny	Quadratische FE	226.284	18.109.026
Pensatore	Lineare FE	38.379	1.590.165
Tuch	Kleidungssimulation	76.800	3.865.140

Tabelle 5.1.: Matrizen, die in den Geschwindigkeitstests verwendet wurden. Alle Matrizen sind quadratisch, symmetrisch und positiv definit. Die Anzahl der Matrixeinträge, die von Null verschieden sind, ist in der letzten Spalte angeben.

5.3.2. Ergebnisse

In diesem Abschnitt wird die Geschwindigkeit der vorgestellten Datenstruktur analysiert und mit anderen bekannten Arbeiten verglichen. Die Experimente dazu wurden auf einem Intel Core 2 Quad Q6600 Prozessor mit 2.4 GHz und einer NVIDIA GeForce GTX 470 durchgeführt (soweit nicht anders deklariert). Bei den Berechnungen mit Gleitkommazahlen wurde eine einfache Genauigkeit verwendet. Die vorgestellten Algorithmen wurden mit dem CUDA SDK 4.0 [NVI12a] implementiert. Für die Experimente und Vergleiche wurden verschiedene Matrizen (siehe Tabelle 5.1) aus eigenen Simulationen und aus der Arbeit von Bell et al. [BG09] benutzt. Die erste Matrix aus Tabelle 5.1 stammt aus der Arbeit von Bell et al. Alle weiteren Matrizen wurden in eigenen Simulationen erzeugt. Vier der dabei verwendeten Modelle sind in Abbildung 5.6 zu sehen. Das Brückenmodell besteht aus ca. 14.000 Starrkörpern, bei denen durch Gelenke 41.550 Freiheitsgrade entfernt werden. Die Simulation dieses Modells wurde mit dem impulsbasierten LGS-Verfahren (siehe Abschnitt 3.3.2) durchgeführt. Für die Simulation des Pensatore-Modells und der beiden Stanford-Modelle wurde eine Finite-Elemente-Methode mit einer linearen bzw. quadratischen Basisfunktion [WKS+11] eingesetzt. Die Integration wurde mit einem impliziten Euler-Verfahren [BW98] durchgeführt, bei dem ein lineares Gleichungssystem gelöst werden muss. Das Tuchmodell besteht aus 160×160 Partikeln und wurde mit dem Verfahren von Choi et al. [CK02] simuliert. Dabei wird ein implizites BDF-2 Integrationsverfahren eingesetzt, das ebenfalls die Lösung eines linearen Gleichungssystems erfordert.

Mit diesen unterschiedlichen Matrizen wird im Folgenden gezeigt, welchen großen Vorteil die hier vorgestellten Datenstrukturen und Methoden für

Matrix	Max.	Min.	$\varnothing$	Overhead
Schiff	99	21	52.5	2.4%
Brücke	42	6	7.8	3.6%
Stanford Armadillo	312	27	75.3	13.2%
Stanford Bunny	552	27	77.0	12.8%
Pensatore	69	15	38.4	10.8%
Tuch	48	18	47.3	0.4%

Tabelle 5.2.: Maximale, minimale und durchschnittliche Zeilenlängen der Test-matrizen. Die letzte Spalte gibt den resultierenden Overhead im Speicher an.

verschiedene Simulationsverfahren haben. Außerdem werden die Eigenschaften dieser Methoden ausführlich diskutiert.

5.3.2.1. Geschwindigkeitsanalyse

Die Matrix-Vektor-Multiplikation ist der rechenintensivste Teil des konjugierten Gradientenverfahrens. Daher werden zunächst Messungen für diese Operation präsentiert. Die Geschwindigkeitsmessungen wurden ähnlich zu denen in der Arbeit von Bell et al. [BG09] durchgeführt. Die Bibliothek CUSP, die von den gleichen Autoren in [BG12] vorgestellt wird, wurde zum Vergleich verwendet. Bei allen Messungen wurde dabei der Cache im Texturspeicher zur Beschleunigung benutzt. In CUSP sind verschiedene Matrixformate implementiert, mit denen die vorgestellten Datenstrukturen verglichen werden: das hybride (HYB), das Koordinaten- (COO), das ELLPACK (ELL) und das CSR Format. Das CSR Format wurde mit dem Vektor-Kernel, der in [BG09] beschrieben ist, verwendet.

Die Geschwindigkeit wird in GFlop/s gemessen, welche die Anzahl der Gleitpunktoperationen (mit einfacher Genauigkeit) angibt, die pro Sekunde ausgeführt werden. Bei einer Matrix-Vektor-Multiplikation werden doppelt so viele Operationen benötigt wie von Null verschiedene Einträge in der Matrix sind, denn für jeden Eintrag muss eine Multiplikation mit dem entsprechenden Wert in $\mathbf{x}$ durchgeführt und das Ergebnis dann zu $\mathbf{y}$ addiert werden. Die Messungen wurden mit den Matrizen in Tabelle 5.1 durchgeführt. Diese Matrizen haben variierende Zeilenlängen (siehe Tabelle 5.2), die typisch sind für Modelle mit einer irregulären Diskretisierung.

Das Diagramm in Abbildung 5.10 zeigt die Geschwindigkeiten der vorgestellten Formate BIN-CSR und BIN-BCSR sowie der Datenstrukturen in der Bibliothek CUSP. Die Messungen zeigen, dass die Matrix-Vektor-

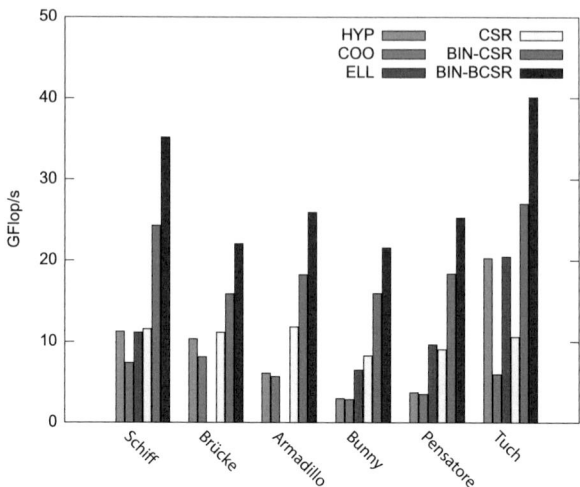

Abbildung 5.10.: Geschwindigkeitsvergleich auf einer NVIDIA GeForce GTX 470 zwischen den vorgestellten Datenstrukturen BIN-CSR sowie BIN-BCSR und den Datenstrukturen in der Bibliothek CUSP. Die Implementierung des ELL Formats in CUSP konnte das Brücken- und das Armadillo-Modell nicht verarbeiten.

Multiplikationen mit den neuen Datenstrukturen dieser Arbeit wesentlich schneller sind als mit allen Formaten in CUSP.

Es wurden verschiedene Simulationen mit einer linearen Finite-Elemente-Methode durchgeführt, um die Auswirkungen der neuen Datenstruktur und der Minimierung der Kernel-Aufrufe auf die Geschwindigkeit zu untersuchen. Für einen Vergleich wurden bei jedem Aufruf des konjugierten Gradientenverfahrens konstant 1000 Iterationen durchgeführt und das Konvergenzkriterium vernachlässigt. Abbildung 5.11 zeigt die Beschleunigung in Abhängigkeit der von Null verschiedenen Matrixeinträge gegenüber der Implementierung in CUSP. Die Verwendung der BIN-BCSR Struktur in Kombination mit der Standardimplementierung der konjugierten Gradientenmethode (mit neun Kernel-Aufrufen) ergibt eine fast konstante Beschleunigung (schwarze Kurve). Durch die vorgestellte Minimierung der Kernel-Aufrufe konnte die Geschwindigkeit deutlich gesteigert werden (blaue Kurve). Diese Geschwindigkeitssteigerung ist unabhängig von der Netzauflösung und der Matrixgröße, da die eingesparte Zeit für die Kernel-Aufrufe konstant ist. Daher verliert diese Optimierung mit wachsender

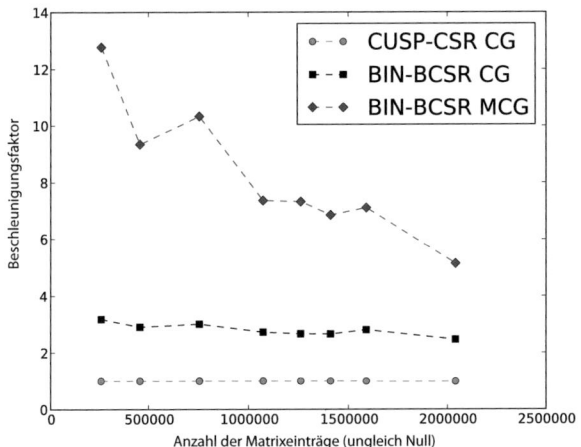

Abbildung 5.11.: Vergleich der vorgestellten Implementierung des konjugierten Gradientenverfahrens mit der BIN-BCSR Datenstruktur und der Variante in der Bibliothek CUSP. Im Diagramm wird die Beschleunigung des Standardverfahrens (CG) und des vorgestellten Verfahrens mit einer minimalen Anzahl an Kerneln (MCG) gegenüber der CUSP-Variante gezeigt.

Matrixgröße an Einfluss. Allerdings ist die Einsparung von Kernel-Aufrufen bei den in interaktiven Simulationen vorkommenden Matrixgrößen von großem Vorteil.

Als nächstes wird das Konvergenzverhalten der vorgestellten GPU-Variante des konjugierten Gradientenverfahrens untersucht. Dabei werden die Residuen auf der GPU mit einer CPU-Implementierung mit einfacher und doppelter Gleitpunktgenauigkeit verglichen. Für den Vergleich wird ein lineares Gleichungssystem des Armadillo-Modells (siehe Tabelle 5.1) gelöst. Abbildung 5.12 zeigt oben die Entwicklung der Residuen in Abhängigkeit der Iterationsschritte. In der Abbildung wird deutlich, dass das Konvergenzverhalten auf der GPU und auf der CPU mit einfacher und doppelter Genauigkeit fast identisch ist. Der untere Teil der Abbildung zeigt die Residuen in Abhängigkeit der benötigten Rechenzeit auf der GPU, auf mehreren Kernen und auf einem Kern. Hier wurde in allen drei Messungen eine einfache Gleitpunktgenauigkeit verwendet. Für den letzten Test kam eine NVIDIA GeForce GTX 580 und ein Intel Core i7-2600 Prozessor mit 3.4 GHz zum Einsatz. Das untere Diagramm zeigt den deutlichen Geschwindigkeitsgewinn des hier vorgestellten GPU-Verfahrens.

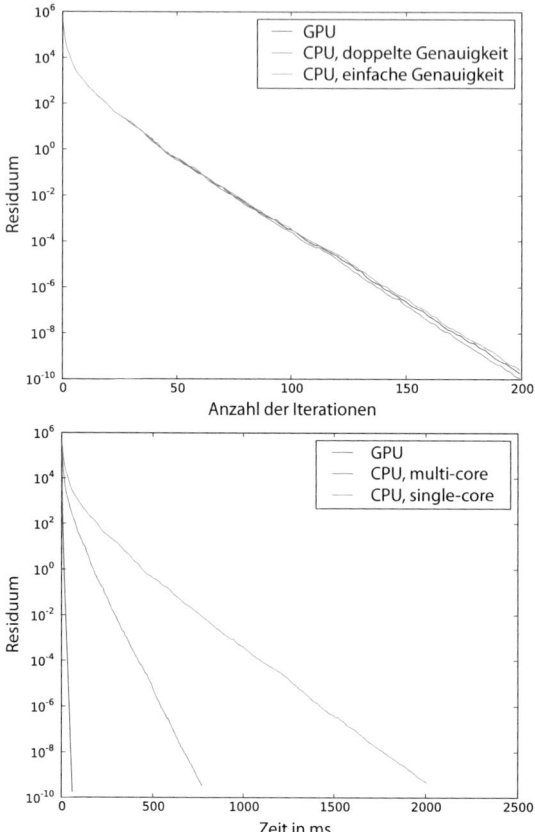

Abbildung 5.12.: Konvergenzverhalten der konjugierten Gradientenmethode beim Lösen eines linearen Gleichungssystems aus einer quadratischen Finite-Elemente-Simulation. Oben: Vergleich der Konvergenz bzgl. der Anzahl der Iterationen auf der GPU und der CPU mit einfacher und doppelter Gleitpunktgenauigkeit. Unten: Vergleich der Konvergenz bzgl. der benötigten Rechenzeit auf der GPU, auf mehreren Kernen einer CPU und auf einem einzelnen Kern.

5.3.2.2. Beispiele

In diesem Abschnitt wird der Einsatz der vorgestellten Algorithmen in verschiedenen Simulationen untersucht. Bei den durchgeführten Simulationen wurden konstant 30 Iterationsschritte beim Lösen der Gleichungssysteme verwendet. Abbildung 5.6 zeigt die verwendeten Beispiele. Die Brücke

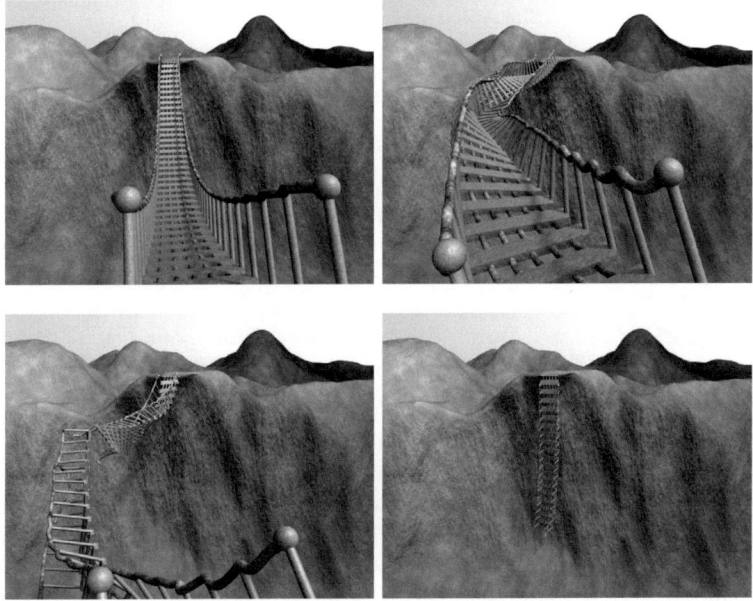

Abbildung 5.13.: Simulation einer Brücke aus Starrkörpern

(siehe Abbildung 5.13) ist ein komplexes Mehrkörpersystem, das aus 14K Starrkörpern besteht. Dieses Modell wurde mit dem impulsbasierten LGS-Verfahren in Echtzeit simuliert. Das Gleichungssystem hatte dabei die Dimension 41K. Weiterhin werden zwei interaktive Simulationen mit linearen bzw. quadratischen finiten Elementen gezeigt sowie eine Kleidungssimulation. Die Kleidungssimulation wurde mit einem Masse-Feder-System mit mehr als 26K Partikeln in Echtzeit durchgeführt. Tabelle 5.3 zeigt die Zeiten, die für die ersten drei Simulationen benötigt wurden. Die CPU-Messungen wurden dabei auf einem einzigen Kern durchgeführt. Gemessen wurden die Aktualisierung der Matrixelemente, der Aufbau der Systemmatrix, die Kräfteberechnung, das Aufstellen und das Lösen des linearen Gleichungssystems.

Mit der parallelen CPU-Implementierung wurden die Simulationen auf vier Kernen ungefähr dreimal schneller. Die Beispielsimulationen konnten damit auf der CPU nicht interaktiv durchgeführt werden. Der vorgestellte GPU-basierte Gleichungssystemlöser konnte dagegen interaktive Bildwiederholraten erreichen und war bei den Beispielen bis zu 22-mal schneller

Modell	Simulation	CPU	GPU	Beschleunigungs-faktor
Brücke	Impulsbasierte Simulation	298	21	14.19
Armadillo	Quadratische FE	1009	75	13.45
Pensatore	Lineare FE	713	33	21.61

Tabelle 5.3.: Durchschnittliche Rechenzeiten für einen Simulationsschritt (in ms) mit der CPU- bzw. der GPU-Implementierung. Die Simulation auf der CPU lief auf einem Kern.

als die CPU-Variante. Durch die hohe Geschwindigkeit des Verfahrens können mehr Freiheitsgrade simuliert werden, wodurch sich z.B. bei der Finite-Elemente-Methode die Genauigkeit der Ergebnisse verbessert.

Die vorgestellte Methode ermöglicht die interaktive Simulation von bis zu 100K Tetraederelementen mit 30K Freiheitsgraden mit der linearen Finite-Elemente-Methode. Quadratische finite Elemente haben 10 Knoten pro Tetraeder. Mit diesen Elementen können bis zu 13K Tetraeder mit 28K Freiheitsgraden interaktiv simuliert werden. In beiden Fällen benötigt der Aufbau der Matrix nur einen kleinen Bruchteil der gesamten Rechenzeit.

5.3.2.3. Diskussion

Die in dieser Arbeit vorgestellten Datenstrukturen sind für schnelle Matrix-Vektor-Produkte ausgelegt. Die hohe Geschwindigkeit wird dabei durch den optimalen Einsatz von vereinigten Speicherzugriffen erreicht und dadurch, dass für kein Zwischenergebnis ein zusätzlicher Reduktionsschritt nötig ist. Das Datenformat ist gut geeignet für große dünnbesetzte Matrizen mit variierenden Zeilenlängen. Solche Matrizen kommen z.B. in der dynamischen Simulation vor. Tabelle 5.2 zeigt, dass die Zeilenlängen in solchen Simulationen stark variieren können. Die Anpassung der Zeilenlängen pro Behälter hat sich als guter Kompromiss zwischen Speicher-Overhead und Geschwindigkeitsgewinn erwiesen. Die Datenstruktur ist allerdings nicht für dichtbesetzte Matrizen geeignet, da der Overhead durch die zusätzlich benötigten Zeilen- und Spaltenindizes zu hoch ist.

Für die Messungen wurden die Verfahren mit einfacher Gleitpunktgenauigkeit implementiert. Die Konvergenz und die Genauigkeit der Anwendungen wurde dadurch aber nicht signifikant beeinflusst. Eine Erweiterung auf doppelte Genauigkeit würde eine Änderung der Datenstruktur erfordern, um eine optimale Anzahl an vereinigten Speicherzugriffen zu erreichen.

Der zusätzliche Speicherbedarf durch das Auffüllen der Zeilen ist relativ gering, da er nur lokal von den Zeilenlängen innerhalb eines Behälters abhängt (siehe Tabelle 5.2). Dagegen werden bei Formaten wie ELLPACK-R [VOFG10] die Zeilen abhängig von der längsten Zeile in der ganzen Matrix aufgefüllt. Ein solches Format ist daher besser geeignet für Matrizen, bei denen die Zeilenlängen annähernd gleich sind.

Es existieren bereits andere GPU-basierte Ansätze, die das Lesen und Schreiben der Daten mit vereinigten Speicherzugriffen optimieren. Das hybride Format [BG09], die Optimierungen von Baskaran et al. [BB09] und das ELLPACK-R Format [VOFG10] verwenden jeweils einen Thread pro Matrixeintrag. Allerdings wird für die Berechnung des Ergebnisses ein zusätzlicher Reduktionsschritt benötigt. Dafür muss entweder ein zusätzlicher Kernel aufgerufen werden oder die zulässigen Zeilenlängen der Matrizen sind beschränkt (ELLPACK-R Format).

Buatois et al. [BCL09] haben eine Methode vorgestellt, bei der alle von Null verschiedenen Matrixeinträge in 2×2 und 4×4 Blöcke zusammengefasst werden. Dieses Vorgehen ermöglicht die Wiederverwendung von Werten im $\mathbf{y}$-Vektor, was aber auch mit Hilfe des Texturcaches erreicht werden kann. Außerdem verwenden die Autoren ein CSR Format, das nicht die Anordnung der Elemente im Speicher berücksichtigt. Daher werden vereinigte Speicherzugriffe nicht genutzt, was sich sehr negativ auf die Geschwindigkeit auswirkt.

Allard et al. [ACF11] zeigen in ihrer Arbeit eine lineare Finite-Elemente-Simulation, die vollständig auf der GPU ausgeführt wird. Einer der Hauptunterschiede zu der hier vorgestellten Methode ist die Matrix-Vektor-Multiplikation, die jeden Beitrag zu einem Matrixelement getrennt berechnet. Diese Vorgehensweise ist der hier vorgestellten Matrixkonstruktion sehr ähnlich, die aufgrund des irregulären Speicherzugriffs nur schwierig zu optimieren ist. Da die Matrixkonstruktion nur einmal pro Simulationsschritt ausgeführt wird, hat sie wesentlich weniger Einfluss auf die Gesamtlaufzeit als das Matrix-Vektor-Produkt von Allard et al. Dies wird besonders bei einer hohen Anzahl von Iterationsschritten deutlich, wo die schnellere Matrix-Vektor-Multiplikation dieser Arbeit zu einer wesentlich höheren Gesamtgeschwindigkeit führt.

Für die beschriebene Aktualisierung der Matrix werden die Abhängigkeiten zwischen den lokalen und den globalen Matrixeinträgen in einem Vorverarbeitungsschritt bestimmt. In Simulationen, in denen sich die Topologie des simulierten Modells ändert, müssen diese Abhängigkeiten neu bestimmt werden. Die vorgestellte Aktualisierungsmethode sollte daher für solche Simulationen entsprechend angepasst werden.

6. Zusammenfassung und Ausblick

6.1. Zusammenfassung

In dieser Arbeit wurden verschiedene Verfahren für die dynamische Simulation von Mehrkörpersystemen und deformierbaren Körpern mit dem impulsbasierten Ansatz präsentiert. Die Grundidee dieses Ansatzes ist, für jede Zwangsbedingung zunächst den Fehler zu bestimmen, der auftreten würde, wenn man die Bedingung vernachlässigen würde. Dies geschieht mit Hilfe einer Vorschau durch Integration. Anschließend wird ein Impuls bestimmt, der den Fehler eliminiert bevor er auftritt.

Durch diese Vorgehensweise wird ein gültiger Zustand immer direkt angesteuert. Daher ist die Stabilität der impulsbasierten Verfahren sehr hoch und es ist sogar möglich, völlig zerstörte Modelle wieder zusammenzusetzen. Ein weiterer Vorteil dieser Verfahren ist, dass alle Arten von holonomen und nicht-holonomen Zwangsbedingungen unterstützt werden. Dadurch ist die Simulation von Gelenken, Geschwindigkeitsbedingungen, Kollisionen und bleibenden Kontakten mit Reibung direkt möglich. Da alle Arten von Bedingungen auf die gleiche Weise behandelt werden, wird die Wechselwirkung zwischen verschiedenen Zwangsbedingungen automatisch berücksichtigt, indem alle zugehörigen Impulse gleichzeitig bestimmt werden. Daher ist z. B. die Simulation von Kollisionen und Kontakten bei Modellen mit Gelenken ohne zusätzlichen Aufwand möglich.

Es existieren viele verschiedene Gelenkarten, die unterschiedliche Freiheitsgrade der verbundenen Körper entfernen. Um alle Gelenkarten in der Simulation zu unterstützen, wurden zunächst sechs sogenannte Basisgelenke eingeführt. Diese entfernen jeweils ein, zwei oder drei translatorische bzw. rotatorische Freiheitsgrade der Körper. Da jeder Starrkörper genau drei translatorische und drei rotatorische Freiheitsgrade hat, kann man mit diesen Basisgelenken jede beliebige Kombination an Freiheitsgraden eines Körpers entfernen. Aus diesem Grund ist es möglich, jedes beliebige Gelenk durch eine Kombination der Basisgelenke zu modellieren.

Ein Mehrkörpersystem besteht aus Starrkörpern, die durch Gelenke miteinander verbunden sind. Für die Simulation solcher Systeme wurden drei Verfahren zur Berechnung der benötigten Korrekturimpulse vorgestellt. Das erste Verfahren bestimmt die Impulse iterativ. Daher ist das Verfahren sehr leicht zu implementieren, die Berechnung kann für ein vorläufiges Ergebnis vorzeitig abgebrochen werden und es ist sehr schnell, wenn keine hohen Genauigkeitsanforderungen bestehen. Da dieses Verfahren für komplexe Modelle sehr viele Iterationsschritte benötigt, wenn eine hohe Genauigkeit gefordert wird, wurde ein weiteres Verfahren entwickelt, das die gesuchten Impulse mit einem linearen Gleichungssystem bestimmt. Alle Abhängigkeiten im Modell werden in diesem Gleichungssystem beschrieben. Dadurch wird eine schnelle Simulation von komplexen Modellen mit einer hohen Genauigkeit möglich. Das dritte Verfahren stellt eine Optimierung des LGS-Verfahrens für azyklische Modelle dar. Das lineare Gleichungssystem kann für azyklische Modelle so umgeformt werden, dass es mit linearem Zeit- und Speicheraufwand lösbar ist. Dies ist der optimale Aufwand für dieses Problem. Mit dem letzten Verfahren können sehr komplexe Modelle mit hoher Genauigkeit in Echtzeit simuliert werden. Außerdem ist das Verfahren deutlich schneller als eine vergleichbare Simulationsmethode mit Lagrange-Multiplikatoren.

Kollisionen und bleibende Kontakte definieren Zwangsbedingungen in Form von Ungleichungen für das simulierte Modell. Wenn die Kollisionserkennung eine Kollision bzw. einen bleibenden Kontakt zwischen zwei Körpern feststellt, wird eine entsprechende Bedingung temporär zur Simulation hinzugefügt. Diese Bedingung muss eine Durchdringung der beiden Körper verhindern und im Fall einer Kollision einen Rückstoß simulieren. Außerdem wird bei der Behandlung von Kollisionen und Kontakten die Reibung zwischen den Körpern berücksichtigt. Wenn ein Körper mehrere Kollisionen und Kontakte mit anderen Körpern hat, existieren zwischen den einzelnen Zwangsbedingungen direkte Abhängigkeiten. Diese werden durch ein iteratives Verfahren aufgelöst. Dabei muss beachtet werden, dass der Gesamtimpuls, der für eine Kollision bzw. einen Kontakt berechnet wird, die beiden zugehörigen Körper immer auseinander beschleunigt.

Nachdem die Verfahren für die Simulation von Starrkörpern vorgestellt wurden, wurde gezeigt, wie der impulsbasierte Ansatz auch für deformierbare Körper eingesetzt werden kann. In diesem Zusammenhang wurden neue Methoden für die Simulation von Textilien und Weichkörpern präsentiert. Ein deformierbarer Körper wird in der Simulation durch ein Partikelmodell repräsentiert. Dabei handelt es sich um ein Netz von Partikeln und Zwangsbedingungen, die die Partikel zusammenhalten.

Für die Simulation von Textilien wird oft von einem dehnbaren Material ausgegangen. Mit dieser Annahme können Masse-Feder-Systeme eingesetzt werden, die eine schnelle Simulation erlauben. Allerdings dehnen sich Textilien im Allgemeinen nicht unter ihrem eigenen Gewicht und viele Stoffe sind fast gar nicht dehnbar. Aus diesem Grund sind Masse-Feder-Systeme für realistische Simulationen nicht geeignet. In dieser Arbeit wird daher ein Textilmodell verwendet, das aus einem Netz von Partikeln besteht, die mit Zwangsbedingung untereinander verbunden sind. Mit Hilfe dieser Bedingungen kann die maximal zulässige Dehnbarkeit des simulierten Materials kontrolliert werden. Textilien haben die Eigenschaft, dass sie mit einer gewissen Kraft versuchen, in ihre ursprüngliche Form zurückzukommen. Aus diesem Grund werden im Modell zusätzlich zu den Bedingungen gedämpfte Federn eingefügt. Diese wirken einer Krümmung und einer Scherung des Modells entgegen. Außerdem werden dadurch Effekte, wie der Faltenwurf eines Stoffes, simuliert. Die Stärke der Federn kann abhängig von den Materialeigenschaften gewählt werden.

In dieser Arbeit wurden drei Verfahren zur Bestimmung der Impulse für die Zwangsbedingungen in einem Textilmodell vorgestellt. Diese Verfahren müssen bei der Berechnung die Abhängigkeiten der Bedingungen berücksichtigen. Das erste Verfahren arbeitet rein iterativ. Dabei wird über alle Bedingungen iteriert, wobei jede Bedingung für sich behandelt wird, ohne ihre Abhängigkeiten zu beachten. Durch den iterativen Prozess werden dann die Abhängigkeiten aufgelöst. Mit dem Toleranzwert, der beim iterativen Prozess verwendet wird, kann direkt die Dehnbarkeit des Materials gesteuert werden. Das zweite Verfahren verwendet ein lineares Gleichungssystem, um die Abhängigkeiten zwischen allen Bedingungen zu beschreiben. Durch die Lösung dieses Systems werden alle Impulse sofort exakt bestimmt. Da das Gleichungssystem für das Textilmodell dünnbesetzt ist, können spezielle Lösungsverfahren eingesetzt werden, die effizienter arbeiten. Beim dritten Verfahren wird das Modell zunächst in azyklische Teile zerlegt. Für jedes Teilmodell können anschließend die Impulse mit linearem Zeit- und Speicheraufwand bestimmt werden. Außerdem können die azyklischen Teile in zwei Gruppen aufgeteilt werden, in denen alle Teilmodelle unabhängig sind. Dadurch können die Impulse für die Teile innerhalb einer Gruppe parallel auf mehreren Prozessoren berechnet werden. Die Abhängigkeiten zwischen den beiden Gruppen werden durch einen iterativen Prozess aufgelöst. Insgesamt ergibt sich ein Verfahren, mit dem sehr komplexe Modelle in Echtzeit simuliert werden können.

Es wurde gezeigt, dass der impulsbasierte Ansatz auch für die Simulation von dreidimensionalen deformierbaren Körpern verwendet werden kann. Eine wichtige Anforderung bei einer solchen Simulation ist, dass das Volumen eines Weichkörpers während der Simulation erhalten bleibt. Bisher wird diese Anforderung von den wenigsten bekannten Verfahren erfüllt. Für die Simulation eines Weichkörpers wird zunächst ein Modell benötigt. Dafür wird ein Tetraedernetz für den Körper generiert. Mit Hilfe der Tetraeder kann die Verformung eines Weichkörpers simuliert und sein Volumen erhalten werden. Das Tetraedermodell wird in dieser Arbeit mit Hilfe eines vorzeichenbehafteten Distanzfeldes erzeugt. Dabei wird das Volumen des Körpers mit Hilfe von Voxeln beschrieben. Außerdem wird für jeden Voxel die positive bzw. negative Distanz seines Zentrums zur Oberfläche des Körpers beschrieben. Durch mehrere Strahlanfragen und einen Mehrheitsentscheid kann festgelegt werden, ob sich ein Voxel innerhalb oder außerhalb des Körpers befindet. Die Voxel, die innerhalb des Körpers liegen, werden in jeweils fünf Tetraeder zerlegt. Anschließend werden Löcher im Modell gefüllt und zum Schluss erfolgt eine Glättung des Tetraedernetzes. Für die Simulation eines Weichkörpers werden in jedem Eckpunkt des Tetraedernetzes Partikel erzeugt. Diese werden über die Kanten mit Federn verbunden, damit ein Körper immer mit einer gewissen Kraft versucht, seine ursprüngliche Form wieder herzustellen. Außerdem werden Volumenbedingungen für die Tetraeder aufgestellt, um die Volumenerhaltung des simulierten Körpers zu gewährleisten. Es wurde gezeigt, wie diese Zwangsbedingungen mit Hilfe des impulsbasierten Ansatzes aufgelöst werden. Dadurch wird eine volumenerhaltende Simulation von Weichkörpern mit der impulsbasierten Methode möglich. Eine Simulation mit Volumenerhaltung kann auch mit einem Oberflächenmodell durchgeführt werden und benötigt nicht unbedingt ein volumetrisches Modell. Dies konnte mit Hilfe eines geometrisch motivierten Ansatzes demonstriert werden. Da bei einem Oberflächenmodell keine Punkte im Inneren des Körpers berücksichtigt werden müssen, wird viel Rechenzeit bei der Simulation eingespart.

Nachdem in dieser Arbeit Verfahren für die Simulation von Mehrkörpersystemen, Textilien und Weichkörpern vorgestellt wurden, wurden zwei Methoden zur parallelen Simulation auf der GPU präsentiert. Bei der ersten Methode werden die Zwangsbedingungen im Modell zunächst in unabhängige Gruppen unterteilt. Die Bedingungen einer Gruppe können anschließend parallel verarbeitet werden. Dafür wurde ein Verfahren für die Simulation auf einem Graphikprozessor vorgestellt. Es wurde gezeigt, dass mit diesem Verfahren sehr komplexe Textilmodelle mit ein paar Tausend Zwangsbedingungen noch in Echtzeit simuliert werden können. Alternativ zu der Unterteilung der Zwangsbedingungen wurden effiziente Datenstrukturen und ein GPU-basiertes Verfahren zur Lösung von Gleichungssystemen beschrieben. Damit konnten sehr komplexe Simulationen von Mehrkörpersystemen, Finite-Elemente-Simulationen mit linearen und quadratischen Elementen und Textilsimulationen mit Masse-Feder-Systemen in Echtzeit durchgeführt werden.

6.2. Ausblick

Dynamische Simulation von Mehrkörpersystemen Das impulsbasierte Verfahren mit linearem Aufwand ist mit Abstand das schnellste Verfahren, das in dieser Arbeit für Mehrkörpersysteme vorgestellt wurde. Allerdings kann es nur für azyklische Modelle eingesetzt werden. Im Bereich der Mehrkörpersysteme ist ein wichtiges Ziel daher, für jedes beliebige Modell eine Unterteilung in azyklische Teile zu finden. Dabei ist es von Vorteil, wenn die Teile möglichst gleich viele Bedingungen enthalten. Die resultierenden Teilmodelle können anschließend in verschiedene Gruppen eingeteilt werden, so dass die Teile innerhalb einer Gruppe keine direkten Abhängigkeiten miteinander aufweisen. Die Impulse innerhalb einer Gruppe können dann parallel bestimmt werden, während die Abhängigkeiten zwischen den Gruppen in einem iterativen Verfahren aufgelöst werden müssen. Diese Vorgehensweise wurde bereits bei der Simulation von Textilien erfolgreich angewendet. Bei der Simulation von Mehrkörpersystemen ist es allerdings komplizierter, eine gute Unterteilung zu finden, da die Modelle nicht aus einem regelmäßigen Netz bestehen.

Deformierbare Körper Die realistische Simulation von Textilien erfordert hoch aufgelöste Modelle. Besonders bei einer iterativen Vorgehensweise wird dadurch die Simulation erheblich langsamer. Für die Simulation von hoch aufgelösten Netzen sollen in Zukunft adaptive Multi-Grid-Verfahren zum Einsatz kommen. Dabei wird das Modell in verschiedenen Auflösungen simuliert. Mit einem groben Modell wird zunächst eine ungefähre Lösung für die gesuchten Impulse bestimmt. Durch die geringe Auflösung bekommt man diese erste Näherungslösung sehr schnell. Anschließend wird mit der nächsten feineren Auflösung fortgefahren. Die Berechnung mit der feineren Auflösung benötigt nur wenige Iterationen, da durch die zuvor bestimmte Näherungslösung lediglich kleine Fehler korrigiert werden müssen. Durch diese Vorgehensweise kann die Simulation deutlich beschleunigt werden.

Das beschriebene Multi-Grid-Verfahren soll zunächst für zweidimensionale Modelle entwickelt werden, um damit Textilien zu simulieren. Danach soll das Verfahren für dreidimensionale Körper erweitert werden. Dadurch kann es für die Simulation von Weichkörpern eingesetzt werden und diese erheblich beschleunigen. Die Geschwindigkeit der Weichkörpersimulation soll außerdem durch parallele Algorithmen verbessert werden. Für Textilien wurde bereits gezeigt, dass die Modelle in unabhängige Teile zerlegt werden können. Mit dieser Zerlegung konnte die Simulation sowohl auf einem Multi-Kern-Rechner als auch auf einem Graphikprozessor parallel durchgeführt werden, was die Simulation von sehr komplexen Textilmodellen in Echtzeit ermöglicht hat. Für die Tetraedermodelle von Weichkörpern soll ebenfalls eine geeignete Zerlegung gefunden werden, so dass auch hier eine parallele Simulation durchgeführt werden kann. Das Ziel dieser Optimierungen ist eine Echtzeitsimulation von mehreren komplexen Weichkörpern, die miteinander interagieren.

Besonders bei hoch aufgelösten Modellen für deformierbare Körper benötigt die Kollisionserkennung viel Rechenzeit. Die Kollisionserkennung kann beschleunigt werden, indem für die Kollisionsgeometrie eine geringere Auflösung verwendet wird. Allerdings gehen dadurch Details bei der Simulation verloren. Aus diesem Grund soll ein adaptives Level-of-Detail-Verfahren für die Kollisionsgeometrie entwickelt werden. Dieses Verfahren muss die Geometrie an Stellen mit einer großen Verformung höher auflösen. In Bereichen, in denen der Körper kaum verformt ist, kann eine grobe Auflösung verwendet werden. Durch diese Vorgehensweise kann die Anzahl der Dreiecke im Netz der Kollisionsgeometrie deutlich reduziert werden. Insgesamt wird die Kollisionserkennung deutlich schneller, ohne dass dadurch viele Details verloren gehen.

Zerbrechliche Körper In Zukunft soll das bestehende System um die Simulation von zerbrechlichen bzw. zerreißbaren Körpern erweitert werden. Damit soll erforscht werden, bei welcher Krafteinwirkung und an welcher Stelle ein Körper zerreißt. Die Ergebnisse solcher Simulationen sind in vielen Bereichen wichtig, z. B. im Maschinenbau, in der Robotik oder in Computeranimationen. Dafür muss ein Körper zunächst in kleinere Teile zerlegt werden, für die die Simulation schließlich durchgeführt wird. Während der Simulation müssen die Kräfte zwischen den einzelnen Teilen bestimmt werden. Dadurch kann entschieden werden, wann eine Verbindung aufbricht. Da für genaue Simulationen eine hohe Anzahl an Teilen benötigt wird, werden effiziente parallele Algorithmen benötigt. Außerdem soll die Simulation mit Hilfe von adaptiven Level-of-Detail- und Multi-Grid-Verfahren beschleunigt werden. Die impulsbasierte Methode ist ein geeigneter Ansatz für die Lösung dieses Problems. Dieser Ansatz muss erweitert und dann ausführlich mit bereits existierenden Verfahren, die auf der Finite-Elemente-Methode basieren, bezüglich Genauigkeit und Geschwindigkeit verglichen werden.

Simulation von Flüssigkeiten und Gasen Ein weiterer wichtiger Bereich, der erforscht werden soll, ist die Simulation von Flüssigkeiten und Gasen und deren Interaktion mit Starrkörpern und deformierbaren Körpern. Dadurch kann näher untersucht werden, wie sich Gase und Flüssigkeiten ausbreiten und miteinander vermischen. Für diese Art von Simulationen gibt es bereits einige Arbeiten, die meistens auf den Navier-Stokes-Gleichungen aufbauen. Die Interaktion von Starrkörpern und deformierbaren Körpern mit Flüssigkeiten und Gasen ist ein sehr aktuelles Forschungsgebiet. Auf diesem Gebiet soll erforscht werden, in wie weit die besondere Vorgehensweise des impulsbasierten Verfahrens zur Lösung der Navier-Stokes-Gleichungen eingesetzt werden kann. Es soll damit ein einheitliches Verfahren für die Simulation von Starrkörpersystemen, deformierbaren Körpern, Flüssigkeiten und Gasen entstehen. Dadurch wird die Interaktion zwischen beliebigen Körpern und Flüssigkeiten bzw. Gasen auf einfache Weise möglich. Bei der Interaktion zwischen Körpern und Flüssigkeiten sollen auch poröse Körper untersucht werden, wie z. B. Schwämme. Diese Art von Körpern stellt eine besondere Herausforderung dar. Bei porösen Körpern muss nicht nur simuliert werden, wie viel Flüssigkeit verdrängt wird, sondern auch, wie Flüssigkeit vom Körper aufgesaugt bzw. freigegeben wird. Ein Körper, der sich mit Flüssigkeit voll saugt, verändert seine physikalischen Eigenschaften, wie z. B. seine Masse oder seine Oberflächenreibung. Dies muss bei der Simulation berücksichtigt werden.

A. Notation

In dieser Arbeit werden verschiedene mathematische Bezeichner verwendet. Die wichtigsten sind in Tabelle A.1 aufgelistet. Außerdem werden Vektoren und Matrizen im Gegensatz zu skalaren Größen durch fett gedruckte Bezeichner repräsentiert.

Bezeichner	Beschreibung
m	Masse
$\mathbf{s}$	Schwerpunkt
$\mathbf{v}$	Geschwindigkeit des Schwerpunkts
$\mathbf{J}$	Trägheitstensor
$\mathbf{q}$	Quaternion
$\boldsymbol{\omega}$	Winkelgeschwindigkeit
$\mathbf{r}_{ab}$	Ortsvektor von Punkt $\mathbf{a}$ nach Punkt $\mathbf{b}$
$\mathbf{u}$	Punktgeschwindigkeit
$\mathbf{g}$	Gravitation
$\mathbf{F}_{\text{ext}}$	Externe Kraft
$\boldsymbol{\tau}_{\text{ext}}$	Externes Drehmoment
$\mathbf{p}$	Impuls
$\mathbf{l}$	Drehimpuls
h	Zeitschrittweite
$\mathbf{E}_n$	n-dimensionale Einheitsmatrix

Tabelle A.1.: Notation

Stichwortverzeichnis

Literaturverzeichnis

[ABB+99]   EDWARD ANDERSON, ZHAOJUN BAI, CHRISTIAN H. BI-
           SCHOF, SUSAN BLACKFORD, JAMES W. DEMMEL, JACK J.
           DONGARRA, JEREMY DU CROZ, ANNE GREENBAUM, SVEN
           HAMMARLING, ALAN MCKENNEY und DANNY SORENSEN:
           LAPACK Users' Guide. Society for Industrial and Applied
           Mathematics, 3. Auflage, 1999.

[ABD+90]   EDWARD ANDERSON, ZHONG ZHI ZHI BAI, JACK J. DON-
           GARRA, ANNE GREENBAUM, ALAN MCKENNEY, JEREMY
           J. DU CROZ, SVEN HAMMERLING, JAMES W. DEMMEL,
           CHRISTIAN H. BISCHOF und DANNY C. SORENSEN: *LA-
           PACK: a portable linear algebra library for high-performance
           computers*. In: *Proc. conference on Supercomputing*, Seiten
           2–11. IEEE Computer Society Press, 1990.

[ACF11]   JÉRÉMIE ALLARD, HADRIEN COURTECUISSE und FRANÇOIS
           FAURE: *Implicit FEM Solver on GPU for Interactive Defor-
           mation Simulation*. In: *GPU Computing Gems Jade Edition*,
           Kapitel 21. NVIDIA/Elsevier, 2011.

[ACPR95]   URI M. ASCHER, HONGSHENG CHIN, LINDA R. PETZOLD
           und SEBASTIAN REICH: *Stabilization of Constrained Mecha-
           nical Systems with DAEs and Invariant Manifolds*. Journal of
           Mechanics of Structures and Machines, 23:135–158, 1995.

[ÅH95]   KARL J. ÅSTRÖM und TORE H. HÄGGLUND: *PID Control-
           lers: Theory, Design, and Tuning*. The Instrument, Systems,
           and Automation Society, 2. Auflage, 1995.

[AHB87]   K. S. ARUN, T. S. HUANG und S. D. BLOSTEIN: *Least-
           squares fitting of two 3-D point sets*. IEEE Trans. Pattern
           Analysis and Machine Intelligence, 9:698–700, 1987.

[APS98]   MIHAI ANITESCU, FLORIAN A. POTRA und DAVID E.
           STEWART: *Time-stepping for three-dimensional rigid body dy-
           namics*. Computer Methods in Applied Mechanics and Engi-
           neering, 177(3-4):183–197, 1998.

[Bær05]   ANDREAS BÆRENTZEN: *Robust Generation of Signed Distan-

ce Fields from Triangle Meshes. In: *Workshop on Volume Graphics*, Seiten 167–175, 2005.

[Bar89] DAVID BARAFF: *Analytical Methods for Dynamic Simulation of Non-penetrating Rigid Bodies.* Computer Graphics, 23(3):223–232, 1989.

[Bar90] DAVID BARAFF: *Curved surfaces and coherence for non-penetrating rigid body simulation.* SIGGRAPH Computer Graphics, 24(4):19–28, 1990.

[Bar91] DAVID BARAFF: *Coping with friction for non-penetrating rigid body simulation.* In: *SIGGRAPH*, Seiten 31–41. ACM Press, 1991.

[Bar92] DAVID BARAFF: *Dynamic simulation of nonpenetrating rigid bodies.* Doktorarbeit, Department of Computer Science, Cornell University, 1992.

[Bar93] DAVID BARAFF: *Issues in computing contact forces for non-penetrating rigid bodies.* Algorithmica, 10(2-4):292–352, 1993.

[Bar94] DAVID BARAFF: *Fast contact force computation for nonpenetrating rigid bodies.* In: *SIGGRAPH*, Seiten 23–34. ACM Press, 1994.

[Bar96] DAVID BARAFF: *Linear-time dynamics using Lagrange multipliers.* In: *SIGGRAPH*, Seiten 137–146. ACM Press, 1996.

[Bau72] JOACHIM W. BAUMGARTE: *Stabilization of constraints and integrals of motion in dynamical systems.* Computer Methods in Applied Mechanics and Engineering, 1:1–16, 1972.

[BB88] RONEN BARZEL und ALAN H. BARR: *A modeling system based on dynamic constraints.* In: *SIGGRAPH*, Seiten 179–188. ACM Press, 1988.

[BB08a] JAN BENDER und DANIEL BAYER: *Impulse-based simulation of inextensible cloth.* In: *Computer Graphics and Visualization*, 2008.

[BB08b] JAN BENDER und DANIEL BAYER: *Parallel simulation of inextensible cloth.* In: *Virtual Reality Interactions and Physical Simulations*, Seiten 47–56, 2008.

[BB09] MUTHU MANIKANDAN BASKARAN und RAJESH BORDAWEKAR: *Optimizing Sparse Matrix-Vector Multiplication on GPUs.* Technischer Bericht, IBM T.J. Watson Research Center, 2009.

[BBD09a] DANIEL BAYER, JAN BENDER und RAPHAEL DIZIOL: *Impulse-based dynamic simulation on the GPU.* In: *Computer Graphics and Visualization,* 2009.

[BBD09b] JAN BENDER, DANIEL BAYER und RAPHAEL DIZIOL: *Dynamic simulation of inextensible cloth.* IADIS International Journal on Computer Science and Information Systems, 4(2):86–102, 2009.

[BBS03] JAN BENDER, MATTHIAS BAAS und ALFRED SCHMITT: *Ein neues Verfahren für die mechanische Simulation in VR-Systemen und in der Robotik.* In: *17. Symposium Simulationstechnik, ASIM,* Seiten 111–116, 2003.

[BCL09] LUC BUATOIS, GUILLAUME CAUMON und BRUNO LEVY: *Concurrent number cruncher: a GPU implementation of a general sparse linear solver.* Int. J. Parallel Emerg. Distrib. Syst., 24:205–223, 2009.

[BDB11] JAN BENDER, RAPHAEL DIZIOL und DANIEL BAYER: *Simulating inextensible cloth using locking-free triangle meshes.* In: *Virtual Reality Interactions and Physical Simulations,* Seiten 11–17. Eurographics Association, 2011.

[Ben07a] JAN BENDER: *Impulsbasierte Dynamiksimulation von Mehrkörpersystemen in der virtuellen Realität.* Doktorarbeit, University of Karlsruhe, Germany, 2007.

[Ben07b] JAN BENDER: *Impulse-based dynamic simulation in linear time.* Computer Animation and Virtual Worlds, 18(4-5):225–233, 2007.

[Ben08] JAN BENDER: *Design of a dynamic simulation system for VR applications.* Internal Report 13, Institut für Betriebs- und Dialogsysteme, 2008.

[BET14] JAN BENDER, KENNY ERLEBEN und JEFF TRINKLE: *Interactive Simulation of Rigid Body Dynamics in Computer Graphics.* Computer Graphics Forum, 33(1):246–270, 2014.

[BFA02] ROBERT E. BRIDSON, RONALD FEDKIW und JOHN ANDERSON: *Robust treatment of collisions, contact and friction for cloth animation.* In: *SIGGRAPH,* Seiten 594–603. ACM, 2002.

[BFGS03] JEFF BOLZ, IAN FARMER, EITAN GRINSPUN und PETER SCHRÖDER: *Sparse matrix solvers on the GPU: conjugate gradients and multigrid*. ACM Trans. Graph, 22:917–924, 2003.

[BFS05] JAN BENDER, DIETER FINKENZELLER und ALFRED SCHMITT: *An impulse-based dynamic simulation system for VR applications*. In: *Proc. Virtual Concept*. Springer, 2005.

[BG08] NATHAN BELL und MICHAEL GARLAND: *Efficient Sparse Matrix-Vector Multiplication on CUDA*. NVIDIA Technical Report NVR-2008-004, NVIDIA Corporation, 2008.

[BG09] NATHAN BELL und MICHAEL GARLAND: *Implementing sparse matrix-vector multiplication on throughput-oriented processors*. In: *Proc. High Performance Computing Networking, Storage and Analysis*, Seiten 18:1–18:11. ACM, 2009.

[BG12] NATHAN BELL und MICHAEL GARLAND: *Cusp: Generic Parallel Algorithms for Sparse Matrix and Graph Computations*, 2012. http://cusp-library.googlecode.com.

[BHW94] DAVID E. BREEN, DONALD H. HOUSE und MICHAEL J. WOZNY: *Predicting the drape of woven cloth using interacting particles*. In: *SIGGRAPH*, Seiten 365–372. ACM, 1994.

[BJ05] JERNEJ BARBIČ und DOUG L. JAMES: *Real-Time subspace integration for St. Venant-Kirchhoff deformable models*. ACM Trans. on Graphics, 24(3):982–990, 2005.

[BMF03] ROBERT E. BRIDSON, SEBASTIAN MARINO und RONALD FEDKIW: *Simulation of clothing with folds and wrinkles*. In: *Proc. ACM SIGGRAPH/Eurographics Symp. on Comput. Anim.*, Seiten 28–36. Eurographics Association, 2003.

[BMOT13] JAN BENDER, MATTHIAS MÜLLER, MIGUEL A. OTADUY und MATTHIAS TESCHNER: *Position-based Methods for the Simulation of Solid Objects in Computer Graphics*. In: *EUROGRAPHICS 2013 State of the Art Reports*. Eurographics Association, 2013.

[Bri03] ROBERT E. BRIDSON: *Computational aspects of dynamic surfaces*. Doktorarbeit, Department of Computer Science, Stanford University, 2003.

[BS06a] JAN BENDER und ALFRED SCHMITT: *Constraint-based collision and contact handling using impulses*. In: *Proc. computer animation and social agents*, Seiten 3–11, 2006.

[BS06b] JAN BENDER und ALFRED SCHMITT: *Fast Dynamic Simula-*

tion of Multi-Body Systems Using Impulses. In: *Virtual Reality Interactions and Physical Simulations*, Seiten 81–90, 2006.

[BW98] DAVID BARAFF und ANDREW WITKIN: *Large steps in cloth simulation*. In: *SIGGRAPH*, Seiten 43–54. ACM, 1998.

[BWHT07] ADAM W. BARGTEIL, CHRIS WOJTAN, JESSICA K. HODGINS und GREG TURK: *A finite element method for animating large viscoplastic flow*. ACM Trans. on Graphics, 26(3):16:1–16:8, 2007.

[BWK03] DAVID BARAFF, ANDREW WITKIN und MICHAEL KASS: *Untangling cloth*. ACM Trans. Graph., 22(3):862–870, 2003.

[CA09] HADRIEN COURTECUISSE und JÉRÉMIE ALLARD: *Parallel Dense Gauss-Seidel Algorithm on Many-Core Processors*. In: *Proc. High Performance Computing and Communications*, Seiten 139–147. IEEE Computer Society, 2009.

[CD68] RICHARD W. COTTLE und GEORGE B. DANTZIG: *Complementary Pivot Theory of Mathematical Programming*. Linear Algebra and its Applications, 1:103–125, 1968.

[CDM+02] BARBARA CUTLER, JULIE DORSEY, LEONARD MCMILLAN, MATTHIAS MÜLLER und ROBERT JAGNOW: *A procedural approach to authoring solid models*. In: *SIGGRAPH*, Seiten 302–311. ACM, 2002.

[CGC+02] STEVE CAPELL, SETH GREEN, BRIAN CURLESS, TOM DUCHAMP und ZORAN POPOVIĆ: *Interactive skeleton-driven dynamic deformations*. In: *SIGGRAPH*, Seiten 586–593. ACM, 2002.

[CHP89] JOHN E. CHADWICK, DAVID R. HAUMANN und RICHARD E. PARENT: *Layered construction for deformable animated characters*. In: *SIGGRAPH*, Seiten 243–252. ACM, 1989.

[CJP07] BARBARA CHAPMAN, GABRIELE JOST und RUUD VAN DER PAS: *Using OpenMP: Portable Shared Memory Parallel Programming (Scientific and Engineering Computation)*. The MIT Press, 2007.

[CK02] KWANG-JIN CHOI und HYEONG-SEOK KO: *Stable but responsive cloth*. ACM Trans. Graph., 21(3):604–611, 2002.

[CK05] KWANG-JIN CHOI und HYEONG-SEOK KO: *Research problems in clothing simulation*. Computer-Aided Design, 37(6):585–592, 2005.

[CLMP95]   JONATHAN D. COHEN, MING C. LIN, DINESH MANOCHA und MADHAV K. PONAMGI: *I-COLLIDE: an interactive and exact collision detection system for large-scale environments.* In: *Proc. Interactive 3D graphics*, Seite 189ff. ACM Press, 1995.

[Cou12]   ERWIN J. COUMANS: *Bullet Physics Library.* http://www.bulletphysics.org, 2012.

[CPS92]   RICHARD W. COTTLE, JONG-SHI PANG und RICHARD E. STONE: *The linear complementarity problem.* Academic Press, 1992.

[CR98]   ANINDYA CHATTERJEE und ANDY RUINA: *A New Algebraic Rigid Body Collision Law Based On Impulse Space Considerations.* Journal of Applied Mechanics, 65(4):939–951, 1998.

[CYTT92]   MICHEL CARIGNAN, YING YANG, NADIA MAGNENAT THALMANN und DANIEL THALMANN: *Dressing animated synthetic actors with complex deformable clothes.* In: *SIGGRAPH*, Seiten 99–104. ACM, 1992.

[DBB09a]   RAPHAEL DIZIOL, DANIEL BAYER und JAN BENDER: *Simulating Almost Incompressible Deformable Objects.* In: *Virtual Reality Interactions and Physical Simulations*, 2009.

[DBB09b]   RAPHAEL DIZIOL, JAN BENDER und DANIEL BAYER: *Volume Conserving Simulation of Deformable Bodies.* In: *Short Paper Proceedings of Eurographics*, 2009.

[DBB11]   R. DIZIOL, J. BENDER und D. BAYER: *Robust real-time deformation of incompressible surface meshes.* In: *Proc. ACM SIGGRAPH/Eurographics Symp. on Comput. Anim.*, Seiten 237–246. ACM, 2011.

[DDCB01]   GILLES DEBUNNE, MATHIEU DESBRUN, MARIE-PAULE CANI und ALAN H. BARR: *Dynamic real-time deformations using space & time adaptive sampling.* In: *SIGGRAPH*, Seiten 31–36. ACM, 2001.

[DGW11]   CHRISTIAN DICK, JOACHIM GEORGII und RÜDIGER WESTERMANN: *A Real-Time Multigrid Finite Hexahedra Method for Elasticity Simulation using CUDA.* Simulation Modelling Practice and Theory, 19(2):801–816, 2011.

[dJB94]   JAVIER GARCIA DE JALON und EDUARDO BAYO: *Kinematic and Dynamic Simulation of Multibody Systems: the Real Time*

Challenge. Springer-Verlag, 1994.

[DMSB99] MATHIEU DESBRUN, MARK MEYER, PETER SCHRÖDER und ALAN H. BARR: *Implicit fairing of irregular meshes using diffusion and curvature flow.* In: *SIGGRAPH*, Seiten 317–324. ACM Press/Addison-Wesley Publishing Co., 1999.

[DSB99] MATHIEU DESBRUN, PETER SCHRÖDER und ALAN BARR: *Interactive animation of structured deformable objects.* In: *SIGGRAPH*, Seiten 1–8. ACM, 1999.

[EB08] ELLIOT ENGLISH und ROBERT BRIDSON: *Animating developable surfaces using nonconforming elements.* ACM Trans. Graph., 27:66:1–66:5, 2008.

[EEH00] BERNHARD EBERHARDT, OLAF ETZMUSS und MICHAEL HAUTH: *Implicit-Explicit Schemes for Fast Animation with Particle Systems.* In: *Eurographics Computer Animation and Simulation Workshop*, Seiten 137–154. Springer, 2000.

[Fea87] ROY FEATHERSTONE: *Robot Dynamics Algorithm.* Kluwer Academic Publishers, 1987.

[FO00] ROY FEATHERSTONE und DAVID ORIN: *Robot Dynamics: Equations and Algorithms.* Conference on Robotics and Automation, Seiten 826–834, 2000.

[FSAH12] BASIL FIERZ, JONAS SPILLMANN, IKER AGUINAGA und MATTHIAS HARDERS: *Maintaining Large Time Steps in Explicit Finite Element Simulations Using Shape Matching.* IEEE Trans. Visualization and Computer Graphics, 18(5):717–728, 2012.

[GBF03] ERAN GUENDELMAN, ROBERT E. BRIDSON und RONALD FEDKIW: *Nonconvex rigid bodies with stacking.* ACM Trans. Graph., 22(3):871–878, 2003.

[GEW05] JOACHIM GEORGII, FLORIAN ECHTLER und RÜDIGER WESTERMANN: *Interactive Simulation of Deformable Bodies on GPUs.* In: *Proc. Simulation and Visualisation*, Seiten 247–258, 2005.

[GGK06] ALEXANDER GRESS, MICHAEL GUTHE und REINHARD KLEIN: *GPU-based Collision Detection for Deformable Parameterized Surfaces.* Computer Graphics Forum, 25(3):497–506, 2006.

[GHF+07] RONY GOLDENTHAL, DAVID HARMON, RAANAN FATTAL,

MICHEL BERCOVIER und EITAN GRINSPUN: *Efficient simulation of inextensible cloth.* ACM Trans. Graph., 26(3):49, 2007.

[GJK88] ELMER G. GILBERT, DANIEL W. JOHNSON und SATHIYA S. KEERTH: *A fast procedure for computing the distance between complex objects in three-dimensional space.* IEEE Journal of Robotics and Automation, RA-4(2):193–203, 1988.

[GKS02] EITAN GRINSPUN, PETR KRYSL und PETER SCHRÖDER: *CHARMS: a simple framework for adaptive simulation.* In: *SIGGRAPH*, Seiten 281–290. ACM, 2002.

[GM97] SARAH F. GIBSON und BRIAN MIRTICH: *A survey of deformable modeling in computer graphics.* Technischer Bericht TR-97-19, Mitsubishi Electric Research Lab., 1997.

[Got00] STEFAN GOTTSCHALK: *Collision queries using oriented bounding boxes.* Doktorarbeit, Department of Computer Science, University of North Carolina, Chapel Hill, 2000.

[GPS06] HERBERT GOLDSTEIN, CHARLES P. POOLE und JOHN L. SAFKO: *Klassische Mechanik.* Wiley-VCH, 3., vollständig überarbeitete und erweiterte Auflage, 2006.

[GT00] NICHOLAS I. M. GOULD und PHILIPPE L. TOINT: *A Quadratic Programming Bibliography.* Technischer Bericht 2000-1, Rutherford Appleton Laboratory, Chilton, England, 2000.

[Gue06] ERAN GUENDELMAN: *Physically-based simulation of soldis and solid-fluid coupling.* Doktorarbeit, Department of Computer Science, Stanford University, 2006.

[GVL96] G.H. GOLUB und C.F. VAN LOAN: *Matrix Computations.* Johns Hopkins Studies in the Mathematical Sciences. The Johns Hopkins University Press, Baltimore, 1996.

[GW05] JOACHIM GEORGII und RÜDIGER WESTERMANN: *Mass-Spring Systems on the GPU.* Simulation Modelling Practice and Theory, 13:693–702, 2005.

[Hah88] JAMES K. HAHN: *Realistic animation of rigid bodies.* In: *SIGGRAPH*, Seiten 299–308. ACM Press, 1988.

[Har07] TAKAHIRO HARADA: *Real-time Rigid Body Simulation on GPUs*, Kapitel 29, Seiten 611–632. Gpu gems 3. Addison-Wesley Professional, 2007.

[HB00] DONALD H. HOUSE und DAVID E. BREEN (Herausgeber):

Cloth modeling and animation. A. K. Peters, Ltd., 2000.

[HCJ+05] MIN HONG, MIN-HYUNG CHOI, SUNHWA JUNG, SAMUEL WELCH und JOHN TRAPP: *Effective Constrained Dynamic Simulation Using Implicit Constraint Enforcement.* In: *Conference on Robotics and Automation,* Band 4, Seiten 4520–4525. IEEE, 2005.

[HCSL02] MARK J. HARRIS, GREG COOMBE, THORSTEN SCHEUERMANN und ANSELMO LASTRA: *Physically-based visual simulation on graphics hardware.* In: *Proc. ACM SIGGRAPH/EUROGRAPHICS conference on Graphics hardware,* Seiten 109–118. Eurographics Association, 2002.

[HE01] MICHAEL HAUTH und OLAF ETZMUSS: *A High Performance Solver for the Animation of Deformable Objects using Advanced Numerical Methods.* In: *Proc. Eurographics,* Band 20(3), Seiten 319–328. Blackwell Publishing, 2001.

[HES03] MICHAEL HAUTH, OLAF ETZMUSS und WOLFGANG STRASSER: *Analysis of numerical methods for the simulation of deformable models.* The Visual Computer, 19(7-8):581–600, 2003.

[HJCW06] M. HONG, S. JUNG, M. CHOI und S. WELCH: *Fast Volume Preservation for a Mass-Spring System.* IEEE Comput. Graph. Appl., 26:83–91, 2006.

[HKM96] MARTIN HELD, JAMES T. KLOSOWSKI und JOSEPH S. B. MITCHELL: *Real-time collision detection for motion simulation within complex environments.* In: *SIGGRAPH,* Seite 151. ACM Press, 1996.

[Hop96] HUGUES HOPPE: *Progressive meshes.* In: *SIGGRAPH,* Seiten 99–108. ACM, 1996.

[HTG04] BRUNO HEIDELBERGER, MATTHIAS TESCHNER und MARKUS GROSS: *Detection of collisions and self-collisions using image-space techniques.* In: *Journal of WSCG,* Seiten 145–152, 2004.

[HTKK07] TAKAHIRO HARADA, MASAYUKI TANAKA, SEIICHI KOSHIZUKA und YOICHIRO KAWAGUCHI: *Acceleration of Rigid Body Simulation using Graphics Hardware.* In: *Symposium on Interactive 3D Graphics and Games,* 2007.

[Hub95] PHILIP M. HUBBARD: *Collision Detection for Interactive*

Graphics Applications. IEEE Trans. Visualization and Computer Graphics, 1(3):218–230, 1995.

[ISF07] GEOFFREY IRVING, CRAIG SCHROEDER und RONALD FEDKIW: *Volume conserving finite element simulations of deformable models*. In: *SIGGRAPH*. ACM, 2007.

[ITF04] G. IRVING, J. TERAN und R. FEDKIW: *Invertible finite elements for robust simulation of large deformation*. In: *Proc. ACM SIGGRAPH/Eurographics Symp. on Comput. Anim.*, Seiten 131–140. Eurographics Association, 2004.

[JP99] DOUG L. JAMES und DINESH K. PAI: *ArtDefo: accurate real time deformable objects*. In: *SIGGRAPH*, Seiten 65–72. ACM, 1999.

[KC02] YOUNG-MIN KANG und HWAN-GUE CHO: *Bilayered Approximate Integration for Rapid and Plausible Animation of Virtual Cloth with Realistic Wrinkles*. In: *Proc. Computer Animation*, Seite 203. IEEE Computer Society, 2002.

[KCC+00] YOUNG-MIN KANG, JEONG-HYEON CHOI, HWAN-GUE CHO, DO-HOON LEE und CHAN-JONG PARK: *Real-Time Animation Technique for Flexible and Thin Objects*. In: *Proc. WSCG*, Seiten 322–329, 2000.

[KEP05] DANNY M. KAUFMAN, TIMOTHY EDMUNDS und DINESH K. PAI: *Fast frictional dynamics for rigid bodies*. ACM Trans. Graph., 24(3):946–956, 2005.

[KLRS04] ANDREAS KOLB, LUTZ LATTA und CHRISTOF REZK-SALAMA: *Hardware-based simulation and collision detection for large particle systems*. In: *Proc. ACM SIGGRAPH/EUROGRAPHICS conference on Graphics hardware*, Seiten 123–131. ACM, 2004.

[KMBG09] PETER KAUFMANN, SEBASTIAN MARTIN, MARIO BOTSCH und MARKUS GROSS: *Flexible simulation of deformable models using discontinuous Galerkin FEM*. Graph. Models, 71:153–167, 2009.

[KP03] PAUL G. KRY und DINESH K. PAI: *Continuous contact simulation for smooth surfaces*. ACM Trans. Graph., 22(1):106–129, 2003.

[KSK97] KATSUAKI KAWACHI, HIROMASA SUZUKI und FUMIHIKO KIMURA: *Simulation of rigid body motion with impulsive friction force.* In: *IEEE Symposium on Assembly and Task Planning*, Seiten 182–187, 1997.

[KSK98] KATSUAKI KAWACHI, HIROMASA SUZUKI und FUMIHIKO KIMURA: *Technical Issues on Simulating Impulse and Friction in Three Dimensional Rigid Body Dynamics.* In: *Proc. Computer Animation*, Seite 170. IEEE Computer Society, 1998.

[KVS99] LEIF KOBBELT, JENS VORSATZ und HANS-PETER SEIDEL: *Multiresolution hierarchies on unstructured triangle meshes.* Comput. Geom. Theory and Appl., 14:5–24, 1999.

[KW03] JENS KRÜGER und RÜDIGER WESTERMANN: *Linear algebra operators for GPU implementation of numerical algorithms.* ACM Trans. Graph., 22(3):908–916, 2003.

[LC91] MING C. LIN und JOHN F. CANNY: *A Fast Algorithm for Incremental Distance Calculation.* In: *IEEE Conference on Robotics and Automation*, Seiten 1008–1014, 1991.

[LG98] MING C. LIN und STEFAN GOTTSCHALK: *Collision Detection between Geometric Models: A Survey.* In: *Proc. IMA Conf. on Mathematics of Surfaces*, Band 1, Seiten 602–608, 1998.

[Lin93] MING C. LIN: *Efficient collision detection for animation and robotics.* Doktorarbeit, University of California, Berkeley, 1993.

[LMTT91] BENOIT LAFLEUR, NADIA MAGNENAT-THALMANN und DANIEL THALMANN: *Cloth Animation with Self-Collision Detection.* In: *Proc. Modeling in Computer Graphics*, Seiten 179–187. Springer, 1991.

[Löt82] PER LÖTSTEDT: *Mechanical Systems of Rigid Bodies Subject to Unilateral Constraints.* SIAM Journal on Applied Mathematics, 42(2):281–296, 1982.

[Löt84] PER LÖTSTEDT: *Numerical simulation of time-dependent contact and friction problems in rigid body mechanics.* SIAM Journal on Scientific Statistical Computing, 5(2):370–393, 1984.

[LTJ07] YONG-JIN LIU, KAI TANG und AJAY JONEJA: *Modeling dynamic developable meshes by the Hamilton principle.* Comput. Aided Des., 39:719–731, 2007.

[MC94] BRIAN V. MIRTICH und JOHN F. CANNY: *Impulse-based dynamic simulation.* In: *Proc. workshop on Algorithmic foundations of robotics*, Seiten 407–418. A. K. Peters, Ltd., 1994.

[MC95]   BRIAN V. MIRTICH und JOHN F. CANNY: *Impulse-based simulation of rigid bodies*. In: *Proc. Interactive 3D graphics*, Seiten 181–ff. ACM Press, 1995.

[MCG04]   JOHN MELLOR-CRUMMEY und JOHN GARVIN: *Optimizing Sparse Matrix-Vector Product Computations Using Unroll and Jam*. Int. J. High Perform. Comput. Appl., 18(2):225–236, 2004.

[MDDB01]   MARK MEYER, GILLES DEBUNNE, MATHIEU DESBRUN und ALAN H. BARR: *Interactive animation of cloth-like objects in virtual reality*. The Journal of Visualization and Computer Animation, 12(1):1–12, 2001.

[MDM+02]   MATTHIAS MÜLLER, JULIE DORSEY, LEONARD MCMILLAN, ROBERT JAGNOW und BARBARA CUTLER: *Stable real-time deformations*. In: *Proc. ACM SIGGRAPH/Eurographics Symp. on Comput. Anim.*, Seiten 49–54. ACM, 2002.

[MHHR06]   MATTHIAS MÜLLER, BRUNO HEIDELBERGER, MARCUS HENNIX und JOHN RATCLIFF: *Position Based Dynamics*. In: *Virtual Reality Interactions and Physical Simulations*, 2006.

[MHHR07]   MATTHIAS MÜLLER, BRUNO HEIDELBERGER, MARCUS HENNIX und JOHN RATCLIFF: *Position based dynamics*. Journal of Visual Communication and Image Representation, 18(2):109–118, 2007.

[MHTG05]   MATTHIAS MÜLLER, BRUNO HEIDELBERGER, MATTHIAS TESCHNER und MARKUS GROSS: *Meshless deformations based on shape matching*. ACM Trans. Graph., 24(3):471–478, 2005.

[Mil88]   GAVIN S. P. MILLER: *The motion dynamics of snakes and worms*. In: *SIGGRAPH*, Seiten 169–173. ACM, 1988.

[Mil96]   VICTOR J. MILENKOVIC: *Position-based physics: simulating the motion of many highly interacting spheres and polyhedra*. In: *SIGGRAPH*, Seiten 129–136. ACM Press, 1996.

[Mir95]   BRIAN V. MIRTICH: *Hybrid Simulation: Combining Constraints and Impulses*. Proceedings of Simulation and Interaction in Virtual Environments, 1995.

[Mir96a]   BRIAN V. MIRTICH: *Fast and accurate computation of polyhedral mass properties*. Journal of Graphics Tools, 1(2):31–50, 1996.

[Mir96b]   BRIAN V. MIRTICH: *Impulse-based dynamic simulation of rigid body systems*. Doktorarbeit, University of California, Berkeley, 1996.

[Mir98] BRIAN V. MIRTICH: *V-Clip: fast and robust polyhedral collision detection*. ACM Trans. Graph., 17(3):177–208, 1998.

[MJBF02] TIM MILLIRON, ROBERT J. JENSEN, RONEN BARZEL und ADAM FINKELSTEIN: *A framework for geometric warps and deformations*. ACM Trans. Graph., 21(1):20–51, 2002.

[MKN+04] M. MÜLLER, R. KEISER, A. NEALEN, M. PAULY, M. GROSS und M. ALEXA: *Point based animation of elastic, plastic and melting objects*. In: *Proc. ACM SIG-GRAPH/Eurographics Symp. on Comput. Anim.*, Seiten 141–151. Eurographics Association, 2004.

[MLA10] ALEXANDER MONAKOV, ANTON LOKHMOTOV und ARUTYUN AVETISYAN: *Automatically Tuning Sparse Matrix-Vector Multiplication for GPU Architectures*. In: *High Performance Embedded Architectures and Compilers*. Springer Berlin / Heidelberg, 2010.

[MS01] VICTOR J. MILENKOVIC und HARALD SCHMIDL: *Optimization-based animation*. In: *SIGGRAPH*, Seiten 37–46. ACM Press, 2001.

[MTV05] NADIA MAGNENAT-THALMANN und PASCAL VOLINO: *From early draping to haute couture models: 20 years of research*. The Visual Computer, 21(8-10):506–519, 2005.

[Mül08] MATTHIAS MÜLLER: *Hierarchical Position Based Dynamics*. In: *Virtual Reality Interactions and Physical Simulations*, 2008.

[MW88a] MATTHEW T. MASON und YU WANG: *On the Inconsistency of Rigid-Body Frictional Planar Mechanics*. In: *IEEE Conference on Robotics and Automation*, Band 1, Seiten 524–528, 1988.

[MW88b] MATTHEW MOORE und JANE WILHELMS: *Collision detection and response for computer animation*. In: *SIGGRAPH*, Seiten 289–298. ACM Press, 1988.

[NFHS07] ALFRED NISCHWITZ, MAX FISCHER, PETER HABERÄCKER und GUDRUN SOCHER: *Computergrafik und Bildverarbeitung. Band I: Computergrafik*. Vieweg, 3. Auflage, 2007.

[NMK+05] ANDREW NEALEN, MATTHIAS MUELLER, RICHARD KEISER, EDDY BOXERMAN und MARK CARLSON: *Physically Based*

Deformable Models in Computer Graphics. In: *Eurographics: State of the Art Report*, 2005.

[NT98] L. P. NEDEL und D. THALMANN: *Real Time Muscle Deformations using Mass-Spring Systems.* In: *Proc. Computer Graphics International*, Seiten 156–165, 1998.

[NT03] FAKIR S. NOORUDDIN und GREG TURK: *Simplification and Repair of Polygonal Models Using Volumetric Techniques.* IEEE Trans. Visualization and Computer Graphics, 9(2):191–205, 2003.

[NVI12a] NVIDIA: *NVIDIA CUDA Compute Unified Device Architecture - Programming Guide*, 2012. http://nvidia.com/cuda.

[NVI12b] NVIDIA: *NVIDIA CUDA Sparse Matrix library*, 2012. http://developer.nvidia.com/cuSPARSE.

[OH99] JAMES F. O'BRIEN und JESSICA K. HODGINS: *Graphical modeling and animation of brittle fracture.* In: *SIGGRAPH*, Seiten 137–146. ACM, 1999.

[OLG+07] JOHN D. OWENS, DAVID LUEBKE, NAGA GOVINDARAJU, MARK HARRIS, JENS KRÜGER, AARON E. LEFOHN und TIMOTHY J. PURCELL: *A Survey of General-Purpose Computation on Graphics Hardware.* Computer Graphics Forum, 26(1):80–113, 2007.

[OSV11] TOMÁS OBERHUBER, ATSUSHI SUZUKI und JAN VACATA: *New Row-grouped CSR format for storing the sparse matrices on GPU with implementation in CUDA.* Acta Technica, 4:447–466, 2011.

[PB88] JOHN C. PLATT und ALAN H. BARR: *Constraints methods for flexible models.* In: *SIGGRAPH*, Seiten 279–288. ACM Press, 1988.

[PFTV92] WILLIAM H. PRESS, BRIAN P. FLANNERY, SAUL A. TEUKOLSKY und WILLIAM T. VETTERLING: *Numerical Recipes: The Art of Scientific Computing.* Cambridge University Press, 2. Auflage, 1992.

[PG96] FRIEDRICH PFEIFFER und CHRISTOPH GLOCKER: *Multibody Dynamics with Unilateral Contacts.* Wiley Series in Nonlinear Science. John Wiley and Sons, 1996.

[Pro95] XAVIER PROVOT: *Deformation Constraints in a Mass-Spring Model to Describe Rigid Cloth Behavior.* In: *Graphics Interface*,

Seiten 147–154, 1995.

[RJ07] ALEC R. RIVERS und DOUG L. JAMES: *FastLSM: fast lattice shape matching for robust real-time deformation.* ACM Trans. on Graphics, 26(3):82:1–82:6, 2007.

[RNS06] JAVIER RODRIGUEZ-NAVARRO und ANTONIO SUSIN: *Non structured meshes for Cloth GPU simulation using FEM.* In: *Proc. Virtual Reality, Interactions and Physical Simulations,* Seiten 1–7, 2006.

[SB05] ALFRED SCHMITT und JAN BENDER: *Impulse-Based Dynamic Simulation of Multibody Systems: Numerical Comparison with Standard Methods.* In: *Proc. Automation of Discrete Production Engineering,* Seiten 324–329, 2005.

[SBP05a] ALFRED SCHMITT, JAN BENDER und HARTMUT PRAUTZSCH: *Impulse-Based Dynamic Simulation of Higher Order and Numerical Results.* Internal Report 21, Institut für Betriebs- und Dialogsysteme, 2005.

[SBP05b] ALFRED SCHMITT, JAN BENDER und HARTMUT PRAUTZSCH: *On the Convergence and Correctness of Impulse-Based Dynamic Simulation.* Internal Report 17, Institut für Betriebs- und Dialogsysteme, 2005.

[SG02] OLAF SCHENK und KLAUS GÄRTNER: *Two-level dynamic scheduling in PARDISO: improved scalability on shared memory multiprocessing systems.* Parallel Computing, 28(2):187–197, 2002.

[SG04a] OLAF SCHENK und KLAUS GÄRTNER: *On fast factorization pivoting methods for sparse symmetric indefinite systems.* Technical Report, Department of Computer Science, University of Basel, 2004.

[SG04b] OLAF SCHENK und KLAUS GÄRTNER: *Solving unsymmetric sparse systems of linear equations with PARDISO.* Future Generation Computer Systems, 20(3):475–487, 2004.

[SGFS01] OLAF SCHENK, KLAUS GÄRTNER, WOLFGANG FICHTNER und ANDREAS STRICKER: *PARDISO: a high-performance serial and parallel sparse linear solver in semiconductor device simulation.* Future Generation Computer Systems, 18(1):69–78, 2001.

[She94] JONATHAN R SHEWCHUK: *An Introduction to the Conjugate*

Gradient Method Without the Agonizing Pain. Technischer Bericht, School of Computer Science, 1994.

[Sho85] KEN SHOEMAKE: *Animating rotation with quaternion curves.* In: *SIGGRAPH*, Seiten 245–254. ACM Press, 1985.

[SHZO07] SHUBHABRATA SENGUPTA, MARK HARRIS, YAO ZHANG und JOHN D. OWENS: *Scan primitives for GPU computing.* In: *Proc. of ACM SIGGRAPH/Eurographics Symp. on Grap. Hardware*, Seiten 97–106. Eurographics Association, 2007.

[SLF08] ANDREW SELLE, MICHAEL LENTINE und RONALD FEDKIW: *A mass spring model for hair simulation.* ACM Trans. Graph., 27(3):1–11, 2008.

[SM04] HARALD SCHMIDL und VICTOR J. MILENKOVIC: *A Fast Impulsive Contact Suite for Rigid Body Simulation.* IEEE Trans. Visualization and Computer Graphics, 10(2):189–197, 2004.

[SOG08] DENIS STEINEMANN, MIGUEL A. OTADUY und MARKUS GROSS: *Fast adaptive shape matching deformations.* In: *Proc. ACM SIGGRAPH/Eurographics Symp. on Comput. Anim.*, Seiten 87–94. Eurographics Association, 2008.

[SPG03] CHRISTIAN SIGG, RONALD PEIKERT und MARKUS GROSS: *Signed Distance Transform Using Graphics Hardware.* In: *Proc. IEEE Visualization*, Seite 12. IEEE Computer Society, 2003.

[SS98a] JÖRG SAUER und ELMAR SCHÖMER: *A constraint-based approach to rigid body dynamics for virtual reality applications.* In: *Proc. ACM symposium on Virtual reality software and technology*, Seiten 153–162. ACM Press, 1998.

[SS98b] JÖRG SAUER und ELMAR SCHÖMER: *Dynamiksimulation starrer Körper für Virtual Reality Anwendungen.* In: *Symposium Simulationstechnik, ASIM*, Seiten 355–362, 1998.

[ST96] DAVID E. STEWART und JEFF C. TRINKLE: *An implicit time-stepping scheme for rigid body dynamics with inelastic collisions and Coulomb friction.* International Journal for Numerical Methods in Engineering, 39(15):2673–2691, 1996.

[ST97] DAVID E. STEWART und JEFF C. TRINKLE: *Dynamics, Friction, And Complementarity Problems.* In: *Proc. Complementarity Problems*, Seiten 425–439, 1997.

[ST08] JONAS SPILLMANN und MATTHIAS TESCHNER: *An Adaptive*

Contact Model for the Robust Simulation of Knots. Computer Graphics Forum, 27(2):497–506, 2008.

[Ste00] DAVID E. STEWART: *Rigid-Body Dynamics with Friction and Impact.* SIAM Review, 42(1):3–39, 2000.

[SWT06] JONAS SPILLMANN, MICHAEL WAGNER und MATTHIAS TESCHNER: *Robust Tetrahedral Meshing of Triangle Soups.* In: *Proc. Vision, Modeling, Visualization,* Seiten 9–16, 2006.

[TBHF03] J. TERAN, S. BLEMKER, V. NG THOW HING und R. FEDKIW: *Finite volume methods for the simulation of skeletal muscle.* In: *Proc. ACM SIGGRAPH/Eurographics Symp. on Comput. Anim.* Eurographics Association, 2003.

[TBV12] RICHARD TONGE, FEODOR BENEVOLENSKI und ANDREY VOROSHILOV: *Mass splitting for jitter-free parallel rigid body simulation.* ACM Trans. Graph., 31(4):105:1–105:8, 2012.

[TF88] DEMETRI TERZOPOULOS und KURT FLEISCHER: *Modeling inelastic deformation: viscolelasticity, plasticity, fracture.* In: *SIGGRAPH,* Seiten 269–278. ACM, 1988.

[THMG04] MATTHIAS TESCHNER, BRUNO HEIDELBERGER, MATTHIAS MÜLLER und MARKUS GROSS: *A versatile and robust model for geometrically complex deformable solids.* In: *Proc. Computer Graphics International,* Seiten 312–319, 2004.

[TKA10] CHRISTOPHER D. TWIGG und ZORAN KAČIĆ-ALESIĆ: *Point Cloud Glue: constraining simulations using the procrustes transform.* In: *Proc. ACM SIGGRAPH/Eurographics Symp. on Comput. Anim.,* Seiten 45–54, 2010.

[TMFB05] JOSEPH TERAN, NEIL MOLINO, RONALD FEDKIW und ROBERT E. BRIDSON: *Adaptive physics based tetrahedral mesh generation using level sets.* Engineering with Computers, 21(1):2–18, 2005.

[TMOT12] MIN TANG, DINESH MANOCHA, MIGUEL A. OTADUY und RUOFENG TONG: *Continuous penalty forces.* ACM Trans. Graph., 31(4):107:1–107:9, 2012.

[TPBF87] DEMETRI TERZOPOULOS, JOHN PLATT, ALAN BARR und KURT FLEISCHER: *Elastically deformable models.* In: *SIGGRAPH,* Seiten 205–214. ACM, 1987.

[TW88] DEMETRI TERZOPOULOS und ANDREW WITKIN: *Physically Based Models with Rigid and Deformable Components.* IEEE

Comput. Graph. Appl., 8:41–51, 1988.

[vdB97] GINO VAN DEN BERGEN: *Efficient collision detection of complex deformable models using AABB trees.* Journal of Graphics Tools, 2(4):1–13, 1997.

[vdB99] GINO VAN DEN BERGEN: *A fast and robust GJK implementation for collision detection of convex objects.* Journal of Graphics Tools, 4(2):7–25, 1999.

[vdB01] GINO VAN DEN BERGEN: *Proximity Queries and Penetration Depth Computation on 3D Game Objects.* Proceedings of the Game Developers Conference, Seiten 821–837, 2001.

[vdB04] GINO VAN DEN BERGEN: *Collision detection in interactive 3D environments.* Morgan Kaufmann, 2004.

[vFTS06] WOLFRAM VON FUNCK, HOLGER THEISEL und HANS-PETER SEIDEL: *Vector field based shape deformations.* ACM Trans. on Graphics, 25(3):1118–1125, 2006.

[vFTS08] WOLFRAM VON FUNCK, HOLGER THEISEL und HANS-PETER SEIDEL: *Volume-preserving mesh skinning.* In: *Vision Modeling and Visualization*, Seiten 409–414, 2008.

[VMT01] PASCAL VOLINO und NADIA MAGNENAT-THALMANN: *Comparing Efficiency of Integration Methods for Cloth Simulation.* In: *Computer Graphics International*, Seiten 265–274. IEEE Computer Society, 2001.

[VMT05] PASCAL VOLINO und NADIA MAGNENAT-THALMANN: *Accurate Garment Prototyping and Simulation.* Computer-Aided Design and Applications, 2(5):645–654, 2005.

[VOFG10] F. VAZQUEZ, G. ORTEGA, JOSÉ-JESÚS FERNÁNDEZ und ESTER M. GARZÓN: *Improving the Performance of the Sparse Matrix Vector Product with GPUs.* In: *CIT*, Seiten 1146–1151, 2010.

[VT00] PASCAL VOLINO und NADIA MAGNENAT THALMANN: *Implementing Fast Cloth Simulation with Collision Response.* In: *Proc. International Conference on Computer Graphics*, Seite 257. IEEE Computer Society, 2000.

[Wag01] FRIEDRICH WAGNER: *Konzepte und Methoden zu allgemeinen, physikalisch basierten Animationssystemen auf der Grundlage der Lagrange-Faktoren-Methode.* Doktorarbeit, Universität Rostock, 2001.

[WBH+07] MAX WARDETZKY, MIKLÓS BERGOU, DAVID HARMON, DENIS ZORIN und EITAN GRINSPUN: *Discrete quadratic curvature energies.* Comput. Aided Geom. Des., 24:499–518, 2007.

[WBS+13] DANIEL WEBER, JAN BENDER, MARKUS SCHNOES, ANDRÉ STORK und DIETER FELLNER: *Efficient GPU Data Structures and Methods to Solve Sparse Linear Systems in Dynamics Applications.* Computer Graphics Forum, 32(1):16–26, 2013.

[WD99] R. CLINT WHALEY und JACK DONGARRA: *Automatically Tuned Linear Algebra Software.* In: *SIAM Conference on Parallel Processing for Scientific Computing,* 1999.

[WDGT01] XUNLEI WU, MICHAEL S. DOWNES, TOLGA GOKTEKIN und FRANK TENDICK: *Adaptive Nonlinear Finite Elements for Deformable Body Simulation Using Dynamic Progressive Meshes.* In: *Computer Graphics Forum,* Seiten 349–358, 2001.

[Wei86] JERRY WEIL: *The synthesis of cloth objects.* ACM SIGGRAPH Computer Graphics, 20(4):49–54, 1986.

[WGW90] ANDREW WITKIN, MICHAEL GLEICHER und WILLIAM WELCH: *Interactive dynamics.* In: *Proc. Interactive 3D graphics,* Seiten 11–21. ACM Press, 1990.

[Wit77] JENS WITTENBURG: *Dynamics of systems of rigid bodies.* Teubner, 1. Auflage, 1977.

[WKS+11] DANIEL WEBER, THOMAS KALBE, ANDRÉ STORK, DIETER FELLNER und MICHAEL GOESELE: *Interactive deformable models with quadratic bases in Bernstein-Bézier-form.* TVC, 27:473–483, 2011.

[WTF06] RACHEL L. WEINSTEIN, JOSEPH TERAN und RON FEDKIW: *Dynamic Simulation of Articulated Rigid Bodies with Contact and Collision.* In: *IEEE Trans. Visualization and Computer Graphics,* Band 12, Seiten 365–374, 2006.

[WW90] ANDREW WITKIN und WILLIAM WELCH: *Fast animation and control of nonrigid structures.* In: *SIGGRAPH,* Seiten 243–252. ACM Press, 1990.

[YMT93] YING YANG und NADIA MAGNENAT-THALMANN: *An Improved Algorithm for Collision Detection in Cloth Animation with Human Body.* In: *Pacific Conference on Computer Graphics and Applications,* 1993.